成都医疗美容产业发展报告

(2019)

REPORT ON THE DEVELOPMENT OF
MEDICAL BEAUTY INDUSTRY IN CHENGDU
(2019)

成都市医疗美容产业协会
主　编／黄　进
副主编／王　杭　刘宗英

社会科学文献出版社
SOCIAL SCIENCES ACADEMIC PRESS (CHINA)

编 委 会

主要编撰者简介

黄　进　法学博士，研究员，四川省社会科学院社会学研究所所长、社会发展与公共政策研究中心主任、“社会治理”学科建设首席专家，兼任四川省社会学学会会长，四川省政府推进职能转变协调小组专家，四川省灾后恢复重建专家服务团成员，四川省有突出贡献的优秀专家，四川省先进工作者，省委掌握联系高层次人才、天府英才（A卡）获得者。主要从事社会政策和社会治理研究。近年来，主持国家社科基金课题2项，作为骨干参与国家社科基金课题3项，主持省部级课题12项。合作出版《新形势下农民工社会政策研究》《社会协商论》《重大危机应对》等学术专著4部，发表论文30余篇。国家社科基金课题成果曾被全国社科规划办《成果要报》采用。19项研究报告（含对策建议）获得省委、省政府领导正向批示，其中7项被时任省委书记批示。获得省部级社会科学优秀成果一等奖1项、二等奖4项。

王　杭　博士，教授，主任医师。现任四川大学华西口腔医院医疗美容科主任，成都市医疗美容产业协会会长。任中华医学会医学美学与美容分会委员，中国整形美容协会数字与精准医学分会副会长，中国整形美容协会面部年轻化分会常务委员，四川省医师协会美容与整形医师分会候任主任委员。四川省政协委员，四川省卫生厅学术带头人后备人选。主要从事颌面部整形与美容，以及生物材料与干细胞方面的基础研究。主持国家自然科学基金，省部级基金多项，参编专著20余本，发表SCI论文30余篇。

刘宗英 硕士，四川省社会科学院助理研究员。主持或主研国家和省部级课题 2 项，横向课题 10 余项。获得成都市第十六届哲学社会科学一等奖，发表专业论文十余篇，参与撰写的对策建议曾获多位省级领导正向批示。

摘　要

《成都医疗美容产业发展报告（2019）》是由四川省社会科学院与成都市医美产业协会共同组织专家学者编写的成都市首部医美产业发展报告。本书试图为读者展现成都医美的全景式生态，共七篇，分别是总报告、产业链发展篇、终端消费群体篇、产业配套篇、区域篇、借鉴篇及附录，涉及成都市医美产业的发展历程、发展现状、发展环境、政策建议、产业链上中下游、消费群体、人才、行业管理、配套政策、地区和企业经验借鉴等。

本书主要采用实地调研与文献相结合的研究方法，既力图为读者呈现成都市医美产业发展的客观情况，也力图通过深入的理解和剖析，对成都市医美产业的发展趋势和发展路径形成有价值的研判。

随着经济社会的发展，全球医美市场迅速扩张，成都市敏锐抓住“颜值经济”上行趋势，提出打造全国领先、全球知名的“医美之都”，且其探索取得了显著成效。分析研究成都市的医美产业发展情况不仅有利于助推成都市医美产业的发展，也可为全国其他地区发展医美产业提供借鉴，同时为消费者提供参考。

关键词： 成都市　医美产业　医美消费

目　录

Ⅰ　总报告

ℝ.1　成都市医美产业的发展历程 …………………………………… 001
ℝ.2　成都市医美产业的发展现状 …………………………………… 009
ℝ.3　成都市医美产业的发展环境 …………………………………… 023
ℝ.4　成都市医美产业的发展趋势及对策 …………………………… 049

Ⅱ　产业链发展篇

ℝ.5　医疗美容产业链发展报告 ……………………………………… 070
ℝ.6　成都医美上游产业发展报告 …………………………………… 091
ℝ.7　成都医美中游产业发展报告 …………………………………… 103
ℝ.8　成都医美下游产业发展报告 …………………………………… 123

Ⅲ　终端消费群体篇

ℝ.9　成都医美产业终端消费群体研究报告 …………………………… 138
ℝ.10　成都市医疗美容潜在消费者研究报告 ………………………… 150
ℝ.11　成都医美企业品牌营销与大众消费行为选择研究报告
…………………………………………………………………… 164

Ⅳ 产业配套篇

ℝ.12 成都市医疗美容产业人才资源报告 …………………………… 180
ℝ.13 成都市医疗美容行业管理报告 ………………………………… 197
ℝ.14 成都市医疗美容产业政策配套分析 …………………………… 208

Ⅴ 区域篇

ℝ.15 成都市医疗美容产业区域发展状况 …………………………… 221

Ⅵ 借鉴篇

ℝ.16 国内其他城市医美产业发展经验 ……………………………… 241
ℝ.17 成都医美上游企业发展经验 …………………………………… 254
ℝ.18 成都医美中游企业发展经验 …………………………………… 269
ℝ.19 成都医美下游企业发展经验 …………………………………… 286
ℝ.20 美国、韩国及中国台湾医美产业政策研究 …………………… 291

Ⅶ 附录

ℝ.21 成都医疗美容行业发展大事记 ………………………………… 301
ℝ.22 医疗美容行业部分上游企业名录 ……………………………… 306

ℝ.23 后　记 ………………………………………………………………… 313

总 报 告

General Reports

R.1
成都市医美产业的发展历程

黄 进　张兴月*

摘　要： 医疗美容产业是新兴产业，成都的医美产业起步早，发展速度快，发展态势也较为稳定。20世纪50年代初在抗美援朝期间，西南救援队对伤员的治疗为成都市整形外科的发展积累了丰富的经验，推动了成都公立医院皮肤科和烧伤整形外科的发展。改革开放以来，民营机构的发展促使成都医美市场迅速扩张。进入21世纪，随着经济的发展，成都医美产业迎来了爆发期，成为新一线城市中医美产业发展最好的城市之一。目前，成都确立"医美之都"建设目标，医美产业进入了全新的发展阶段。

关键词： 整形外科　医疗美容　成都

* 黄进，博士，四川省社会科学院社会学研究所所长、研究员；张兴月，博士，四川省社会科学院社会学研究所助理研究员。

经历了多年的发展，成都市的医疗美容市场形态趋于稳定，产业[①]规模、机构发展都相对成熟。回顾历史，成都医美产业经历了萌芽、起步、形成和壮大等阶段，具备了打造中国第一美容名城的基本条件。医美发展史不仅体现出成都市在医疗美容方面取得的成就，更是传递了成都市建立“医美之都”的决心。

一　成都市医疗美容产业的萌芽

从全国范围看，成都市的医疗美容产业起步相对较早且发展稳定，已有近 70 年的历史，早在多年前就被业内人士称为“中国医美第一城”。各大公立医院迅速发展，其扎实的学科基础和丰富的实践经验为成都市医疗美容产业的发展奠定了良好的基础。

从发展历程看，与全国整形外科的发展轨迹一样，成都市的整形外科也发展迅速。1948 年，“中国整形外科之父”“中国整形外科行业奠基人”宋儒耀教授（1914 ~2003 年）获美国医学博士学位后回国，任华西协合大学牙学院（现四川大学华西口腔医学院）的颌面与整形外科教授，兼任华西大学牙症医院院长，成为中国第一位颌面与整形外科教授。1951 年，为治疗在战争中遭受面部创伤和全身烧伤的援朝志愿军，在宋儒耀教授的带领下，西南军区一支由华西口腔医院、成都华西附一院的医生、护士和技术工人组成的西南整形外科医疗队奔赴前线。除此之外，成都其他医院如成都市第二人民医院等也分别组建了救援队，赴朝参与志愿军冻伤及伤残的修复和救治工作。这些医疗队和救援队出色地治疗了大批被凝固汽油弹烧伤和炸伤的伤员，为成都市乃至全国整形外科的发展积累了丰富的

---

① 产业是指由利益相互关联的、具有不同分工的各个相关行业所组成的业态总称；“行业”是指从事国民经济中同性质的生产、服务或其他经济社会的经营单位或者个体的组织结构体系。一般来说，产业的概念范畴比行业要大，产业可以跨越（包含）几个行业。本文所指的医疗美容产业覆盖了医疗美容全产业链的范畴，而医疗美容行业则重点指医疗美容的中游企业与机构等。由于约定俗成的原因，本文有时也没有严格区分“产业”与“行业”的概念，而是遵从习惯。

经验。

在此之后，成都市各大市级公立医院相继成立整形外科，开启了成都市整形外科发展的新篇章。成都市第二人民医院将整形外科和烧伤整形美容科作为单独科室予以重点发展，并于1958年设立了全市市级医院的首个烧伤整形外科。1963年，四川大学华西医院成立烧伤整形科，在我国西南地区美容整形以医疗教学科研为主，为我国医美行业的发展培养了大批人才。1965年，四川省人民医院建立整形外科，科室下设修复再造中心和医学美容中心。80年代初，华西口腔成立美容外科门诊，华西口腔依托于其颌面部整形外科手术优势，率先开展面部整形手术。1985年，成都中医药大学附属医院建立皮肤美容室。1993年成都中医药大学附属医院在皮肤美容室的基础上成立整形美容科，是全国最早成立的美容科之一，也是全国最早开展中医美容研究生培养的基地之一，其开办的各类培训班在海内外具有一定的影响力。1998年成都市第三人民医院成立医学美容科。

在这一阶段，公立医院的烧伤整形外科和皮肤科培养了成都最早一批整形外科医生和皮肤美容医生，为成都市医疗美容行业的后续发展奠定了重要的基础。

二　成都市医疗美容产业的起步

20世纪80年代初期是成都市整形外科发展的起步阶段，公立医院整形科室相继组建，第一批整形美容机构也陆续成立，整形美容项目和整形美容技术不断增加和进步。在这一阶段，成都市的医疗美容行业取得一定的成就，也因此逐渐形成了打造全国医美城市的初步设想。

80年代初期，成都市的整形美容项目以重睑术和隆鼻为主，胸部整形和牙齿矫正以疾病治疗为主。其中隆鼻使用的材料是高分子液体硅胶，材料具有流动性和与组织粘连较紧密的特征，如果注射方法不正确，很容易导致鼻部畸形，出现皮肤变灰或反光性增强的现象，严重者甚至会出现皮肤坏死、局部溃烂等症状，因此高分子液体硅胶逐渐退出医美舞台。80 年代中后期，开始采用的材料是固体硅胶。固体硅胶可以在体外预制鼻尖、鼻翼、鼻小柱等各种形状和型号的假体，然后再植入鼻部，与液体硅胶相比具有更好的稳定性和较小的副作用，这极大地促进了鼻部整形项目的发展。1984 年，老牌医学美容整形连锁集团大华医学美容集团成立，成都大华医学美容医院也正式开始营业。从 90 年代起，大华集团陆续引进了数十台激光设备，成为美国各大品牌激光设备的临床基地。

90 年代开始，除双眼皮和隆鼻等项目外，注射隆胸项目逐渐流行，成为医美行业利润最高的项目，但受限于材料和技术水平，术后组织坏死、感染、注射材料移位等现象时有发生。1991 年，荷芙蔓医学美容诊所成立，15 年后升级为汉密尔顿医学美容医院，成为西南地区较早从事整形美容、经营规模较大、设备设施较完善的专业医学整形机构之一。

90 年代后期，各类新型的美容项目如吸脂手术等开始在成都流行，逐步提高了成都市整形美容项目的丰富程度。90 年代末期，成都中医药大学刘宁教授率先提出“成都，打造中国美容第一城”的观点和产业构想，肯定了成都在整形美容外科上所取得的成果和发展前景。

三　成都市医疗美容产业的形成

随着成都市医疗美容市场的逐渐成熟和成都市民对医疗美容需求的不断增加，医疗美容行业进入蓬勃发展阶段。

2000 年开始，大量社会资本进入成都医美市场，一大批优秀的民营医疗美容机构不再承包医院科室，而是纷纷独立。2001 年，承包了三年整形科室的华美独立开办了整形美容门诊部，美莱医学美容连锁集团由此诞生。此后，华美更名为四川华美紫馨医学美容医院，下设整形美容、皮肤美容、无创美容、牙科美容四大中心，成为成都乃至全国民营整形医院的先锋。2017 年，华美紫馨被中国整形美容协会评为 5A 级整形美容医院，2018 年获得成都医美“十强”称号。2004 年，成都市医美产业加强了与国外先进机构的交流与合作，大华集团的中韩合作医院中华园整形美容医院正式投资组建，设施设备和装修布局完全按照韩国一流整形机构的标准置办，是西南地区最早与韩国整形机构技术同步的权威整形医院之一。2005 年 3 月，5 名来自四川大学华西医院、重庆医科大学、贵州医科大学以及成都中医药大学的整形美容医生和医美产业内的企业家联合创办四川西婵整形美容医院，这是地道的四川本土整形美容连锁机构品牌。几个月后，成都米兰整形医院成立，随后在 2013 年全面升级为米兰柏羽医学美容医院，2014 年成为 A 股上市公司旗下医美核心板块。2006 年 6 月，北京玉之光医疗美容投资集团与韩国 YOUNSOO、Prime 等整形外科医院合作建立成都玉之光医疗美容门诊部。

2008 年“5·12”汶川特大地震发生后，成都市各大整形美容机构积极参与抗震救灾。在大力捐赠财物的同时，利用自身的专业优势帮助灾区伤者修复面部损伤。其中，四川西婵整形医院因表现出色荣获四川省医院协会授予的“抗震救灾先进集体”称号。西婵院长邵文辉牵头撰写的《体表创伤美容临床诊疗规范》为地震创伤性美容修复提供了行业规范和实践标准。四川华美整形美容医院也因在“5·12”抗震救灾中表现突出，在第五届中国美容与整形医师大会上获得“特别贡献奖”。

2010 年 3 月，四川省美容整形协会正式成立。该协会是由国家注册的医学美容整形执业医师、专业技术人员和医学美容整形产业的管理者，以及从事美容整形外科、美容皮肤科、美容中医、美容牙科的医疗机构自愿组成的全省非营利性社会团体，依法接受业务主管部门四川省卫生厅（现“四川省卫生健康委员会”）和社团登记管理机构四川省民政厅的业务指导和监督管理。

2010 年 7 月，西部规模较大的医学美容、微创整形抗衰老医院——四川悦好医学美容医院成立。同年 11 月，中国最早的轻医美机构成都美瑞皮肤美容门诊部注册成立，成为成都第一家专注于皮肤医疗美容和非手术整形的连锁医疗美容机构。美莱集团在成都的第二家医院——四川美莱医学美容医院成立，集整形、皮肤、口腔、中医于一体，是一所大型现代化医学美容专科医院。

至此，成都市不仅发展为中国医美产业发展的标杆城市，而且成为全国医美人才的摇篮，向全国输出专业技术人才。

四　成都市医疗美容产业的壮大

从 2011 年开始，成都市医疗美容产业迎来了爆发期。一方面，成都市经济发展水平持续提升，医疗美容产业的机构建设能力在全国各大城市中名列前茅；另一方面，中国最早一批专注微整形和皮肤美容的轻医美机构开始出现，轻医美的流行大幅降低了医美投资门槛，也刺激了成都市民对微整形的强烈需求。在这一背景下，成都市医疗美容机构遍地开花，医疗美容产业高速增长，进入发展壮大阶段。

2014 年 9 月，韩国连锁整形美容品牌 Yestar（艺星）正式落户成都。2015 年，铜雀台进入成都。2016 年 6 月，中国医美产业成为投资风口，A 股上市公司朗姿以 3.27 亿元收购四川米兰柏羽和四川晶肤两个品牌，成为中国医美资本化的里程碑事件。同年 11 月，四川悦好医学美容医院成功通过 JCI 国际医院管理标准认证，成为国内首家通过 JCI 认证的医学美容医院，有效提升了成都市医美机构的整体水平。同年 12 月，中国整形美容协会评选出全国第一批 5A 级医疗整形美容机构，四川西婵泛亚整形美容医院获评 5A 等级，成都整形美容医院获评 3A 等级。到 2019 年底，成都市医美机构数量达到 407 家，与 2017 年相比增加了 131 家。

随着医美消费需求的持续强劲增长，成都市医美市场主要指标仅次于北京、上海，成为全国医美第三城。2017 年 9 月，成都市市长罗强在全市医疗美容产业发展专题会上强调，要大力发展“美丽经济”，加快推进全市医疗美容产业健康发展，着力打造“医美之都”。2018 年 2 月，《成都医疗美容产业发展规划（2018～2030 年）》出台，提出到 2025 年将成都打造为全国领先、全球知名的“医美之都”，成都也因此成为全国首个专门针对医美行业发布市级产业规划的城市。同年 4 月，成都市政府办公厅印发《成都市加快医疗美容产业发展支持政策》，出台了 19 项具体政策支持“医美之都”的建设。同年 5 月，成都市医疗美容产业协会正式挂牌成立。2018 年 6 月，中国整形美容协会正式授予成都市“中国医美之都”称号。

为提升成都“医美之都”的城市名片影响力，助推成都医美产业高质量发展，成都市积极举办各类会议和活动。2018 年 5 月召开 2017 年度成都医美“十强”发布会，2018 年 6 月召开“2018 中美韩医美产业国际创新合作高端对接会”和第一届成都国际医美产业大会暨“医美之都”高峰论坛。与此同时，随着医美市场规模的迅速扩大，行业监管亟待加强。2018 年 6～10 月，成都全市卫生计生监督执法机构集中开展生活美容机构涉医行为及非法“微整形”专项整治行动，并召开全市医疗美容行业监管及行业自律工作会，强调要进一步加强行业监管，净化医美市场，促进成都市医美产业健康发展。

从上游机构状况来看，2018 年，成都市引进赛诺菲、艾尔建、药明康德等重点企业，形成了包括美敦力、艾尔建、赛诺菲等国际知名企业，药明康德、恒瑞、扬子江药业等国内知名企业，科伦药业、康弘药业、先导药业等本土企业在内的上游生产企业格局。从 O2O 平台来看，有美呗、医联、雪貂医生等本土互联网平台快速崛起，对成都医美产业的联动发展起到重要作用。

2018 年 10 月，中国医学科学院整形外科医院·西南中心下设的首家直属分院——成都八大处医疗美容医院开院。中国医学科学院整形外科医院是全国唯一的公立三甲整形机构，成都八大处医疗美容医院投入运营意味着“医美之都”也迎来了中国整形行业的“国家队”。2019 年 4 月，著名医美上游企业艾尔建在全球建立的首家创新中心在成都正式启用，这也是中国首个提供医美医生专业技术培训的教育基地。2019 年 7 月和 12 月，成都先后联合阿里健康等多家电商平台，整合医美、旅游、休闲、购物、餐饮等产业资源开展医美月活动，开启了成都的“大医美”发展时代。

ℝ.2
成都市医美产业的发展现状

张兴月　刘宗英*

摘　要： 随着成都市经济的快速发展、社会的进步和科研水平的提升，以及人们对美的不断追求，医美市场得以迅速扩大。到目前为止，成都市的医美产业规模持续增大，机构发展十分迅速，从业人员数量同步上升，消费需求不断增加，在全市范围内基本形成了医疗美容产业的聚集发展态势。但与此同时，成都市医美产业仍然存在产业链不完善、市场秩序不规范、品牌影响力不足、获客成本高昂和专业人才短缺等问题。

关键词： 医美产业　成都　消费

一　成都市医疗美容产业的发展成效

近年来，随着医疗美容技术快速发展、城市经济实力不断提升、个人收入持续增加等，成都市的医疗美容市场规模保持较快增长趋势。就发展成效来看，成都市医美产业规模大幅增长，机构和从业人员数量快速增加，消费者需求不断提升，消费规模全国领先。目前成都市医疗美容产业的聚集发展态势已初步形成，打造“医美之都”的优势十分明显。

---

* 张兴月，博士，四川省社会科学院社会学研究所助理研究员；刘宗英，四川省社会科学院社会学研究所助理研究员。

（一）成都市医疗美容产业规模不断增大

随着需求市场的扩大和政策的开放，成都市医疗美容市场发展态势良好，特别是最近五年，医疗美容机构增速明显，产业规模大幅增长。2015～2018年，成都市的医疗美容市场始终处于高速发展期，医美产业规模从2015年的213亿元迅速增长至2018年的487亿元，年均增长率保持在30%以上。就发展趋势来看，成都市的医美产业规模将持续增长，根据《成都医疗美容产业发展规划（2018～2030年）》，2025年成都市医疗美容产业规模将达到1000亿元，到2030年将增长至2000亿元。

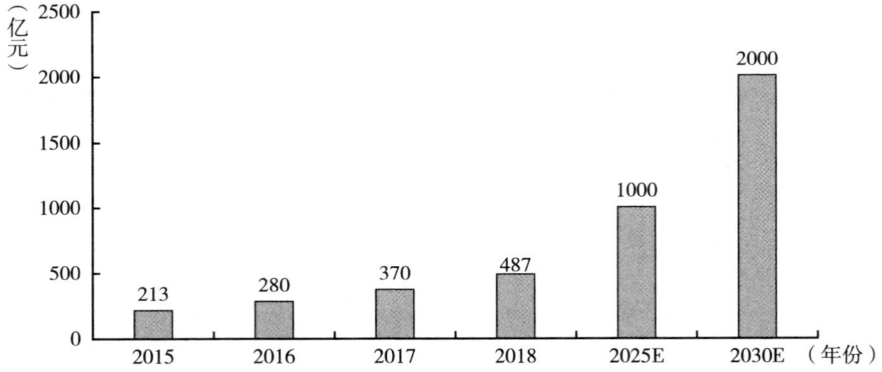

图1　成都市医美产业规模

资料来源：清科：《2019中国医疗美容行业发展白皮书》。

（二）成都市医疗美容机构迅速发展

自成都市确定打造“医美之都”的目标以来，全市医疗美容机构发展十分迅速。

从医美机构的数量来看，成都是新一线城市中医美机构发展最好的城市。据统计，2016年，全市医疗美容机构有159家，数量仅次于上海和北京，位居全国第三。2017 年，全市医美机构的数量增长至 276 家，增速高达 73.58%。2018 年，成都市医疗美容机构数量已经达到 407 家（其中医疗美容医院 21 家，为全国医疗美容医院数量最多的城市），与 2017 年相比增加了 131 家，使成都成为全国医美机构增速最快的城市。就成都市的发展潜力来看，未来医美机构的数量将会进一步增加。

从医美机构的规模来看，全市医疗美容机构（不含综合医院医美科室等其他医美机构）编制床位 515 张、实有床位 503 张。但总体来看，成都市医美机构的规模普遍不大，在医院层面，仅四川华美紫馨医学美容医院和成都八大处医疗美容医院的实有床位为 50 张左右，其余医院基本为 20～30 张。

从医美机构的营业收入情况来看，2018 年，全市医疗美容机构（不含综合医院医美科室等其他医美机构）总诊疗数量达 147.89 万人次，同比增长 73.7%，占全市总诊疗数量的 1.02%，主要开展美容外科、美容皮肤科等业务。医美机构总收入超过 60 亿元，同比增长 70.0%。2018 年，四川华美紫馨、美莱、米兰柏羽、铜雀台、西婵泛亚等企业的营业收入超过 1 亿元，艺星、悦好、西婵、娇点等企业的超过 5000 万元，在全国处于领先地位。

从医美机构的结构来看，成都市的医疗美容产业在中游机构的布局上具有明显优势，随着医美市场的扩张，医疗美容医院、医疗美容门诊部、医疗美容诊所和公立医院整形外科同步增长，近年来已经基本形成以医疗美容医院为主体，医疗美容门诊部和诊所、综合医院医美科室等为支撑的发展格局。2018 年，成都市医美机构为 407 家，包括医疗美容医院 21 家、医疗美容门诊部 112 家、医疗美容诊所 199 家、综合医院医美科室 75 家。其中民营医疗美容机构占据了大部分市场份额，为 94%。从机构科室设置看，设有美容皮肤科、美容外科的均占 74%，设有美容中医科和美容牙科的占比分别为 32% 和 25%。

从医美机构的品牌来看，成都市医美机构起步较早、发展较快，无论是本土医美品牌还是外来医美品牌在全国范围内都具有较高的知名度。其中，公立医院有四川大学华西医院、四川大学华西口腔医院、四川省人民医院、

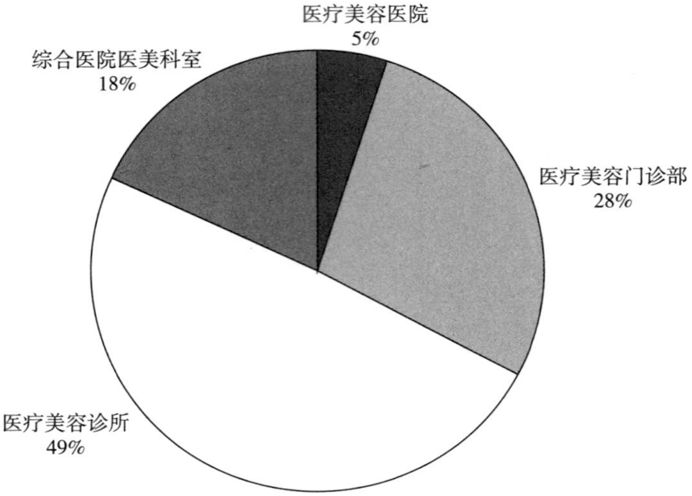

图 2　2018 年成都市各类医疗美容机构占比

成都市第二人民医院、成都市第三人民医院等。民营机构中，有四川悦好医学美容医院、四川华美紫馨医学美容医院、四川米兰柏羽医学美容医院、四川西婵泛亚整形美容医院、Yestar（艺星）整形医院、铜雀台医学美容医院等，还有中国唯一的国有股份主导的混合所有制医疗美容医院——成都八大处医疗美容医院。

表 1　成都市主要医美机构代表

机构类别	机构名称	级别或荣誉
医疗美容医院	四川西婵泛亚整形美容医院	5A 级（中国整形美容协会）
	四川华美紫馨医学美容医院	5A 级（中国整形美容协会） 德国莱茵 TÜV-SQS 服务质量认证 杰出组织奖
	四川米兰柏羽医学美容医院	5A 级（中国整形美容协会）
	四川悦好医学美容医院	JCI 国际医院认证
医疗美容门诊部	成都赵善军博士整形美容门诊部	4A 级（中国整形美容协会）
	成都武侯暄妍医疗美容门诊部	3A 级（中国整形美容协会）
	成都武侯艾美薇医疗美容门诊部	3A 级（中国整形美容协会）
	成都玉颜医学美容诊所	3A 级（中国整形美容协会）

续表

机构类别	机构名称	级别或荣誉
综合医院医美科室	四川大学华西医院美容整形中心	四川省美容整形协会会长单位 获四川省科技进步三等奖 2 项
	四川大学华西口腔医院医疗美容科	成都市医疗美容产业协会会长单位 四川省医学会医学美学与美容学分会主任委员单位
	四川省医学科学院·四川省人民医院皮肤病性病研究所	四川省医学重点学科(甲级) 获得国家科技进步奖 1 项、省科技进步二等奖 1 项、省科技进步三等奖 1 项
	成都市第二人民医院医疗美容科	成都市整形美容质控中心
	成都市第三人民医院	现为西南交通大学临床医学院和附属医院、重庆医科大学附属成都第二临床学院和西南医科大学非直属教学医院
混合所有制医疗美容医院	成都八大处医疗美容医院	北京协和医学院培训中心整形美容培训基地(成都) 中国医学科学院整形外科医院·西南中心

从中国整形美容协会的医美机构等级来看，成都市有 90% 的医疗美容机构尚未定级，已定级的机构有 39 家，其中 32 家为综合医院医美科室，7 家为眼科、妇产科专科医院。按照中国整形美容协会对全国医疗美容机构的等级评定，在 2016 年开始的三次评级中，成都市共有 13 家医美机构获评 3A 以上等级医美机构，其中 5A 等级 5 家，包括四川西婵泛亚整形美容医院、四川华美紫馨医学美容医院、成都大华韩艺整形美容医院、四川米兰柏羽医学美容医院、美莱医学美容医院；4A 等级 1 家，为成都赵善军博士整形美容门诊部；3A 等级 7 家，包括成都整形美容医院、成都武侯暄妍医疗美容门诊部、成都武侯艾美薇医疗美容门诊部、成都武侯艾米丽医疗美容门诊部、成都玉颜医学美容诊所、成都青羊百龄博雅医疗美容门诊部、成都锦江伊莎贝拉医疗美容门诊部。

（三）成都市医疗美容从业人员不断增加

统计数据显示，2014 ~ 2018 年成都医美机构数量呈现大幅增加趋势，卫生技术人员数量也同步增加。2018 年全市的医疗美容机构（不含综合医院医美科室等其他医美机构）有卫生技术人员 3131 名，其中 2015～2016 年卫生技术人员数量增长最快，这与全国医美行业大环境有关。一方面，医美市场逐步扩大，外部资本进入，机构数量明显增加；另一方面，国内医疗政策放开，部分医生离开公立医院，自主创业。2017～2018 年行业出现洗牌现象，机构增幅不大。

同时，我们也应当看到，医美产业迅速发展，卫生技术人员存在较大缺口，这与国内专业教育学校和正规培训机构较为缺乏、人才培养与市场需求不匹配以及医疗环境迫使大量医务人员转行有关。总体来说，目前成都市整体卫生技术人员缺口依然很大，预计超过 6000 名。

表 2　成都市医美产业卫生技术人员数

单位：名

年份	2014	2015	2016	2017	2018
卫生技术人员数	2163	2241	2607	2697	3131

截至 2018 年底，成都医美机构（不含综合医院医美科室等其他医美机构）的所有卫生技术人员中，有执业医师 997 名（正高职称占比 3.20%、副高职称占比 13.91%、中级职称占比 31.57%、初级职称占比 51.32%），同比增长 79.3%，平均每家机构大约 2.4 名执业医师；注册护士 1865 名（正高职称占比 0.06%、副高职称占比 0.28%、中级职称占比 2.29%、初级职称占比 97.37%），医美产业医护比例为 1∶1.87，存在较大缺口。

（四）成都市医疗美容消费人群庞大

从医美消费需求来看，成都市民对新事物接受能力较强，对于医疗美容等高速发展的产业始终保持着较浓的兴趣，再加上成都市为建设“医美之都”出台支持政策，这对医美产业的发展起到了极大的推动作用，因此成都市的医美消费市场迅速崛起。成都市民对于医美产业的关注度和医美项目的需求量在全国都处于领先地位。统计显示，成都市的医美相关数据与北京、上海、深圳等一线城市持平，在某些方面甚至有进一步赶超的趋势，未来巨大的市场增量可期。以美呗为例，2018 年成都市美呗 App 在 iOS 系统和安卓系统的装机量分别为 90 万台和 34 万台，占全国装机总量的比例分别为 22.5% 和 17.4%，占据了全国 1/5 左右的市场。成都市美呗平台（App + 小程序）用户总数 179 万，平台平均月活数 45 万，分别占全国总数的 5.8% 和 10%。由此可见，在线上平台上，成都的医美用户规模在全国范围内都处于较高水平，他们在平台上的活跃度也较高，医美需求不断增加。

从医美消费规模来看，成都市经济发展水平持续提升，2018 年成都市全体居民人均可支配收入为 36142 元，高于全国居民人均可支配收入的 28228 元，在全国范围内处于较高水平，成都市民相对具有较高的消费能力，在医疗美容领域的消费意愿较强。从新氧发布的《2018 年“双 11”医美消费城市榜单》可以看到，近年来二线城市的医疗美容消费水平持续上升，而作为新一线城市的成都增速则最为明显，人均医美消费额排名全国第一，与 2017 年相比上升了 12 个名次，成为 2018 年全国消费能力最强的城市。相比之下，上海和北京等一线城市分别排名第 3 和第 6。根据美呗提供的数据，成都市 2018 年医美互联网平台（App + 小程序）在线交易额达到 8800 万元，占全国交易总额的 10%。在天猫“双 11”消费医疗行业成交额中，四川西婵位居全国第一。

从医美消费量来看，在最受欢迎的微整形项目、手术项目和最贵的医美项目消费榜单中，成都在全国的排名与广州、深圳不相上下。美团公布的数据显示，2019 年上半年，成都的线上医美消费订单量增长了 4.3 倍，订单数量仅次于北京、上海和深圳，下单用户增长 3.3 倍，消费人次仅次于北京、上海，排全国第三。美呗提供的数据也同样反映了成都巨大的消费潜力，2018 年成都消费者在美呗 App 和小程序等平台的订单总量为 8000 单，占全国订单总量的 13.3%。

从医美消费者性别分布来看，《成都市 2018 年合法医疗美容机构统计表》

显示，成都医美消费者中，男性占比为 8.3%，女性占比为 91.7%，而据 MobData[①] 的数据，男性医疗美容消费者占比已经达到了 25.7%，新氧《2018 年医美行业白皮书》显示，全国男性医疗美容的消费者占比为 11.12%。由此可见，男性消费者正逐渐成为医美行业不可忽视的消费人群，挖掘男性消费者的消费潜力将成为医美市场发展的一大增量。相比全国市场，虽然成都男性具备强烈的爱美天性，但男性医疗美容消费者的占比较小，仅为 8.3%，女性人群仍然占据绝对主导地位，成都未来的男性医美市场的可开发潜力非常巨大。

从医美消费者年龄特征来看，2018 年美呗医美互联网平台数据显示，线上医美用户年轻化特征明显。2018 年成都市美呗平台上 18～23 岁年龄段的用户最多且最活跃，用户数有 150 万，占用户总数的 83.8%。18～23 岁和 24～29 岁两个年龄段在线交易额最高，分别占交易总额的 36.4% 和 31.8%。但受经济条件的影响，人均消费金额最高的年龄段是 35～39 岁的消费人群，人均消费额达 1.4 万元；其次是 40～50 岁人群，人均消费金额为 1.3 万元。18～23 岁人群消费水平相对最低，人均消费金额仅 0.92 万元。

从医美项目选择来看，新氧《2019 年医美行业白皮书》显示，在过去一年的时间里，非手术类面部年轻化项目增速高达 92.64%，成为增长最快的板块。其中最受欢迎的项目依次是面部脂肪填充、隆鼻、眼睑手术、面部提升和垫下巴等。同样地，受生活节奏和地域文化的影响，成都人民的生活压力相对于其他城市较小，生活舒适度更高，因此，不同于其他一线城市消费者更喜欢抗衰老、微整形等抵抗生活和工作压力的医美项目，成都消费者虽然在抗衰老方面也具有较大的消费支出，但对医美项目的选择还是更加偏向于外貌的改善，如鼻整形、隆胸、眼整形，以及女性私密等医美项目。除此之外，男性医美项目中的植发也呈现增长势头。

---

① MobData 为第三方全景数据服务平台，主要从事数据的采集、处理、分析、应用，形成一套完整的全景大数据服务体系，负责为行业提供解决方案、数据服务、数据工具、数据合作等。

（五）成都市医疗美容产业聚集发展态势初步形成

从成都市医美机构的分布情况来看，成都市医疗美容产业的聚集发展态势初步形成。截至 2018 年底，成都市有 90% 的医疗美容机构分布在武侯区、高新区、青羊区、锦江区、金牛区和成华区六个城区，且武侯区和高新区占据成都市医美市场的半壁江山。其中武侯区是中西部医疗资源最为密集的区域之一，2018 年底有医疗美容机构 125 家，约占全市所有医美机构的 31%，主要聚集在交通便利、配套完善、商业人气较高的人民南路沿线、红牌楼商圈等区域，2017 年的产业收入就超过了 15 亿元。从医美品牌来看，武侯区除了聚集有四川西婵整形、米兰柏羽、成都大华韩艺等具有较高知名度和品牌影响力的医学美容医院外，四川大学华西医院、华西口腔医院等一流大中型医院也在该区域设有医疗美容（整形）科室，医疗水平保持领先。根据《武侯区医疗美容产业发展规划（2018～2030 年）》，未来武侯区将依托区内临床及科研优势，促进政产学研用协同创新，进一步带动区域医美服务和技术升级。

另外，成都高新区有医美机构 78 家，约占全市的 19%，主要分布在天府一街至五街以及肖家河等区域，集聚了八大处、华美紫馨、晶肤等知名医美品牌。与此同时，高新区还聚集了一批医美产业的上游企业，如蓝光英诺、迪康药业、奥泰医疗等医美产品、耗材的研发企业，在 3D 生物打印、医用材料、医学影像设备等领域具有较强竞争优势，医美产业链已初步形成。根据高新区医疗美容产业规划，未来成都高新区将围绕医美产业的上游、中游和下游，在医疗美容制造业、医疗美容服务业、医疗美容金融和信息服务业构建完整的医美产业生态圈，进一步完善医美产业链。同时围绕“一区一镇”，布局四大产业高地，构建产业生态圈，打造国际化医疗美容产业聚集区。

此外，青羊区共有医美机构 56 家，约占全市的 14%，主要位于市中心的人民公园商圈和二环路沿线，整体较为分散，拥有大华、艺星、美莱等医美品牌和四川省人民医院、成都中医药大学附属医院（四川省中医医院）

等公立医院。锦江区有 55 家，约占全市的 13%，大多集中在繁华的春熙路商圈及附近，是玉之光、伊莎贝拉、市二医院、友谊医院等品牌或医院的所在区域。金牛区有 31 家，约占全市的 8%，主要聚集在以蜀汉路为中心的附近区域，包括悦好等品牌。成华区有 17 家，约占全市的 4%，分布较为分散，拥有圣丹福、新视界等品牌。

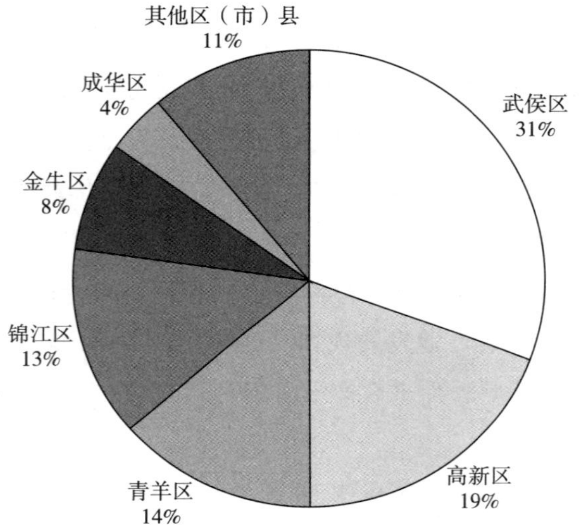

图 3　成都市医美机构的区域分布情况

还有 11% 的机构零散分布在成都市其他区（市）县，共有 45 家，其中天府新区 7 家、崇州市 7 家、龙泉驿区 6 家、温江区 5 家、新都区 4 家、都江堰市 3 家、彭州市 3 家、简阳市 2 家、邛崃市 2 家、青白江区 2 家、大邑县 2 家、蒲江县 1 家、新津县 1 家。

二　成都市医疗美容产业的发展问题

目前，成都市医疗美容机构总体发展态势良好，具有科技创新资源丰富、交通便利、配套完善、关联产业支撑扎实以及市民医疗美容意识较强等优势。不过，成都市与全国一样，医疗美容产业仍然处于成长期，医美机构普遍不大不强，仍然存在一些亟待解决的问题，如产业链不完善、市场秩序不规范、品牌影响力不足、营销成本高昂、专业人才短缺等。

（一）医美产业链不够完善，上游产业相当薄弱

目前成都医美行业产业链的上游发展呈现高聚合态势，一些大型集团和投资机构基本垄断了成都市医美行业的器械产业。自 2017 年起，全球医美上游发生多起大型并购事件，医美器械领域已由原来美国、以色列、意大利等多个国家的品牌，逐渐形成少数集团阵营，其中大多仍然是国际品牌。如欧洲最大的私募股权投资机构 Apax、意大利最大的激光集团 En. El. 、全球投资机构 XIOGroup 以及在中国拥有领先地位的医疗健康产业集团复星医药等。这些集团旗下公司 Cynosure（赛诺秀）、Syneron（赛诺龙）、Lumenis（科医人）、AlmaLasers（飞顿）等所研发的激光和光学技术始终处于全球领先地位，其生产的医美器械也占据了当前医美市场的主要市场份额，包括美容仪、射频美容仪、美容注射器、吸脂机等。除此之外，成都市医美产业使用的主要原料，如玻尿酸和肉毒毒素等，仍然是以进口为主。国产品牌虽有很多进入市场且价格相对低廉，但产品竞争力依然较弱。因此，在成都医美产业的上游制造业方面，无论是医疗美容药品、器械还是原料，都比较依赖进口产品，成都市内也缺乏龙头牵引型项目和国际知名企业，对中游机构和中小型企业的带动力不足。但是，随着成都医疗美容技术的不断成熟，上游原料和器械准入门槛逐渐降低，国产品牌取代进口品牌将是未来成都医美行业发展的一大趋势。

（二）行业发展不够规范，存在一定的监管盲区

由于法律法规不健全，再加上监管手段不多、监管力量不足等，医美行业的发展还不够规范，政府对医美机构的监管还存在一定的盲区，部分生活

美容机构从事医疗美容业务的现象依然存在，“黑医生”“黑培训”“黑诊所”及“黑器械”等问题有待解决。

首先，个别机构的虚假宣传情况还比较严重。在传统的运营模式下，医美机构需要自主进行市场营销，包括派发传单、搜索引擎竞价以及美容院的宣传导流等。为追逐经济利益，个别美容机构常常以虚假广告和夸大效果的媒体宣传来吸引消费者的眼球。

其次，目前成都市还存在非注册医美机构。这些机构不仅无法保证从业医师的资质水平，而且使用的医美药物也极易出现来源不明、质量低劣等问题。尽管如此，市面上仍有很多不合法或不够资质的生活美容机构打着“尖端科技”“著名专家”的招牌开展非法医疗美容项目。在这种不规范的竞争环境下，医美市场份额在短期内被非正规机构迅速瓜分，不仅影响成都市整个医美行业的健康发展，也使消费者对医美行业失去信心。因此，为促进成都市医疗美容行业健康发展，净化医疗美容市场环境，有必要加大打击力度，对涉嫌进行非法宣传和开展非法医美项目的机构或美容院进行惩处。

（三）品牌影响力不足，在国内外具有较强影响力的医疗美容机构较少

就医美行业的发展情况来看，成都市的医美产业正处于从初始化到规模化的过渡阶段，医美机构的整合还在持续。成都市医美中游产业主要由大型连锁医院、中小型医院、小型诊所和公立医院的整形美容科组成。其中，大型的连锁医院和公立医院的整形美容科在市场上居于主导地位。

从公立医院的发展来看，以四川大学华西医院、华西口腔医院、四川省人民医院、成都市第二人民医院、成都市第三人民医院为代表的公立医院因医学技术好、医疗质量高而在业内享有较高声誉，但大部分其他综合性医院均未设置医疗美容科，并且公立医院较民营机构缺乏创新性营销模式和灵活的服务体制，公立医院市场占有率远远低于民营机构。

从民营机构的发展来看，虽然民营企业占据了大部分市场份额，但成都市现有的医疗美容产业不大不强，知名度不高，社会影响力不足。在新三板

上市的医美企业中，没有一家机构的总部位于成都。因此，目前的医美中游机构尚未形成品牌效应，绝大多数医美品牌的行业认可度偏低，对于行业发展的引领作用较小。

（四）获客成本高昂，巨大的营销成本使医美机构面临大面积亏损

除正常运营所需的器械、药品和人力成本外，医美机构还需为品牌推广支付高昂的营销费用。数据统计，医美机构的支出主要用于广告宣传和品牌推广，大多数机构营销成本占总收入的50%左右，有的甚至更高。医美机构的大部分利润被广告商等中介机构获得，医美机构获客成本大幅增加。尤其是资金实力较弱的中小型医美机构，将逐渐陷入营销陷阱从而不具备市场竞争力。通常医美行业的营销模式有三种：第一种是美容院的宣传导流，这种模式的精准度和成交率较高，但渠道返点和转化成本也高；第二种是广告投放和搜索引擎竞价，这种渠道的覆盖面广、速度快，但精准度低，资金和人员投入都十分大；第三种是线下推广，这一模式有助于积累品牌效应，但资金投入大、转化时间长。相比之下，目前大多数医疗美容机构都采用搜索引擎竞价、户外广告、电视广告等方式进行广告宣传，其中搜索引擎占据了较大比重。但由于转化率低，医美机构需要通过不断做广告来招揽新顾客才能弥补复购率低的问题。医美机构往往需要大量的资金来进行市场推广。

由于早期医美行业的毛利润十分可观，吸引了大量竞争者进入，医美行业竞争十分激烈。如此一来，一方面许多规模较小、资金较少的医美机构因不具备竞争力而面临亏损和倒闭，另一方面为了追求利润，许多不良商家为降低成本，在医疗器械、医美药品方面以次充好，导致“劣币驱逐良币”，不仅造成医美市场的混乱，也极大地影响了成都市医美行业的健康发展。因此，如何通过运营模式的创新和营销策略的转变来降低医美机构的获客成本、树立良好的机构品牌和形象、提高消费者的满意度，成为当前成都市医美行业的发展重点。

（五）医美专业人才极度短缺，成为行业发展的绊脚石

人才资源是医美行业的核心资源，关系着成都市医美行业未来发展的核心竞争力。目前，成都市注册医疗美容类的医生数量与医美机构的数量相比仍然存在较大的缺口。随着医美市场的迅速扩大，专业人才严重不足、从业人员资质参差不齐等现象将越来越突出，甚至成为成都市医美行业发展瓶颈。根据对成都市的调查，造成医美产业专业人才缺乏的主要原因如下。

第一，整形医生的培养周期较长。按照我国目前的医师培养模式，要成为一名正规的整形外科医生，需要经过“5 +3 + X”的培养模式，即医学院校本科 5 年，住院医师规培 3 年，以及 2 ~4 年不等的专科医师培训。因此一名正规的整形美容医生平均需要 10 年以上的专业学习才能取得美容主诊执业医师资格，而目前成都市每年培养的正规医生数量相对于庞大的医美市场来说远远不够。

第二，专业教育学校和正规培训机构较为缺乏。当前我国的学校教育体系中并没有医美专业，从事医美行业的医生主要来自皮肤科、整形科、口腔科、中医科等科室，每年招入的学生十分有限。与此同时，目前成都市具有专业资质的培训机构数量也不多，再加上并非所有人毕业后都会从事医美行业，因此正规的医美医生数量少之又少。由于近年来成都市医美市场发展十分迅速，人才的培养速度跟不上市场扩大的步伐，势必造成专业人才的严重短缺。

第三，非正规医生和培训机构大量产生。《2017 中国医美行业黑皮书》显示，中国有合规执业者 1.7 万人，非法执业者 15 万人，非法者几乎是合规医师的 9 倍。由于医美人才资源供不应求，在利益的驱使下，医美市场催生了“猪皮班”“鸡腿班”等非法整形速成班，培养了大量不具备合法行医资质的“黑医生”，不仅影响了正规培训机构的发展，也对正规专业医生形成了挤压，进而形成恶性循环，在危害消费者健康的同时也损害了医美行业的声誉。因此，为实现成都市医美行业的健康可持续发展，应尽快建立医美行业人才培养机制，做好优质人才的培养和储备工作。

ℝ.3

成都市医美产业的发展环境

张兴月　刘宗英*

摘　要： 医疗美容产业的快速发展与良好的外部环境密切相关。在政策环境上，自建设“医美之都”目标提出以来，成都市积极制定各项促进医疗美容行业发展的政策措施，大力进行行业监管和违法行为整治，取得成效十分显著；在经济环境上，成都市经济发展态势良好，产业结构不断升级，居民生活和消费水平不断提升。在社会环境上，成都市城市文化包容性强，审美多元化，区域辐射大；在技术环境和学术氛围上，成都市的医美技术研发和学术交流也取得了较好的成效，为医美产业的发展奠定了良好的基础。因此，就发展环境来看，成都医美产业发展优势明显，具有建立“医美之都”的天然优势。

关键词： 医美之都　发展环境　成都

一　成都医美产业发展的政策环境

全面有效的政策环境是医美产业发展的保障，围绕一定的产业发展目标而制定的相关政策具有较强的导向性，可以弥补市场缺陷，实现资源的有效

* 张兴月，博士，四川省社会科学院社会学研究所助理研究员；刘宗英，四川省社会科学院社会学研究所助理研究员。

配置，同时起到规范和监督作用。自2018年提出全力打造“医美之都”目标以来，成都市积极制定各项鼓励医疗美容行业发展的政策措施，涉及医美产业链上中下游多个环节，致力于从行业监管、产业扶持、人才培育、企业招商等方面促进成都市医疗美容行业迅速发展，以及高端医疗美容机构和医美人才的加速聚集，为成都医疗美容行业创造良好的政策环境，将医疗美容产业打造为成都面向世界的新经济名片之一。

（一）成都市医美产业发展支持政策

成都是全国首个专门针对医美行业发布市级产业规划的城市，相关政策的覆盖面和支持力度在全国也处于领先地位，充分体现出成都在医美产业发展上所拥有的政策性优势，其中最具代表性的政策和规划如下。

1.《成都医疗美容产业发展规划（2018～2030年）》

随着医疗水平的提高和群众消费的升级，以医疗美容为代表的美容消费需求持续增长，成为除基本生活消费以外，继住房、汽车、旅游之后的第四大消费热点。作为西南地区的科技中心，成都以突出的创新资源优势和扎实的关联产业实力，形成了良好的医美产业发展态势。为推动成都市医疗美容产业高质量发展，切实推进供给侧结构性改革，成都市依据《“健康中国2030”规划纲要》《成都市健康服务业“十三五”规划》《成都制造2025规划》，编制《成都医疗美容产业发展规划（2018～2030年）》（以下简称《规划》）。

《规划》包括规划基础、指导思想、基本原则和发展目标、发展重点、空间布局、主要任务、保障措施，全面分析了成都市医疗美容行业的发展现状及存在的问题，并制定了未来发展的目标及主要措施。《规划》指出，在医疗技术发展和人民群众消费升级的背景下，成都市将在坚持市场主导与政府监管相结合、坚持招大引强与内生培育相结合、坚持集聚发展与融合发展相结合三个原则的基础上，以加强组织领导、落实产业规划、强化工作考核为保障，着力提升医疗美容产业的质量和规模，加快聚集国内外知名医疗美容企业、机构和人才，不断增强产业竞争力、影响力和辐射带动力，计划到2025年医疗美容产业营业收入达到1000亿元，2030年达到2000亿元，使成都成为全国领先、全球知名的“医美之都”，促进医美行业的高标准、高品质发展。

2.《成都市加快医疗美容产业发展支持政策》

2018 年 4 月 28 日，《成都市加快医疗美容产业发展支持政策》（以下简称《政策》）出台，制定了 19 条具体的奖励、资助、监管服务等措施，覆盖面和支持力度在全国处于领先地位。根据《政策》，成都市将从以下几个方面加强对医美行业发展的支持：第一，支持医美人才加快聚集，包括支持高端医美人才发展、加强医美人才奖励扶持、构建医美人才培养体系。第二，支持医美企业创新发展，包括支持产学研用协同创新、提升创新创业服务能力、鼓励医美科技成果转化、支持医美产品研发生产。第三，支持医美项目引进建设，包括支持引进医美领军企业、加快医美重大项目建设、支持租赁营业场地、加强医美项目用地保障。第四，支持医美企业发展壮大，包括积极培育重点医美企业（机构）、支持利用资本市场发展、鼓励企业提升发展质量。第五，支持医美产业环境优化，包括支持产业联动融合发展、支持建设医美街区（园区）、加大金融服务产业力度、支持医美产业交流合作、加强医美行业监管服务。

3. 成都各区的医疗美容产业发展规划

依据《“健康中国 2030”规划纲要》《成都市健康服务业“十三五”规划》《成都医疗美容产业发展规划（2018 ~ 2030 年）》，成都市武侯区和温江区等区相继出台医美产业发展规划，根据各区的产业发展情况和主要优势对医美产业的发展目标进行了制定。比如，武侯区提出力争用 10 余年时间，将武侯区打造为引领全市、全国领先、全球知名的“医美核心区域”；温江区依托以成都医学城（科技园）和成都健康服务业集聚区（现代服务业园区）为核心的健康产业功能区，计划发展医疗美容制造业。

（二）成都市医美产业相关利好政策

成都市还出台了许多涉及医疗美容的相关政策和发展规划，从人才激励、企业招商、关联产业发展、营商环境发展等多个方面支持成都市医疗美容行业的健康发展（见表1）。

表1　2018年以来成都市医疗美容行业相关利好政策

时间	发布单位	名称
2018年3月16日	成都市经信局	《成都市实体经济领域人才奖励实施办法》
2018年4月16日	成都市武侯区政府办	《成都市武侯区关于促进电子商务发展的若干政策》
2018年8月17日	成都市政府办公厅	《成都市人民政府办公厅关于印发成都加快建设国际消费城市行动计划的通知》
2018年9月17日	成都市武侯区政府办	《成都市武侯区促进健康产业发展若干扶持政策（试行）》
2018年11月8日	成都市卫健委	《健康成都2030规划纲要》
2018年11月21日	成都高新技术产业开发区管委会办公室	《成都高新技术产业开发区关于深化产业培育实现高质量发展若干政策意见》
2018年12月6日	成都市人民政府	《关于促进民营经济健康发展的意见》
2019年2月2日	成都高新技术产业开发区管委会办公室	《成都高新区关于构建生物产业生态圈（产业功能区）促进生物产业发展的若干政策》
2019年2月21日	成都市委办公厅	《关于印发促进民营经济健康发展7个实施细则的通知》

（三）成都市医美产业相关举措

总体而言，目前中国医疗美容行业的发展仍然处于初级阶段，成都市也在2018年才开始实施医疗美容行业的发展规划，因此行业监管机制还有待进一步完善。在推动医疗美容行业发展、打造“医美之都”的过程中，成都市对医美行业进行的监管措施或整治行动主要如表2所示。

表2　成都市医疗美容行业监管主要措施和行动

时间	发布单位	监管举措
2017年8月23日	成都市卫健委	《成都市严厉打击非法医疗美容专项行动方案》
2017年7~9月	成都市卫健委	严厉打击非法医疗美容专项行动
2018年6月5日	成都市卫健委	打击非法医疗美容专项整治行动

续表

时间	发布单位	监管举措
2018 年 10 月 18 日	成都市级相关部门	医疗美容行业监管及行业自律工作会
2019 年 3 月 8 日	成都市政府办公厅	《关于进一步加强成都医疗美容行业监管服务工作的意见》
2019 年 3 月 15 日	成都市医疗美容产业协会	医美行业"诚信宣言"活动
2019 年 7 月 16 日	成都市医疗美容产业协会	2019 成都医疗美容月行业公约 + 正品联盟

1. 积极开展严厉打击非法医疗美容专项行动

为促进成都市医疗美容行业健康发展，净化医疗美容市场，打击非法行医，成都市在 2017 ~ 2018 年进行过多次打击非法医疗美容的专项行动。2017 年 8 月 23 日，成都市卫计委等 6 个部门联合制定了《成都市严厉打击非法医疗美容专项行动方案》。方案计划由卫计委牵头，食药监局（现为"市场监管局"）、人社局、工商局（成都市机构改革中已取消该部门）、网信部门、公安机关和行业协会联合对非法开展医疗美容服务及违规生产经营注射用透明质酸钠、胶原蛋白、肉毒毒素等医疗器械、药品等行为进行依法查处，同时严肃整治违规医疗美容培训，严格查处违法广告和互联网信息。2017 年 7 ~9 月，市卫生计生监督执法支队组织全市 22 个区（市）县执法大队开展了打击非法医疗美容专项行动，共对成都市 128 家医疗美容机构和 756 家生活美容机构进行了监督检查，立案查处了 9 家非法开展医疗美容活动的机构，罚没金额共计 7. 18 万元，没收医疗器械若干，吊销《医疗机构执业许可证》2 家，对医疗机构实施不良执业行为记分，共计 56 分，专项行动取得了阶段性成果。

2018 年，成都市卫健委再次联合各执法机构在全市范围内集中开展打击非法医疗美容专项整治行动。该行动由卫健委牵头，联合成都市公安局、市场监管局（含原工商局、食药监局）、市城市管理委员会（以下简称"市城管委"）以及各区（县）打击非法行医办公室等单位，以生活美容机构涉医行为和非法微整形为重点，对全市医美市场进行了一次全面检查。仅上半年就出动 4550 人次，监督检查美容机构 1487 户次，查处涉医案件 17 件，涉嫌违法开展医美项目的机构 3 家，有效规范了成都市医美市场秩序，增强了生活美容机构依法执业的意识，对于净化医美服务市场、促进医美市场良性发展具有积极作用。

2. 召开医疗美容行业监管及行业自律工作会

为进一步加强医疗美容行业监管，推动医美行业自律，实现医美产业的高质量发展，2018 年 10 月 18 日，成都市召开全市医疗美容行业监管及行业自律工作会。相关市级部门、各区（市）县政府、市医美产业协会，以及 80 家医美机构负责人共计 100 余人参加了会议。会上对成都市医疗美容行业存在的问题进行了通报，并从加强行业监管、优化政务审批、健全执法机制、增强服务能力等方面对医美行业监管和行业自律提出了具体要求，计划研究制定监管措施，从强化监管服务的顶层设计入手，为成都市的医疗美容行业发展营造良好的市场环境，表明了成都市加强医疗美容行业监管的决心。

3. 出台行业监管意见，完善行业监管方案

为加强医疗美容行业监管，推动行业自律，实现产业高质量发展，2019 年 3 月 8 日，成都市政府办公厅出台《关于进一步加强成都医疗美容行业监管服务工作的意见（试行）》（以下简称《意见》），加快构建行政监管、行业自律、政务服务、社会共治相结合的高水平医疗美容行业监管服务体系，促进医疗美容产业的高质量发展。根据《意见》，成都市将从以下几方面来加强对医疗美容行业的监管服务工作。第一，加强医疗美容服务领域监管。严把“准入关”，对医疗美容机构和相关从业人员的资质进行严格审查，确保医美机构和人员在执业范围内按照相关法律法规和技术操作规程提供医疗美容服务，严格查处违法开展医疗美容项目的机构和行为。第二，加强医疗美容相关领域监管。采用全链条的监管方式，对医疗美容所涉及的药品和医疗器械进行严格的质量管理，禁止假冒伪劣产品的生产、销售和使用；对不符合相关法律法规或未经审查的医疗美容广告进行严肃查处；对不具备或不符合医疗美容培训资质的机构进行管理和查处；加强对医疗美容网络信息的

监测，以及对医疗美容信贷业务的监管。第三，优化政务服务和强化行业自律。对审批事项和办事流程进行精简，提高政务服务的便捷程度；加强公立医院与民营机构的合作；建立成都医疗美容行业标准体系；充分发挥协会在行业自律和协助政府主管部门监管中的重要作用。与此同时，通过加强组织领导、健全督查考核机制、多渠道开展科普宣传来保障行业监管的有效执行。

4. 促进医美行业自律，开展诚信宣言活动

为进一步加强医疗美容行业监管，提升政务服务和行业自律水平，营造良好市场环境，行业协会和相关机构纷纷开展各类诚信宣传活动，通过行业自律和相互监督来倡导医美行业的健康发展。2019 年 3 月 15 日，成都市医疗美容产业协会在“3·15 消费者权益日”联合八大处、铜雀台、华美紫馨等协会上下游会员企业，共同发起了“医美之都”消费者权益日医美行业诚信宣言活动。在行业协会的带领下，各会员机构积极到场进行诚信宣誓，力表其落实医疗诚信、经营诚信的决心。2019 年 7 月 16 日，成都市医疗美容产业协会和成都传媒集团共同主办的“2019 成都医疗美容月”在天府国际金融中心举行启动仪式。启动仪式上，成都市医疗美容产业协会发布了《依法执业公约》《联合抵制非法医疗美容公约》《会员机构用人公约》等一系列行业公约，并成立“医美之都”正品联盟，多家医美机构纷纷加入。以上活动充分发挥了行业协会在行业自律和协助政府部门加强行业监管中的作用，对于推动成都尽快建成全国领先、全球知名的“医美之都”具有十分重要的积极作用。

二　成都医美产业发展的经济环境

经济发展状况决定了人们的需求变化，产业结构的优化则可以为医疗美容产业创造发展条件。近年来，中国经济增速相比前几年有所放缓，但仍然保持稳中求进、转型升级的良好态势，并且已经由高速增长转向高质量发展。在全国经济稳步发展的背景下，成都市经济同样呈现出稳定的增长趋势，投资规模持续增加，金融市场不断扩大，产业转型升级持续推进，收入水平和

消费水平不断提升，经济总量再上新台阶，对医疗美容等新兴产业的发展起到了良好的推动和支撑作用。

（一）国内宏观经济环境

2019 年以来，中国经济保持着总体平稳、稳中有进的良好态势。但由于我国目前正处于结构调整和转型升级的关键阶段，再加上外部环境复杂，宏观经济运行存在一定的下行压力。与前几年相比，部分指标的增速有所回落，但总体上看，经济运行的质量、稳定性和协调性都在不断提升。2008～2018 年，我国的国内生产总值增长了约 1.8 倍。截至 2018 年，全年实现国内生产总值 900309 亿元，首次突破 90 万亿元人民币关口，超出市场预期。按可比价格计算，GDP 比上年同期增长 6.6%，实现了年初制定的 6.5% 的预期发展目标，但增速与往年相比小幅回落。自 2010 年起，国内生产总值的增速便开始缓慢下降，于 2015 年起基本趋于平稳，连续四年保持在 6.6%～6.9%。按常住人口计算，2018 年人均国内生产总值为 64644 元，相比 2017 年增长了 6.1%。

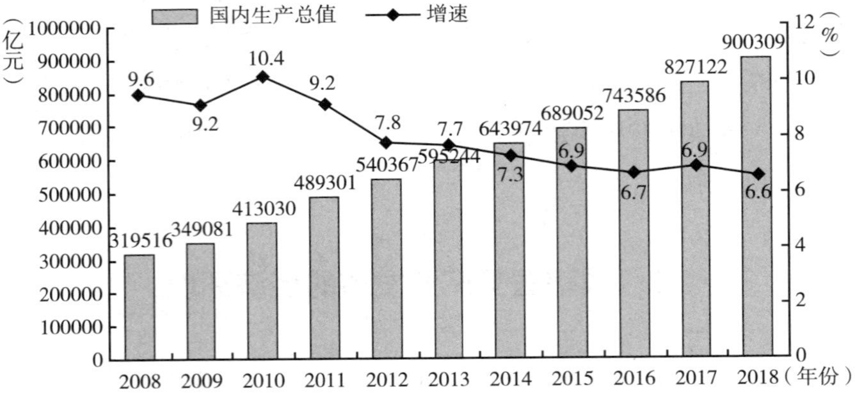

图 1　2008～2018 年国内生产总值及增速情况

就产业结构来看，近年来，中国经济发展由量变转向质变，产业结构不断升级，逐步实现了由工业主导向服务业主导转换。这一方面是由于技术进步、管理科学带来的产业转移和升级调整，高附加值产业链环节增加，落后产能不断出清；另一方面则是由于收入增长、需求提升引起的大类产业比重优化，整个国民经济重心由第二产业向第三产业转变。从数据上看，2018年国内生产总值中，三次产业增速均有所下滑，其中第一产业增加值为64734亿元，增长3.5%，增速与上一年相比下降0.5个百分点；第二产业增加值为366001亿元，增长5.8%，增速与上一年相比下降0.1个百分点；第三产业增加值为469575亿元，增长7.6%，增速与上一年相比下滑0.3个百分点。第一产业增加值占国内生产总值的比重为7.2%，第二产业增加值占比为40.6%，第三产业增加值占比为52.2%。产业结构调整已取得积极进展，工业在国民经济中所占份额有所下降，服务业在宏观经济中持续发挥引领作用，但与发达国家相比仍然存在一定的差距。

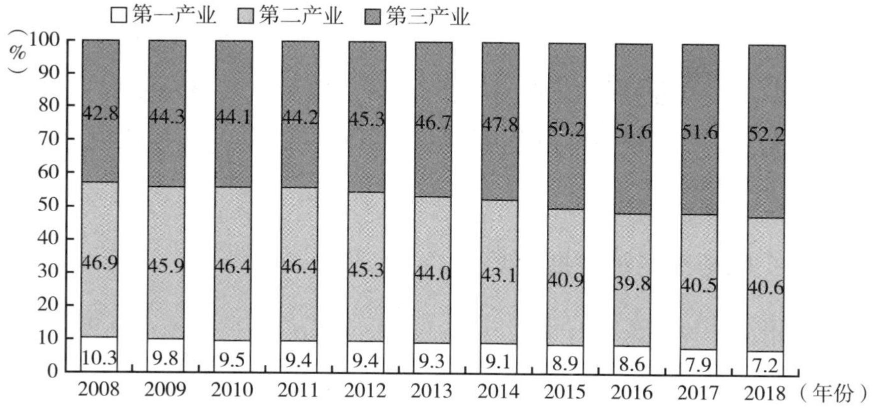

图2　2008～2018年国内三次产业增加值占GDP比重

从其他方面来看，首先，2018年全国固定资产投资635636亿元，与上年相比增长5.9%。其中，基建投资大幅放缓，房地产投资有所加快，基础设施建设仍有上升空间。其次，全年全国居民人均可支配收入28228元，比上年增长8.7%，人均消费支出19853元，比上年增长8.4%，居民消费加速增长，消费结构由实物向服务转型。再次，需求结构由以投资拉动为主向以消费拉动为主转变。2018年全年最终消费支出对国内生产总值增长的贡献率为76.2%，资本形成总额的贡献率为32.4%，需求结构调整稳步推进。最后，2018年我国货物贸易进出口总值累计同比增长12.6%，较2017年上升1.2个百分点，对外贸易实现较快增长，贸易顺差大幅收窄。全国经济运行保持总体平稳、稳中向好的态势。

从根本上讲，当经济发展达到一定水平时，人们的需求层次会上升至另一个台阶，从而推动新兴产业的发展。当人均GDP增长到一定程度时，非生活必需品的消费将成为主要增长点，人们开始关注精神层面的满足，对服务的选择也会逐步向中高端和娱乐消费转移。因此，在新时代的背景下，网红经济和新媒体的发展带动了医疗美容的需求增长，而经济水平的提升则为这一需求提供了保障。因此，经济的发展和居民收入的增加是医疗美容经济兴起的根本原因，同时也使医疗美容行业在消费升级的背景下进入了快速发展期。新氧《2018年医美行业白皮书》显示，2018年中国医美市场规模或达2245亿元，同比增速27.57%。在过去三年中，中国医美市场一直处于高速发展期，平均年增速达到31.83%。在全国经济质量稳步提升的情况下，未来五年，中国医美市场将继续保持高速增长，平均年增速预计将达到25.67%。

（二）成都市经济发展走势

成都市的国民经济和各项社会事业在经过改革开放40多年的发展之后，城市综合实力显著增强。近年来，全市主动适应高质量发展要求，推进高质量发展进程，探索建立“成都市高质量发展指标评价体系”，发展质效明显提升。从数据上看，成都市经济发展态势良好，持续保持稳定增长，投资规模持续增加，金融市场规模不断扩大，对外开放水平显著提高，民生福祉明显改善，经济总量再上新台阶。2008~2018年，成都市地区生产总值增长了2.9倍。截至2018年，成都市实现地区生产总值15343亿元，按可比价格计算，较上年同期增长8.0%，增速比全国高出1.4个百分点。按常住人口计算，2018年成都市人均地区生产总值为94782元，相比2017年增长了6.6%。

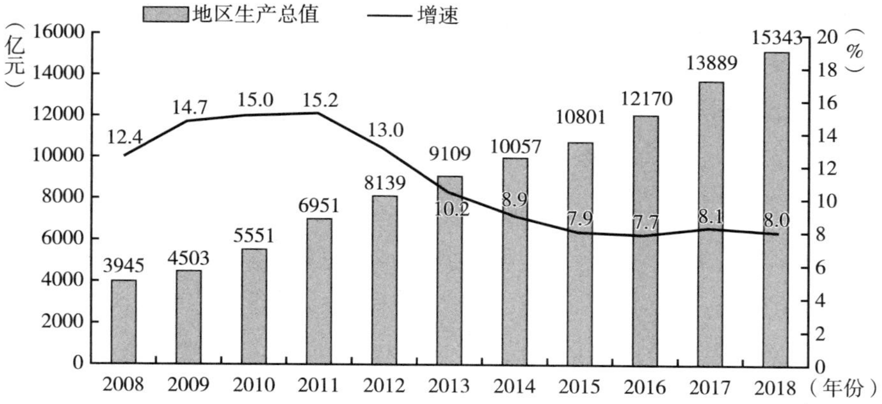

图 3　2008～2018 年成都地区生产总值及增速情况变化

从成都市各区（市）县地区生产总值来看，地区生产总值排行前三的县（市、区）分别为成都高新区、龙泉驿区和金牛区，2018 年的地区生产总值分别为 1877. 75 亿元、1302. 78 亿元和 1196. 94 亿元。地区生产总值最低的是浦江县，仅为 151. 85 亿元。地区生产总值增速最高的是成都天府新区，2018 年地区生产总值 429. 1 亿元，与 2017 年相比增长了 12. 1%。此外，邛崃市、崇州市、青白江区、金堂县、新津县、浦江县和大邑县 7 个县（市、区）的增速也都超过了 10%。

受深厚的商业氛围与快速的经济发展的影响，成都市的金融贸易功能始终处于国内领先地位。当前来看，成都本外币存款仅次于北上广深，远超其他中西部城市，财富聚集系数与南京、杭州等差异不大，可以说，成都的财富集聚能力目前依然处于全国第二梯队，是最具潜力成为首个国家级金融贸易中心的内地城市。对于医疗美容行业来说，经济发展是美容经济兴起的根本原因，成都市良好的经济发展环境不仅带动了医美消费规模的扩大，同时也促进了医美关联产业的繁荣。在大的经济环境之下，成都市民幸福感普遍较高，人们热爱时尚、重视外表颜值的消费领域被持续点燃。因此，随着全市经济的不断发展和市民生活水平的不断提高，成都市的医美行业规模将持续保持较高的增长速度。

（三）成都市产业结构调整

就产业构成来看，成都市经济迈向高质量发展态势逐步显现，产业转型升级持续推进，投资结构不断优化，经济结构调整成效明显。其中第三产业比重稳步增长，现代服务业发展势头良好，对全市经济的支撑不断增强，先进制造业也保持着较快的增长速度，对经济发展的带动能力不断增强。2018年成都市地区生产总值中，第一产业增加值为522.59亿元，增长3.6%；第二产业增加值为6516.19亿元，增长7.0%；第三产业增加值为8303.99亿元，增长9.0%。第一产业增加值占地区生产总值的比重为3.4%，第二产业增加值占比为42.5%，第三产业增加值占比为54.1%。三次产业对经济增长的贡献率分别为1.6%、37.1%、61.3%。

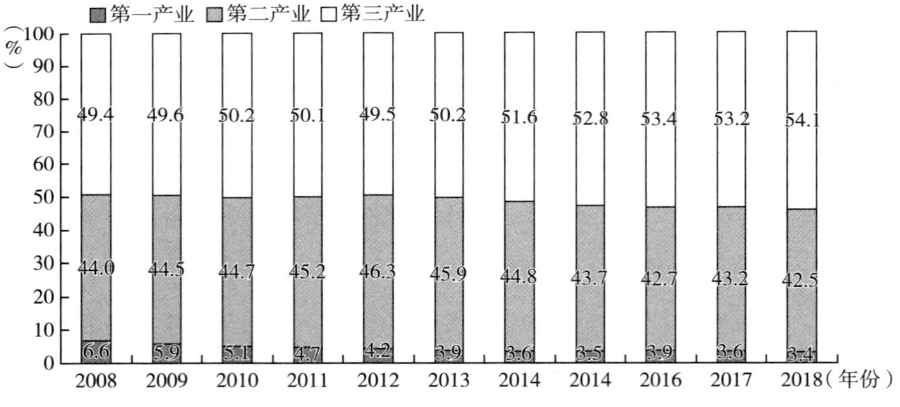

图4　2008～2018年成都市三次产业增加值占GDP比重

具体来看，成都市产业结构的调整为医疗美容经济的发展创造了良好的机遇。一方面，高新技术制造业带动力增强，新型材料、电子信息、生物医药等优势支柱产业形成集群。目前，成都市进行医美产品、耗材研发的企业在3D生物打印、医用材料、医学影像设备等领域已具备较强的竞争优势，在医疗美容、生物医药等领域聚集了众多的创新资源。如此一来，高新技术和产品的发展不仅促进了科学技术和医疗水平的进步，还实现了医美设备和治疗手段的升级，创造了新的市场需求，不断推动着本市医疗美容行业的持续发展。另一方面，成都市现代服务业发展势头良好，金融业、交通运输业、旅游业等医美关联产业具有较强实力。现代金融服务实体经济功能增强，现代物流枢纽功能提升，文化旅游产业发展加快，极大地拓宽了本市的医美市场，为本市的医疗美容产业提供了充足的金融要素支撑，是推动成都市形成完整医美产业体系的有利条件。

（四）成都市居民收入水平

2008～2018 年，成都市居民人均可支配收入始终保持着稳定的增长趋势，城乡居民收入均以成倍的速度增加。2018 年，成都市全体居民人均可支配收入为 36142 元，同比增长 8.8%。其中，城镇居民人均可支配收入首次突破 4 万元，达到 42128 元，同比增长 8.2%；农村居民人均可支配收入为 22135 元，同比增长 9.1%，增速高于城镇地区（见图 5）。城乡人均收入倍差 1.90，与 2017 年相比缩小了 0.02。城乡居民收入相对差距在 15 个副省级城市中（除深圳市）仅次于宁波和杭州，位居全国第三。

从收入来源看，2018 年成都居民四大类收入保持全面增长态势。其中，城镇居民工资性收入为 24782 元，增长 8.7%；经营性净收入为 4279 元，增长 12.8%；财产净收入为 4367 元，增长 6.4%；转移性净收入为 8701 元，增长 5.9%。农村居民工资性收入为 11155 元，增长 11.2%；经营性净收入为 5238 元，增长 3.6%；财产净收入为 2133 元，增长 8.2%；转移性净收入为 3609 元，增长 11.5%。四大类收入中工资性收入占主导地位，城镇居民收入中增长最快的是经营性净收入，农村居民收入中增长最快的是转移性净收入。

与全国和全省相比，城镇居民人均可支配收入增速高于全国 0.4 个百分点，高于全省；农村居民人均可支配收入增速高于全国 0.2 个百分点，与全省持平。自 2015 年起，成都城乡居民收入已连续第四年平稳增长，城镇居民人均可支配收入增速连续四年稳定在 8.0%～8.4%，农村居民人均可支配收入增速连续四年稳定在 9.1%～9.6%，居民收入水平得到了进一步提

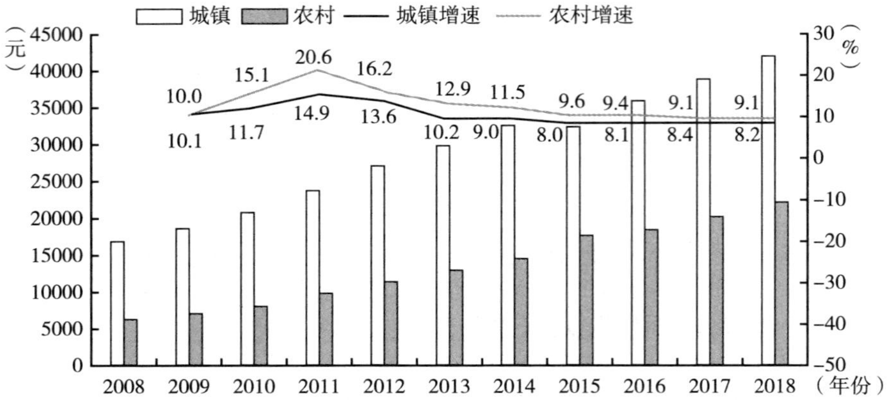

图 5　2008～2018 年成都市城乡居民人均可支配收入变化情况

高。其中，成都市高度重视的人才引进政策和就业者职业技能培训是提高劳动者技能和素质、促进居民收入增长的一大要素，同时产业的合理升级也是城乡居民增收的主要动力。

从根本上来讲，城乡居民人均可支配收入的持续增长是使医疗美容消费支出的扩大由可能变为现实的主要原因。由于医疗美容属于高端消费，近年来消费者群体主要集中在北上广以及东部沿海经济较为发达、城乡居民人均收入水平较高的城市和地区。但成都市居民人均可支配收入快速增长，对医疗美容的消费能力迅速增强，同时女性经济地位的提升也增强了医美主要消费群体的支付能力和支付意愿。2018 年，成都市居民人均可支配收入已达到 36142 元，处于中高端消费的快速提升期。因此，受成都市居民超前的生活观念以及对新事物高包容度和高接受度的影响，以医疗美容为代表的美容消费需求已成为一大消费热点。如此一来，市民健康意识和生活质量意识的提升推动了医疗美容经济的兴起，而人们收入水平的提升又为医疗美容市场的消费提供了保障，使成都具备了成为“医美之都”的消费者基础，成都的医疗美容行业发展也具有了良好的上升空间。

（五）成都市居民消费水平

随着经济的发展，成都市居民的生活水平持续提高，消费水平不断提升，近年来对于医疗美容行业的消费也保持全国领先地位。2018 年，成都市城镇居民人均消费性支出为 27312 元，同比增长 7.9%；农村居民人均消费性支出 15977 元，同比增长 9.3%（见图 6）。与人均可支配收入变化趋势相似，2008～2018 年，成都市居民的人均消费性支出也保持着较高的增长速度，并且人均消费支出占人均可支配收入的比例始终保持着较高的水平，体现出了成都市民强烈的消费意愿。此外，2018 年成都市城乡居民恩格尔系数稳步下降，城镇居民和农村居民恩格尔系数分别为 33.0% 和 36.6%，较 2017 年分别下降了 0.7 个和 0.6 个百分点，标志着成都居民生活水平持续提高。

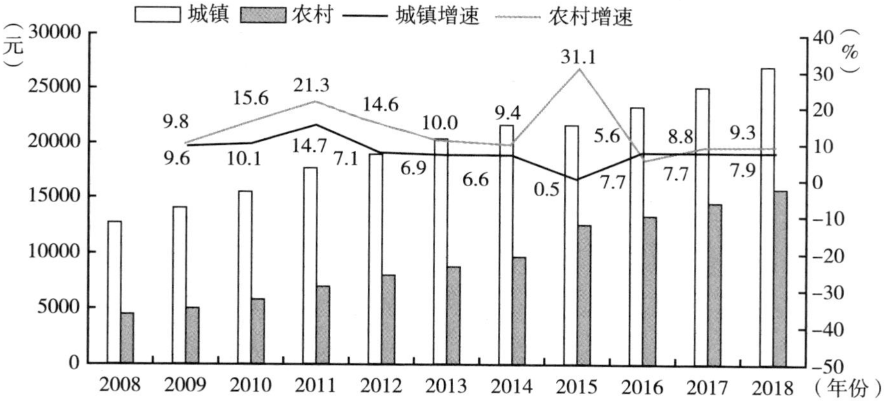

图 6　2008～2018 年成都市城乡居民人均消费性支出变化情况

与往年相比，成都居民消费支出呈现出四大特点：第一，城乡消费增速加快。2018 年城镇居民和农村居民人均消费性支出增速较上年分别上升 0.2 个百分点和 0.5 个百分点，增长速度在近几年内处于较高水平。第二，消费收入比更加合理。2018 年成都市城乡居民人均消费性支出和人均可支配收入的增速基本持平，城镇居民和农村居民人均消费性支出和人均可支配收入的占比分别为 64.8% 和 72.2%，反映出较强的消费意愿，消费收入比更加趋于合理。第三，注重发展型消费。2018 年成都市城乡居民消费的重点为教育、医疗保健和公共交通等发展型支出，三类消费支出的比重在城镇和农村分别为22.1%和25.2%，与上年相比分别提升了1.3个和0.5个百分点。而食品及烟酒、衣着和居住等生存型消费支出有所下降，体现出成都市民消费观念的理性化转变。第四，服务型消费快速增长。随着居民消费能力的快速提升和消费理念的转变，成都居民的服务型消费呈现出快速上升趋势。数据显示，成都市城镇居民人均服务型消费支出占比为49.3%，几乎占据了人均生活消费支出的一半，与上年相比增加了5个百分点；农村居民人均服务型消费支出占比为38.6%，在人均生活消费支出中的比重也接近四成，与上年相比增加了2.3个百分点，可见成都市民消费的享受型特征依然突出。

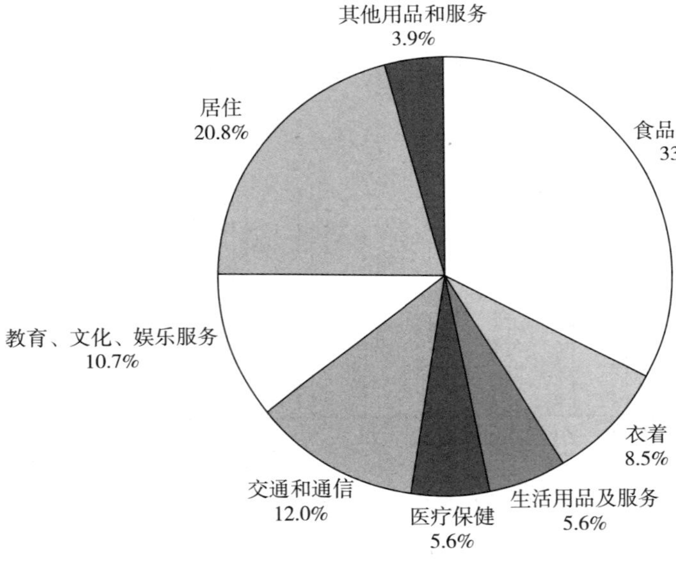

图7　2018年成都市城镇居民人均消费支出构成情况

由此可见，随着人们生活水平的日益提高，“消费升级”的概念已深入人心，成都居民的消费支出在增速加快、支出合理化的基础上，还呈现发展型消费增多、服务型消费增长的特点。市民健康意识的提高和生活品质的提升是成都市医疗美容经济兴起的重要诱因。现代服务消费比重不断攀升，使医疗美容相关的服务也逐渐成为爱美人士服务型消费中的优先选择。对新鲜事物接受能力较强和对自身形象的日益重视让成都人越来越关注颜值消费，

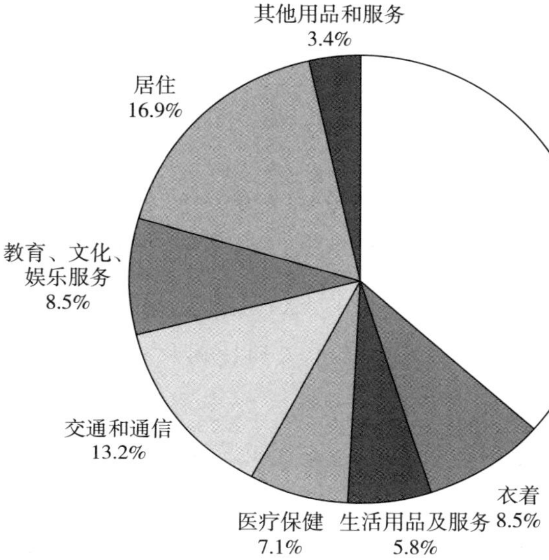

图 8　2018 年成都市农村居民人均消费支出构成情况

从而推动了“美丽经济”的发展。除此之外，消费群体的年轻化和男性消费群体的崛起也成为推动医美市场增长的源动力。数据显示，近三年来成都奢侈品消费快速增长，2018 年成都奢侈品 TOP10 产品主要集中在女士包袋和美妆护肤领域，女性在颜值和外表方面的消费意愿和能力可见一斑。同样地，成都男性的颜值经济也在消费升级的背景下大行其道，男性在护肤美妆类上的消费支出日益增加。如此一来，成都居民消费能力的提升和各个群体消费意愿的增强，使医美需求得到了快速释放，医疗美容行业也在消费升级的背景下进入了快速发展期。

三　成都医美产业发展的社会环境

社会环境是医美产业发展的支撑，人口结构趋势增加了抗衰老等医美服务的需求量，安逸闲适的生活方式增加了人们对医疗美容的需求度，多元的社会审美提高了人们对医疗美容的接受度，使成都人民对于美的认知越来越深入。与此同时，较强的区域辐射能力又增加了成都对全国特别是对西南地区的吸引力，成为成都打造“医美之都”必不可少的重要条件。

（一）成都市人口年龄状况

从年龄结构上看，2017年成都市0～17岁、18～59岁和60岁及以上户籍人口占总人口的比重分别为16.5%、62.3%和21.2%，与上年相比无明显变化，但较前几年而言呈现出明显的人口老龄化特征。按照联合国的划分标准，一个国家（或地区）60岁及以上人口比重超过10%或者65岁及以上人口比重超过7%就意味着该国（或地区）步入“老龄型”社会，若65岁及以上人口比重超过14%就进入“高龄化”社会，若超过20%就进入“超高龄化”社会。根据这一标准，2017年成都市65岁及以上人口占比达到14.6%，已处于“高龄化”社会的早期阶段。随着经济的快速发展和医疗水平的提高，人口预期寿命普遍延长，死亡率显著下降，未来成都市户籍人口的老龄化趋势将进一步加剧。从医疗美容的未来发展看，虽然医美用户逐渐低龄化，但消费能力最强的年龄阶段仍然是年纪偏大、具有一定经济基础的人群。成都市人口的老龄化发展势必催生一大批希望通过医疗美容来延缓衰老的消费群体。因此，这一变化趋势将对医美服务的多样化发展起到很好的催化作用，同时也引导着新型药品和创新技术的不断更新。

从户籍人口的抚养比来看，与2016年相比，2017年成都市户籍人口总抚养比上升了0.71个百分点。其中0～17岁人口抚养比有所上升，但成都市14岁及以下少儿人口比重较小，加上妇女生育水平长期偏低，少子化特征依然较为明显。此外，2017年成都市60岁及以上人口抚养比与上年相比有小幅度的下降，但老龄化社会的抚养负担依然严重。自从单独二孩政策和全面二孩政策实施以来，成都市的新生儿数量有所增加，在一定程度上有利于缓解少子化和老龄化趋势。此外，受“人才新政”的影响，已有超过25万名青年人才落户成都市，这不仅将给户籍人口的年龄结构带来正面影响，而且有利于医美高素质人才的聚集，对医美产业发展具有较好的支撑作用。

（二）成都市社会文化氛围

成都是中国历史上延续至今最古老的城市之一，拥有三千多年的建城史，是古蜀国文化的重要发源地，也是中国首批历史文化名城之一。早在四千多年前，古蜀先民便开始从川西北高原沿岷江河谷迁徙到成都平原，逐渐创造了蜀文化，在夏朝时期形成的三星堆文明便是古蜀文化发展的巅峰，被誉为“长江文明之源”。公元前 4 世纪，蜀国开明王朝迁蜀国都城至成都，取周王迁岐“一年成聚，二年成邑，三年成都”，因名成都，相沿至今。五代十国时，后蜀皇帝孟昶偏爱芙蓉花，命百姓在城墙上种植芙蓉树，花开时节，成都“四十里为锦绣”，故成都又被称为芙蓉城，简称“蓉城”。

自古以来，成都的经济文化就十分发达。公元前 316 年，秦国吞并巴蜀。秦孝文王时李冰率众修建的都江堰水利工程不仅解决了岷江水患，更是灌溉了大片农田，将成都平原变成“水旱从人，不知饥馑，时无荒年”的“天府之国”，故秦时成都商业就得到了充足发展，已成为全国大都市。西汉时期，汉武帝以巴蜀地区为中心设置了益州，成都为益州刺史的治所，自此便成为西南地区传统经济、政治和文化发展中心，手工业和商业盛况空前，其中数织锦业发展最为迅速，故成都亦有“锦官城”或“锦城”之称。除此之外，缫丝、织绸、煮盐、冶铁、兵器、金银器、漆器等手工业也很发达。唐宋时期，成都商业不断发展，其中造纸业和印刷业已处于全国领先地位，世界上最早的纸币“交子”便诞生于此。宋代时期成都逐渐产生自由集市，市场结构和商品丰富程度得到多元化发展，极大地促进了成都经济的繁荣，也使成都成为一座传统的消费型城市。在历史文化和经济发展的影响下，成都市民的消费文化得到了延续，至今仍然保持着积极和超前的消费观念。

此外，成都自古以来就是中国著名的休闲城市，具有“天府之国”的美称。由于崇山峻岭的阻隔，特殊的地理位置使成都在历史上较少战乱，令成都人民养成了安逸闲适的性格，而宜人的气候和丰富的物产资源更是为成都人民带来了与生俱来的安全感，从而形成了人们闲适安逸的生活方式和即期消费的习惯。历史上四次大规模移民迁入，使成都对外来文化有着较强的包容性，成都的吃文化、休闲文化、茶文化、道教文化、三国文化等共同构成了历史悠久、内涵丰富的天府文化。从民俗生活来看，成都具有独特的生活风尚，市民崇尚休闲娱乐活动。成都人好玩好吃，如成都茶馆，就是成都市井文化的公共符号与市民的集体记忆；成都的夜生活也非常丰富，以玉林生活广场、紫荆好莱坞广场和九眼桥河边等酒吧聚集区为代表；成都的农家乐是人们最喜欢的小长假休闲之所。成都人注重在快节奏中体会慢生活，整个城市现代都市的气息与古朴田园交相辉映。

2018 年，成都连续十一年蝉联中国最具幸福感城市榜首。宜居的自然环境、深厚的文化底蕴，以及较低的成本和丰富的资源，让每一位在成都生活和工作的居民都能感受到强烈的幸福感。由于生活闲适安逸、心态积极向上，成都市民对新兴事物的包容度和接受度较高，极少出现抵触和不理解的情况，而医疗美容也自然成为成都市民乐于尝试和追求的服务项目。与此同时，积极超前的消费观念也使其在医疗美容的消费中表现出了更加强烈的好奇心和消费欲望。因此，自然环境与人文环境的长期协调发展，使成都成为一座舒适宜居的理想城市，同时也促进了医美产业的迅速发展。

（三）成都市现代社会审美

审美是人类理解世界的一种特殊形式，同时也是文化观念的一部分，它既有文化的一般属性，也有其特殊的功能与作用。不同时期的审美价值来源于特定时期的文化，而不同的文化则反映出了特定的历史环境。人们对客观事物的审美意识是在社会实践中逐步积累起来的，体现出了某一时期政治、经济、文化和社会生活的方方面面，因此现代社会的审美变化也体现出了社会的文化变迁以及人与社会之间关系的不断变化和发展。从 20 世纪 90 年代开始，经济全球化趋势成为社会的一个基本特征。成都作为中西部地区成长最快的城市之一，也在经济全球化发展趋势的带动下变得越来越现代化和国际化。随着文化的交流与融合，西方文化、港台文化和成都传统文化相互渗透，形成了互融互生的繁荣景象。过去很长一段时间，国内对医疗美容一直抱着怀疑甚至排斥的态度，但成都较早就对外来文化持有包容和接受的态度，因此，受外来流行文化的影响，成都当代社会审美也发生了根本性的改变，表现出不同于以往的丰富性和复杂性。

首先，成都社会审美越来越由精英文化向大众文化靠拢，在市场商业的推动下，流行和通俗的大众审美成为社会主流。由于成都超强的包容性和对流行时尚的敏感度，对美的追求成为成都市民生活中不可或缺的一部分，多样化的审美意识逐渐被大众接受，极大地激发了市民的消费潜力，医疗美容也因此成为人们追求时尚和美丽的常规手段。其次，经济的高速发展使成都人民的消费水平得到了极大的提升，消费文化由此开始盛行。在大众传媒尤其是新兴自媒体的引导下，审美开始从文本化向视觉化和图像化转变，在与互联网的高度融合下，“互联网 + 医疗美容”为人们提供了最前沿的时尚资讯和最便捷的流行信息，进一步引导成都市民形成了诸如共享与互助、自由与平等、开放与兼容等现代审美意识，促进了医美产业的繁荣。最后，随着科学技术水平的不断提高，以电脑、互联网、多媒体为代表的高新技术为人们提供了新的审美领域和艺术样态，拓展了传统的审美空间，不仅进一步突出了审美视觉化、娱乐化和快捷化的特征，也促进了审美的日常普及和交流。但同时，在消费时代不断冲击下，传统的审美观念也出现了过度娱乐化、审美行为混乱等危机。随着“医美之都”建设目标的设立，在继续发扬成都市民平等开放、多元且富有创造性的社会审美的同时，引导人们形成正确的审美观念也是“医美之都”建设的重要目标。

（四）作为国家中心城市的辐射效应

西南地区是中国内陆最为密集的 1 亿人口聚集区。自古以来，以成都为核心的西南地区就是国家人口大区，人口的密集不仅使得西南地区成为一个巨大的消费市场，还使得西南地区拥有丰富的人文积淀，这两方面的特征是西南地区城市经久不衰、不断发展的根本原因，也是西南地区自古以来就充满活力的核心所在。成都作为国家中心城市，其聚集效应表现得非常明显。

整体而言，成都集聚了西南地区的大量资源，进而形成了较大的经济规模和人口规模。

从地理位置来看，成都位于中国西南地区、四川盆地西部、成都平原腹地，地势平坦。成都由于地理位置优越、通行便捷而成为人口集中的核心区。从自然环境来看，成都市自然灾害危险度低、生态环境容量相对较高，适宜于人口集聚。同时背靠资源、面向市场，对于形成产业链条十分有利。从经济来看，成都市经济发展态势良好，持续保持稳定增长，投资规模持续增加，金融市场规模不断扩大，对外资的吸引能力强，具有较强的经济辐射能力。因此以成都为核心的经济圈覆盖整个成渝经济区，其经济集聚度明显高于其他县市区。从产业发展来看，成都产业转型升级持续推进，形成电子信息产品制造业、机械产业、汽车产业等八大特色优势产业。从交通来看，成都市的交通优势度很高。作为中国航空“第四城”，成都两大机场（双流国际机场和即将竣工的天府国际机场）在中西部具有绝对领先地位，同时成都也是国际国内知名电商企业、知名物流快递公司的全国一级分拨中心。此外，成都的公路、铁路等也逐步实现了对全国甚至世界的连接功能，极大地促进了区域的产业发展和人口流动。

成都市区域之间社会经济联系的增强，使人口的空间流动也越来越强。作为区域政治、经济和文化中心，各方面的突出优势使成都对整个西部地区起到了较强的辐射和引领作用。在以生态圈建设为导向、打造医美全产业生态链发展为核心的“医美之都”建设目标下，成都市对中西部乃至全国地区的辐射和带动能力将有效扩大本市医美市场，同时带动和引进医美上下游和关联产业的同步发展，从而形成更大规模的产业集群，进而提升成都医美产业的核心竞争力，促进区域经济快速发展。

四　成都医美产业发展的技术环境

技术环境是医美产业发展的动力，可以为企业提供解决问题的各种途径，并促进整个行业的创新和进步。成都市的医美技术在西南地区处于领先地位，在医疗美容产业的发展过程中，创新技术和新型药品的问世可以推动医美服务质量的不断提升，为行业创新带来活力。关联行业技术的同步发展也有利于带动整个产业链的协同发展与良性互动，对医美行业形成稳定支撑。

（一）医美技术研发与创新

从企业的技术创新来看，成都是西南地区的科技中心，在医疗美容、生物医药等领域集聚了众多的创新资源。蓝光英诺、迪康药业、奥泰医疗等企业在3D生物打印、医用材料、医学影像设备等领域具有较强竞争优势。近年来，成都市在相关医学领域取得了多项技术创新与成果。以成都医学城为例，截至目前，温江区医疗美容产业已经形成了医疗美容产品研发制造、医疗美容服务机构及关联产业全链式发展格局，集聚医疗美容产品制造类企业21家，涵盖了医疗美容药品、医疗美容设备、医疗美容材料等多种类别。作为医学城的创新项目之一，博奥生物集团一直致力于为生命科学与集成医疗领域开发提供创新性技术产品和服务，目前已成功开发出生物芯片及相关试剂耗材、仪器设备等多个系列的数十项具有自主知识产权的产品和服务。

从科研机构的技术创新来看，成都市集聚了以四川大学、成都中医药大学、成都医学院等为代表的高等院校和以华西医院、华西口腔医院、四川省人民医院、成都市第三人民医院、成都市第二人民医院为代表的公立医院。其中公立医院的整形美容科在运营过程中也承担了医疗、科研、教学任务，其医学技术能力雄厚，在各类医美项目的操作资质和安全性上有着很大的保障。而各高等院校在医疗美容、生物医药等领域集聚了众多的创新资源，有着顶尖的医美人才，其牙齿美容、颌面修复等学科均处于全国前列，并且在最前沿的科研领域也拥有一定的话语权。2018年6月，四川大学教授、中国工程院院士张兴栋提出的“组织诱导性生物材料”被列入“生物材料定义”，这也是我国首次在国际上提出的生物材料定义，开拓了生物材料发展的新方向。随着成都市医美市场的快速扩大，消费者对医美的认可度越来越高，对于医美服务质量的要求也日益严格。在消费升级的浪潮下，未来的医美产业必将回归医疗本质，通过高质量的技术和高水平的服务实现“医美之都”的建设目标。

（二）医美科技研发机构与经费投入

在研发机构方面，成都天府国际生物城具备丰富的研发资源，目前已有3家国家新药安全性评价中心、5家国家新药临床试验基地，以及中国最大的医学检验中心，并在国内唯一整体通过美国病理学家协会（CAP）的认证。而成都医学城也形成了以药明康德、科伦、百利药业、海思科、百裕药业等为代表的生物医学产业和以华西温江分院、八一康复中心、博奥生物、医科总部为代表的医疗及研发服务业。根据规划，成都医学城A、B两区还将分别聚焦高端医药、医疗器械制造和医学研发，进一步促进医美技术的创新。在行业发展政策的支持下，成都市大力引进医美领军企业，加快医美重大项目建设，不断集聚高端医药、医疗器械制造和医学研发机构。根据成都市各区域的产业发展规划，未来还将持续引进产品研发和制造的行业领军企业。

在财政经费方面，《成都市加快医疗美容产业发展支持政策》特别指出，要大力支持医美企业的创新。一方面，针对技术研发平台的创建给予大力支持，不仅为新获批的企业技术中心、临床医学研究中心、重点实验室等提供最高300万元的补助，而且为新建的创业园、孵化器等创新创业载体提供最高500万元的支持。另一方面，针对医美科技的研发、转化和生产给予高额补助，鼓励医美相关技术的转化，支持医美新型药品和器械的研发和生产。在技术的研究、改进、开发、临床等阶段给予不同程度的资金支持。除此之外，成都还支持高端医美人才的发展，对医美领域的研发团队和科技人才都实施了十分丰厚的资助办法。在政府财政经费的大力支持下，企业的创新意识不断增强，成都医美产业对人才的吸引力也在不断增强，对于成都市医美技术的进步和创新具有较强的促进作用。

（三）医美关联行业技术发展

成都市的医疗美容关联产业具有较强实力，能够为医疗美容产业提供有力支撑。以互联网行业为例，《2017 年成都市互联网络发展状况报告》显示，2017 年底，成都市网民规模达 1081.0 万人，互联网普及率达 67.4%。互联网模式不断创新、线上线下服务加速融合、人工智能和 3D 等高新技术不断创新，成为网民规模增长推动力。随着成都市互联网行业技术的升级，互联网与医美行业的融合成为未来行业发展的新趋势，AI + 医疗将是医美行业的发展新方向。2017 年初，成都大华医学美容医院率先引进了中国第一台 ARTAS 植发机器人，开启了国内智能植发新时代。2018 年起，新氧和美图等 App 相继推出 AI 测肤产品。2019 年 3 月，中国西南地区首台 3D 数字整形系统落户圣丹福国际整形医院，可以为消费者提供全彩的 3D 面部扫描、三维图像生成，使中国“医美之都”由此迈入医美 3D 时代。

互联网和 AI 技术的进步极大地促进了医美技术的升级，推动了业态创新和产业转型。鉴于此，医美产业发展规划指出，未来成都市将继续支持发展医疗美容网站、App 等，培育“互联网 + 医疗美容”服务平台，促进医疗美容行业市场渠道变革，推动医疗美容产业和大数据、云计算、人工智能深度融合，为开展个性化医疗美容、医美金融服务等提供支撑，支持医疗美容机构运用信息技术优化业务流程，提升服务质量和效率。

五　成都医美产业发展的学科氛围

早在多年前，成都市就有专家提出了打造“中国美容第一城”的概念。自 2006 年起，成都的医疗美容产业便开始迅速发展。经过多年的发展，目前的医疗美容产业正迎来在成都的发展机遇。这一迅猛增长态势离不开政府的支持，更是与成都市良好的医美学科氛围有关。

为营造浓厚的行业学科氛围，全面推动医疗美容产业的发展，成都市近年来大力举办各类学术活动，通过加强国际国内医美产业的交流与合作来促进行业技术的进步与创新，从而有效推动成都医美产业的高端化和国际化发展。其中2018年具备较大规模、对行业发展起到了重要作用的学术活动、产业大会以及高端会议如下。

2018年6月8日，成都市人民政府和中国整形美容协会联合举办了“第一届成都国际医美产业大会暨‘医美之都’高峰论坛”。大会首次公开提出将成都打造成“医美之都”的目标。大会以“领航医美产业，聚焦‘医美之都’”为主题，邀请了国内外300余位医疗美容领域顶级科学家、企业家和领军人物进行全方位的学术交流。2018年11月23~25日，“第一届成都‘医美之都’学术大会暨四川省医学会第十二次医学美学与美容学术会议”举行。本届医美大会以“投资促进，助推成都医美产业；科技创新，打造中国医美高地”为主题，围绕学术、科研、技术、产品、投资等进行全方位的交流阐述。并且，大会举行了企业家圆桌论坛，推介成都医美区域产业投资环境，组织实地考察医美产业发展落地，进一步加强了医美技术、人才、企业、产业等的交流和合作。

R.4
成都市医美产业的发展趋势及对策

张兴月　刘宗英*

摘　要： 在消费需求更加多元化、消费结构不断升级的情况下，医疗美容产业也随之改变，无论是运营模式、服务项目，还是技术创新和药品研发都将呈现全新的变化趋势。未来成都市医美产业发展将连锁化、差异化和网络化，服务项目将实现无创化、高品质发展，产业体系将实现联动式、集聚式发展，整个医美产业将不断走向国际化。为实现“医美之都”建设目标，未来成都市将顺应产业发展趋势，从多方面入手推动医美产业持续健康发展。

关键词： 医美产业　成都　连锁化运营

成都市医疗美容产业发展迅速，但也存在一些亟待解决的问题。为充分发挥本市资源优势，抓住消费升级机遇，实现医美技术创新和高质量发展，未来成都市将围绕医美产业的主要发展趋势，从多方面入手进行突破，着力将成都打造为全国领先、全球知名的“医美之都”。

* 张兴月，博士，四川省社会科学院社会学研究所助理研究员；刘宗英，四川省社会科学院社会学研究所助理研究员。

一　形成规模效应，实现连锁化发展

（一）连锁化运营发展的趋势

目前成都市的医美机构以民营为主，占全市医美机构的85%以上。公立医院的整形美容科虽然具有较好的资质和较高的安全性，但受体制机制的限制，宣传力度小、医美项目少、服务体验差，在越来越市场化的医美行业中增速较慢，发展受限。民营企业因医疗水平高、服务质量高而具有较大的发展潜力，但传统的运营模式和营销方式使医美机构的获客成本大幅增加，机构收入的50%用于营销渠道的投入，许多资金实力较弱的中小型医美机构因陷入营销陷阱而逐步失去了市场竞争力。急速上升的营销成本使医疗美容机构逐渐向连锁化运营模式发展。

与独立的私人诊所相比，连锁化的经营模式在优化资源配置、树立品牌形象、扩大市场份额和提高企业竞争力方面均具有十分突出的优势。一方面，目前医疗美容行业的同质化趋势明显，无论是医美产品还是医疗器械都逐渐失去显著的差异性，未来医美机构的竞争力除了服务和产品本身的价值外，还存在认知层面上的价值，即品牌或形象的认同。基于民营机构在市场营销和服务质量上的优势突出，以连锁化的模式发展可以快速形成规模效应，有效提高品牌认知度。被消费者认同的品牌代表了专业和可靠，极大地降低了求美者的决策门槛，因此这也将成为客户选择医美机构时的重要考虑因素。另一方面，由于行业发展迅速，进入门槛降低，目前医美市场上存在许多非正规机构和不规范操作等行业乱象，实现连锁化运营模式将有助于行业整体水平的提升。随着消费者对医美服务规范化和标准化需求的增加，规模较大的医美机构往往拥有更好的资金实力和盈利能力，不仅可以吸引更加优秀的医美从业者，还有能力引进国内外更好的合作资源和先进技术，对于推动医美市场的良性发展来说具有一定的积极意义。

民营医院的连锁化发展模式可以形成规模效应，在提升品牌认知度的基础上，降低营销费用，保证盈利水平的稳步提升。此外，连锁企业在实现统一管理、增加融资渠道、降低采购成本等方面也具有较大的优势。随着社会办医的全面放开，越来越多的民营企业将进入医疗美容领域，医疗美容机构间兼并重组现象也将进一步增加。因此，连锁化经营将成为成都市医美行业未来发展的必然趋势，大型连锁型民营医美机构也将在充分发挥高质量服务优势的基础上，以品牌认知度高、产品质量可靠、价格真实透明等优势使自身竞争力不断提升。

（二）连锁化运营发展的策略

第一，强化医美机构品牌塑造，实现企业规模化运营。支持成都市医美机构打造业务覆盖全省乃至全国的大型医美连锁品牌。以提升品牌价值为核心，实施并完善医美产业链垂直整合战略，通过并购、控股、参股等多种方式加快兼并重组，实现医美品牌的集团化发展。通过集中化管理和规模化运营，降低人力、管理和采购等环节成本，有效促进医美企业的高效运转。同时通过资源整合，形成医美品牌优势产品，以此增强品牌的核心竞争力，建立稳固的市场竞争优势。

第二，推动相关支持政策，营造良好的营商环境。促进医美产业相关制度创新和制度建设，针对影响品牌连锁发展的突出问题，加大政策支持力度，重点就企业引进、注册登记、经营许可、科技创新、社会资本参与等予以支持，并就市场准入、税收、人才、土地等方面给予激励和优惠。同时大力培育和引进市场主体，推动国内外知名医美企业进驻成都，促进本地医美企业快速壮大与整合，全方位提升连锁品牌的竞争力，形成资源集中、管理规范、优势突出的机构发展新格局。

第三，塑造医美行业品牌，增强市场影响力。推动医美机构参与行业标准的制定和认证等工作，根据市场需求和企业需要有针对性地制定出高水平的地方标准，引导医美机构在安全、技术、服务、管理等方面进行改进，提升成都医美行业的品质和话语权。支持专业化运营管理平台的建设和发展，大力开展医美运营管理咨询、品牌营销推广等服务，增强消费者的品牌认知能力，逐步提升品牌知名度。积极开展医疗服务质量评比工作，增强消费者信心。建立医美消费维权机制，推动医美机构与平台、协会和政府的合作，大力弘扬企业文化，积极参与公益事业，提升行业整体形象和品牌影响力，以此增加连锁化运营机构的品牌溢价。

第四，扩大城市医疗美容品牌知名度，加快城市形象传播步伐。加大城市形象推介力度，将医美特色与成都元素相结合，通过影视作品等文化输出，积极打造高端化、国际化、可信赖的医疗美容城市连锁品牌。拓展论坛服务功能，加强与国际国内医美行业知名企业的交流和合作，高品质打造“医美之都”科技创新等系列论坛，积极参与全国性和国际性的医疗美容行业会议、展会等活动，搭建国际化的学术交流与商务合作平台，整合优质行业资源，进一步提升产业和学术影响力。将建设“医美之都”融入城市品牌形象进行宣传推广，为医美产业发展造势。支持创办专业化医美杂志，加强高新技术、服务等领域的交流和合作，大力提高医美知识普及度，营造良好的行业发展环境。

二　塑造特色优势，实现差异化发展

（一）专业化和精细化发展的趋势

随着医美机构准入门槛的降低，成都市医疗美容机构出现爆发式增长，全市医美市场规模迅速扩大。医美机构数量的增多在为消费者提供了更多选择的同时，在产品、技术、服务等方面的同质化情况日趋严重，致使很多中小型医美机构在日益激烈的竞争中逐渐失去生存机会，相继出现亏损甚至倒闭情况。在此基础上，粗放式发展逐渐被淘汰，精细化发展成为主旋律。全市医美机构、医美门诊部和医美诊所应针对市场中不同层次消费者的需求，专注于某一领域的医美项目，在医美细分领域内确定未来的发展方向和品牌定位，力争按照专业化、规范化和差异化的发展方向，做精细分领域，形成一批特色品牌。

对于服务机构来说，品牌的作用在于差异化的产品和服务，它能够帮助消费者对产品和服务的来源进行区分，并通过信任的建立来影响客户的消费行为。品牌的建立是多方面的，差异性的创造是凸显品牌价值的关键因素之一。精准定位和精细化运营模式可以帮助医美机构建立差异化和特色化的品牌，实现资源的全方位整合和机构的高效运营。医美机构对医美项目和学科的分化也可以有效地集聚专业化医生，为求美者提供高效优质的医疗服务，同时也为医美机构的品牌建立创造良好的基础。

近年来，医美机构越来越注重建立差异化的服务和营销，医生也越来越注重个人品牌的建立，而互联网的出现则恰好使信息的传播变得越来越便利，极大地促进了医美服务的精细化发展和医美品牌的推广。因此，从成都市医美行业发展的大环境来看，成都市未来的医美机构将越来越精专，综合型医美将逐渐向后消退，专业型医美不断发展。同时，随着医疗美容技术的进步，医美服务也将越来越成熟和安全，手术成功率将大幅提升，安全隐患将不断降低。

（二）专业化和精细化发展的策略

第一，专注差异化发展，建立特色医美品牌。鼓励中小医美机构按照专业化、规范化和差异化的市场竞争策略发展。引导医疗美容机构深耕医美细分领域，定位细分项目，按照市场需求，形成一批特色品牌，在实现医美资源全方位整合的基础上，突出品牌特色功能，不断培养和扩大消费群体，有效促进各个医美机构在特色细分领域下的高品质发展。同时，在专注某一领域的基础上，鼓励医美行业龙头机构加强自主创新，在细分领域掌握核心技术和高端产品，增强市场竞争力。

第二，打造特色产品，提供个性化服务。鼓励以品牌和口碑为核心，聚焦打造特色产品，并且提倡个性化服务。通过地理、差异、性别、年龄、收入、职业等因素的区分，根据不同市场需求来细化产品项目，为消费者提供个性化或私人定制服务。这种差异化的服务策略不仅可以突出品牌价值，提高品牌辨识度，同时也能有效满足消费者需求，并且与顾客建立良好的沟通渠道和反馈机制。通过这种差异化的特色服务不断提升成都企业对医美消费者的引流能力。

第三，专注差异化个人定位，打造医生个人 IP。线上医美平台的崛起促使医美医生开始借助互联网去构建特色化和差异化的品牌影响力，使业内医生迎来了个人专业化 IP 发展新时代。与综合性医美服务相比，精细化的个人定位可以体现每一位医生的专业领域和优势项目，在打造个人 IP 时聚焦眼部、鼻部、颌面等领域，精准强化个人擅长的领域，也精准触达具有相应需求的目标人群，同时配合项目等级、个人性格等信息的输出，使消费者和医美机构或医生的对接更加直接和准确。

第四，建立人才培养体系，实现差异化人才培养。根据市场需求和人才发展差异化趋势，按照“按需设计、分类培养、分向发展”的思路，鼓励成都市内医学院校、职业学院等开办医疗美容相关专业，给予财政补贴优先支持市属院校设立医美学院（系、专业）。促成医学院校与知名公立医院、医美机构合作，建立医师规培基地，与国际知名学校或机构合作建立医疗美容高层次人才管理的硕士和博士班，培养不同领域的医美专业技术人才。通过省、市共建推动在蓉高校和科研机构加强医美学科建设，对符合条件的给予财政补助。

三　运用线上渠道，实现网络化发展

（一）线上医美成为行业消费新趋势

随着中国互联网行业的高速发展，医美行业也逐渐进入互联网领域。近年来，随着医美行业的迅速发展和市场规模的稳步提升，国家对医疗美容包括民营医疗美容在内的准入政策开放了许多，越来越多的社会资本进入医疗美容行业。在民营医美机构快速占领国内整形市场的同时，以医美 App 和整形网站为主的第三方平台快速崛起，行业机构及渠道开始出现变革，以新氧、美呗等医美 App 为代表的线上平台不断涌现。在此之后，医美 O2O 电商逐渐成为医美产业链的枢纽环节，“互联网 + 医美”模式也逐渐成为医美行业消费的新趋势。

与线下传统的发展模式相比，线上医美平台的优势十分明显。首先，在线医美采用精准营销模式，使营销成本大幅降低，有效避免了传统营销模式中因重营销、轻服务而造成的医美行业体系混乱现象。尤其是互联网平台重新制定了新的流量规则，医美机构的获客渠道变得更加分散和多样化，分享社区、直播等互动性强的宣传形式可以精准对接有需求的消费者。从消费群体的角度来看，“90 后”是医美消费的主力，同时也是使用网络和手机 App 的主流人群。因此，医美互联网平台的出现更好地实现了消费者与医美机构的精准对接，是帮助医美机构实现精准营销、降低获客成本的一大机遇。其次，改善行业信息不透明的现状，使医美行业发展更加高效。传统医疗美容消费具有决策周期长、消费区域半径大、决策失误成本高的特点。而作为公正客观的第三方机构，线上平台会通过严格的筛选机制对医美机构和医生的资质进行把关，为消费者提供安全可靠的行业信息以及清晰透明的项目价格，并通过线上咨询等服务直接与消费者进行对接，充分实现信息的对称。此外，App 等平台还可以在线上建立评价和反馈机制，为消费者和医美机构搭建一个交流和联系的平台，帮助完善消费者的术后跟踪和日常维护。这种医美服务评价体系还可以帮助其他潜在消费者充分了解各个医美机构的服务质量，降低其决策失误成本，使他们进行合理有效的判断。

由此可见，线上医美不仅为医美机构开辟了一条能够以更低的成本获取潜在客户的重要途径，也为消费者创造了一个便捷、安全、实惠的平台。因此，线上医美平台不仅成功实现了消费者与医美机构间信息的共享和互动，是两者实现最优化对接的重要渠道，同时也极大地避免了机构过度营销的问题，很大程度上促进了医美行业的规范化发展。在信息化高速发展的阶段，互联网应用逐步向各行业渗透，与医美行业的融合也将成为一种必然趋势。在新媒体出现、网红经济盛行、短视频大量传播的背景下，对互联网的合理运用将成为医美行业发展的下一个重要增长点。从另一个角度来看，互联网与医美的融合发展也是相互促进的，服务质量高、医美效果好的机构可以借助线上平台的宣传获得更多的客源，而医美机构的快速增加也进一步推动了互联网医美的发展。

（二）适应线上医美消费的发展策略

第一，搭建线上质量管理平台，加强消费者监督维权。利用大数据和专业医美平台的优势，建立线上医美质量评价体系和质量管理系统，为消费者提供公开透明的信息交流平台。健全投诉举报受理机制，设立消费维权绿色通道，联合有关部门快速处理消费纠纷。设立消费者权益保证金，建立先行赔付制度，对消费者的损失进行及时赔偿，有效保障消费者合法权益。建立消费风险预警机制，保持与市场监管部门或者行业主管部门的信息流通，对行业风险进行即时监测和及时反馈，帮助政府和消费者了解行业动态。

第二，扩大增值服务项目，提升求美者消费体验。鼓励线上平台引进和推出配套医美增值服务，如为消费者提供预付、分期等的医美金融服务，为消费者提供相应保险项目的医美保险服务，以及为消费者提供咨询、证据支持、法律援助等医美法律服务。在实现医美服务多元化的同时，进一步降低消费者的求美风险和体验门槛，增加用户黏性，提高消费体验，保证顾客满意度以及医院复购率等，以此获得新的盈利点。

第三，建立市场化思维，发挥“互联网 + 招商引资”优势。积极建立与医美产业协会、专业招商机构以及在蓉重点企业的对接机制，发挥其人脉、信息等资源的专业化招商优势，以市场中介机构为主导引进相关重大项目。鼓励行业协会和龙头企业积极举办行业大会等活动，吸引社会资本参与，加大市、区（县）两级招商资源整合力度。此外，立足互联网创新思维，建立医美招商数据库，共享医美产业市场的资金、人才、项目等数据。一方面实时跟踪收集企业信息和市场动态，正确把握不同企业的特性和需求；另一方面全方位公布项目信息，向政府和投资者传递全方位的招商信息，促进项目与投资人间的准确评估和高效匹配。通过对数据的完整采集和有效整合，有针对性地制定招商引资策略，精准对接政府、企业和资本。

四　突破微创技术，实现无创化发展

（一）轻医美将成为未来发展主流

非手术类项目也被称为“微整形”或“轻医美”，即利用高科技医疗技术，在不用开刀的情况下帮助消费者在短时间内达到美容需求的手段。市面上较为常见的微整形项目包括胶原蛋白注射、玻尿酸填充、肉毒毒素除皱、美白针、水光针、溶脂针等。自2012年微整形进入医美市场并在诸多医美项目中脱颖而出之后，至今已迅速发展为医美市场中的主流。中国整形协会《中国医疗美容行业年度发展调查报告》显示，截至2018年底，中国医疗美容服务量超过1000万例，其中非手术类服务量高达700万例，占医美服务总量的七成。

与传统手术型医疗美容项目相比，轻医美项目具有创伤小、风险低、安全性高、恢复期短等优点，颇受消费者喜爱，一方面高效、快速的治疗效果能满足当今人们快节奏的生活步调，另一方面“高频低价”的特点又可以促进消费者的二次消费，确保消费者对医疗美容项目持续的选择和购买。随着医美消费人群的年轻化趋势越来越明显，性价比高、见效快的轻医美项目无疑成为当代年轻人的首选。因此，在成都市民医美消费需求持续提升的情况下，以皮肤管理为主的轻医美市场需求逐渐扩大，在医美机构和医美市场上受到了广泛关注。

此外，轻医美项目主要通过注射和填充来完成，技术含量和培训成本均相对较低，可以在短时间内实现规模化的培训和传播。随着中国医美行业技术的不断成熟，市场上用于轻医美的各类药品和针剂也得以不断研发和成功问世，使微整形的价格变得更加亲民。自成都市提出建设“医美之都”以来，全市大力推动医美药品研发和生产，积极促进医美技术更新和升级，绝大多数医疗美容机构都拥有了较为成熟的微创整形技术，电波拉皮除皱、光子嫩肤、注射除皱、激光脱毛、注射瘦脸等方面的技术不断完善。而一些需要进行手术的传统整形项目如隆鼻、丰胸等也逐渐开始向微创或无创的方向转型，有望发展为精微隆鼻、精微眼部整形、精微隆胸和精微除皱等轻医美项目。不断扩大的市场需求等使轻医美的发展成为大势所趋。

整体而言，轻医美注射药品如玻尿酸等的价格出现了较大幅度的回落，但高端市场依然存在。随着注射药品的升级、医美技术的更新和产业资源等要素的快速涌入，轻医美项目的治疗效果和治疗范围都会得到进一步的提升，并且有望以相同的效果来逐步取代传统手术类医美项目。从全球范围来看，成都市非手术医美项目的市场规模占中国医美总项目的比例与全球相比仍然具有很大的发展空间，未来如何满足市场不同层次的需求，推出更具多样化和更加齐全的轻医美产品，是非手术类医美项目成为成都市医美行业下一个爆发点的关键。

（二）轻医美的发展策略

第一，以轻医美需求为导向，加强医美学科建设。顺应医美服务安全、精细、微创、无创等主流趋势，根据市场需要和产业发展走向，鼓励医学院校、职业学院等重点发展外科美容、皮肤美容和面部美容等学科，积极培育中医美容、干细胞美容等新兴业态。积极发挥多学科的人才和技术优势，在无创和微创的相关学科方面培养医美专业技术人才，加强医美人才队伍建设。

第二，专注轻医美服务，促进中小型医美机构转型。在竞争加剧的情况下，中小型医美机构可以顺应轻医美发展趋势进行转型升级，通过简化科室配置、精简医护人员、缩小占地面积来降低运营成本。在服务上专注于轻医美项目发展，以皮肤管理为主，同步发展线上平台、家用仪器、美容产品等项目，为客户提供整套的医美方案。由于对专家医生的依赖程度相对较低，轻医美机构也更容易进行标准化管理和运用模式复制，从而实现连锁化运营。

第三，推动跨界融合，实现“轻医美”理念升级。在 2019 年 10 月召开的第 42 届成都美博会上，医学美容项目合作类型、皮肤管理、医美级修复产品深受消费者的青睐。因此，未来可进一步促进轻医美与生活美容的融合，在运用医美手段对客户的皮肤和形态进行改善的同时，再给客户提供长期的肌肤养护，将生活美容作为轻医美的福利性服务进行销售。这种“医学美容生活化”的发展模式不仅可以提升客户体验，增加客户复购频率，还可以促进生活美容的转型升级，使“医学美容生活化”成为未来医美行业的发展新趋势。

第四，关注美妆产品，推进行业形成新的增长点。在医美行业中，化妆品市场增量巨大，在医院中进行医美项目的消费者，消费金额与其在化妆品上的消费金额相近。整形医院的良好经营不仅来源于消费者进行医美项目所产生的费用，而且化妆品也是主要盈利来源之一。由此可见，行业产值的增长，药妆类产品将发挥重要作用。将药妆消费点集中于成都医美医院也是建设“医美之都”的一个重要方面。因此，将传统家用化妆品转换为医用类化妆品，促进产业产品的转型升级与更新换代，将会成为行业发展的重要战略支撑。

五　回归医疗本质，实现高品质发展

（一）医美服务将向正规化和标准化发展

“医美之都”发展战略促进了成都医美浪潮的兴起，同时也加深了成都市民对医疗美容行业的认知。随着医美消费变得越来越普遍，消费者对于医美服务质量的要求也会不断提高。因此，未来成都医美行业将趋于规范化，消费者也会变得越来越理性。

首先，从整个医美机构来看，大型机构会越做越好，呈现“强者越强”的态势，同时具有特色化的中小型专科医院也会不断增多。作为一个医疗行业市场化的新型产业，医美本质上仍然受到市场机制的调节作用，那些在质量和安全方面不达标的机构会逐渐被市场淘汰，而那些服务质量更加上乘、组织架构更加完善、管理方式更加规范、抵抗风险能力和运营能力更强的高品质医美机构则会在市场的检验下不断发展。

其次，在不断的探索和发展中，医美机构会基于自身的发展经验总结出更加规范的经营和管理模式，提高医疗技术水平和服务水平，完善运营机制，使医美机构能像传统企业一样实现可持续发展，同时也能像公立医院一样建立规范化的操作标准和专业的医疗体系。除此之外，针对医美行业的监管制度会逐步建立起来，“鱼龙混杂”的局面会在一定程度上得到控制，对于医疗事故的处理方式和赔付机制也会越来越规范化，消费者能够享受到安全质量更高的服务，并且在事故出现后能够最大范围地保障消费者的基本权益。

再次，针对医美医生自主创业这样一种新模式，一般认为，医生自主创业的情况会存在但不会成为常态。原因很简单，一家医美机构的生存不仅仅依靠医疗技术，还需要服务、管理和运营能力，更不必说仅是一场完整的医疗手术就包含许多必不可少的专业步骤。一个医美医生在离开了医院后，需要自己承担所有的工作以及医疗风险，艰难程度不言而喻。

最后，在互联网时代，大众接收信息的水平与他们对医美行业的认知程度有紧密的关联。随着市场的发展，信息传播渠道增加，以“90 后”为主要群体的年轻一代消费者对于信息和科技的接受能力更强，使消费者与医美企业的信息获取变得更加平等畅通。消费者的鉴别能力得到提升，消费需求不断提高，从而倒逼行业标准的提升。医美上游、中游、下游企业都将面临新的挑战，新旧渠道更替是行业发展的必然趋势，医美机构优胜劣汰也将成为必然现象。

因此，在市场竞争的促进下，整个医美行业都将回归医疗本质，走向规范化和标准化。为了促进行业健康发展，医美机构、行业协会、信息平台等都将提高自身的专业度以获得消费者的信任。政府也将完善医美行业监管体系，建立机构信用评价体系，加强对行业的监督评估，促进医美市场健康良性发展。

（二）医美行业正规化和标准化发展的策略

第一，加强政府行政监管力度，提升行业监管实效。加快出台成都市加强医疗美容行业监管服务工作的措施办法等相关文件，制定医美产业地方标准规范，建立安全信用评价认证体系，推进地方标准及国家《医疗美容服务管理办法》《医疗质量管理办法》的落地实施，加强对从业人员和药品研发、生产、服务的全过程监管，做好行业风险管控，推动整个医疗整形美容行业在内部规范管理、保障消费者安全、临床技术力量、医疗服务质量、医疗服务水平等方面的机制完善。

第二，加大对医美行业协会的扶持力度，强化行业自律。充分发挥行业协会在行业自律和协助政府主管部门监管中的重要作用，建立完善医美行业协会协商机制、政府购买服务机制，鼓励协会参与制定政府规划、公共政策、行业标准等事务。积极宣传相关政策法规，推动行业规范发展。支持行业协会制定并执行行业公约，建立高水平的医疗美容行业标准，依靠行业协会对医美机构依法经营、药品使用、用人资质等进行认定，提高监管效率。同时，各医院和机构都应在运营过程中注重自省、自查和自律，通过建立自己的质量管理体系和监督机制，坚决抵制使用非法医疗用品的现象和非法行医的行为。

第三，推动建立行业监测分析工作体系，加强行业统计、分析与监测。健全信息报送和共享机制，根据相关数据和分析结果，对医美行业的发展状况、经营效益、存在问题、行业结构和区域布局等情况进行准确的预警发布与信息反馈。同时，明确各部门的检测任务和统计衔接，加强数据的管理和分析利用，提高信息检测的全面性、准确性和及时性，切实保障数据检测质量，为提高行业管理水平、科学制定行业发展战略规划提供支撑，不断推动行业监测预警和运行分析工作走上规范化、常态化轨道。

六　发展上游企业，实现联动式发展

（一）医美产业经济效应向上游集聚的趋势

就成都市医疗美容行业的整个产业链布局来看，上游发展较窄，在医疗美容药品、器械等制造环节较为薄弱，一些大型集团和投资机构基本对上游产业形成了垄断。从产品来看，无论是药品和针剂类的原材料，还是皮秒激光和紧致提升仪等器械，种类都十分有限。如光电设备大多来自美国和以色列，注射药品的数量也很少。以占据医美药品大部分市场的玻尿酸和肉毒毒素为例，目前全国范围内获批的肉毒毒素产品只有美国的保妥适（BOTOX）和中国的衡力两款，而玻尿酸产品也只有瑞蓝、润百颜等 17 款。由于产品数量十分有限，上游制造商掌握了主要医美产品的定价权，同时由于进入壁垒较高、研发周期较长，此类产品始终没有出现更新换代。高门槛导致了市场的高集中度，同时也会产生高利润，使医美行业的主要利润都集中于上游的生产商。

就现阶段的发展来看，成都市有进行产品创新和技术突破的良好基础。一方面，成都市的创新资源优势十分突出，在生物医药、医用药材、医学影像设备方面都集聚了诸多具有较强竞争优势的学科和企业。另一方面，随着“医美之都”建设步伐的加快，医疗美容行业技术逐渐成熟，人才队伍也在不断壮大。在成都市政府的政策支持和基础设施建设的支撑下，已有多家龙头企业和大型项目入驻成都。如高新区引进并落户天府国际生物城的“美械宝”，致力于重塑民营医美机构供应链体系，打造国内最大 B2B 正品直供平台；国际医美龙头企业艾尔建在成都通关了首单医疗产品；全球首家艾尔建创新中心也在成都正式启用等。行业升级离不开优质的产品，而好的产品则来源于技术的创新，因此，成都市未来将致力于医疗美容行业的全产业链发展，积极向医疗美容产业链上游拓展，重点发展医美产业相关的医美药品、耗材、器械和相应美容消费产品的销售流通，将机构和产品、技术结合起来，创造出好的产业发展模式。

从表面上看，处于中游的医美服务机构是最为知名的，如华美紫馨、西婵泛亚、米兰柏羽、大华医疗美容等全国知名机构。但实际上以现有的医美机构和服务水平来说，成都市的医美产业能够达到的产值是有限的，收益最好的仍然是处于产业链上游的医美药品和治疗器械的制造商，而这部分恰好是成都市所缺乏的。如果成都市能够在上游的研发生产或者上游技术团队的引进上下功夫，那么成都市医美产业不仅能够创造更多的收益，增加中游机构的利润空间，促进整个医美行业的快速发展，而且从建设“医美之都”的角度来说，只有把上游建设好了，才有能力使成都作为技术强市将产品、人才团队以及创新技术向全国甚至世界输出，这也是建设“医美之都”的最终目标。因此，以推动技术创新为根本，实现医美全产业链发展，积极引进和发展医美上游龙头企业，使经济效应向上游产业集聚将成为成都市未来医美行业的一大发展趋势。

（二）发展上游产业的策略

第一，以引进重大项目为核心，引进医美龙头制造企业。转变招商引资方式，按照“有实力、有品牌、有经验”的标准开展高端招商。重点瞄准成都市医美产业链上游的关键环节和缺失环节，编制针对世界500强等世界领军制造企业和知名品牌的招商地图，在医美材料、抗衰老药物、干细胞美容制品、注射填充物、激光仪器、超声设备等方面开展精准招商。加快引进一批国内外领先、投资效益高、具备一定集聚优势和产业链整合能力的医美龙头制造企业，并就其技术更新、产品升级、智能化改造、创新平台建设等方面给予全面的政策保障和资金支持，保证其市场竞争力和产业链带动力的持续提升，加快推动价值链向中高端攀升。

第二，利用自由贸易试验区政策，力促医美产业先行先试。把握“重大新药创制国家科技重大专项成果转移转化试点示范基地”等机遇，借鉴上海、广东、天津自贸区的相关经验做法，先行先试推动四川自贸区成都片区内允许医疗器械注册和生产分离，落实医疗器械和进口药品的注册审批政策，加快医疗器械产品创新。支持自贸区内相关机构与国内外先进医疗机构同步开展重大新药、医疗器械临床试验，并深化与全球在研发创新、品牌打造、服务外包等方面的合作，推动成都医美产业融入全球价值链。

第三，开展“医美之都”智库课题研究，鼓励创新研发及成果落地转化。聘请全球顶尖医美专家参与“医美之都”的智库研究，鼓励社会各界人士积极申报课题，并出台“医美之都”科研成果奖励办法，从理论资源、产业资源、人才资源等方面提供智力支持。积极落实国家成果转化政策，完善各大公立医院科研成果转化考评机制，充分调动科研人员的积极性和创造性。加强产学研合作，发挥公立医院的科研、技术和人才优势，大力促进华西、中医大等高校与大型医美企业和机构合作，建立成都整形美容医生成果转化中心，通过技术咨询、技术转让、合作开发等方式，实现医美科研成果向临床应用的转移和转化。按照医美市场发展的需要，大力支持生物医药企业及在蓉院校将疤痕修复、生物再生材料、干细胞等方面的技术成果向医美产业转化，提升医美上游产业的创新能力和应用水平，以科技实力提升成都市医疗美容产业的市场竞争力。

七　完善配套服务，实现集聚式发展

（一）未来医美将形成产业深度融合的发展格局

就医美产业的发展现状来看，目前成都市医美机构的集聚形态基本形成，但医美产业的相关配套服务和基础设施不够完善，尚未形成完整系统的医美产业生态体系。从发展现状来看，成都已具备实现医美产业集聚式发展的基本条件。

首先，根据《成都医疗美容产业发展规划（2018～2030年）》，在医疗美容行业集聚发展态势初步形成的基础上，成都市将进一步坚持集中集群集约发展，加快构建“三区两城多点”的医疗美容产业空间布局体系。目前，成都市武侯区充分利用区内大健康产业资源这一优势，已将医疗美容产业纳入全区大健康产业生态圈建设中，在企业引进、扶持和集聚发展等方面实现了政策共享。成都温江区也将医美行业与区内医学城相融合，借力“三医两养”产业，为医美产业提供临床实验、药品研发、成果转化等各类功能性平台。

其次，成都市的旅游和金融等产业均具有较强实力，能够为医疗美容产业提供有力支撑。《成都医疗美容产业发展规划（2018～2030年）》提出，成都将推动医疗美容与文创旅游业、互联网、生活美容等产业融合，推动业态创新和产业转型升级，以此形成产业深度融合的发展格局。在旅游业方面，成都市旅游资源丰富，旅游业发展迅速。据统计，2018 年成都共接待游客 2.4 亿人次，与 2017 年相比增长了 15.8%，创造收益 3712.6 亿元。在互联网方面，据《2017 年成都市互联网络发展状况报告》，成都市 2017 年网民规模达 1081.0 万人，互联网普及率达 67.4%。随着互联网模式的不断创新，互联网将在大数据、云计算、人工智能方面为医美服务提供支撑。

由此可见，为适应医美产业发展趋势，推动医疗美容产业发展，未来成都市势必将以医美产业生态圈建设为导向，以引进重大项目为核心，以推动技术创新为根本，实施强链补链延链，完善医美相关配套服务设施与关联产业发展，加快推动价值链向中高端攀升。

（二）产业深度融合的发展策略

第一，促进基础配套设施建设，进一步推动产业升级。坚持“先公建后产业”的原则，加快完善市内医美产业园区的能源、交通、商贸、信息等基础配套设施，超前配套建设教育、文化、市政等公共服务设施，提高园区承载能力。支持建设一批公共厂房、标准车间等医美制造业发展平台。加强医美街区的规划建设，采用新建医美综合体、现有楼宇改造升级等方式，打造一批具有成都特色的医美产业聚集区。支持街区、楼宇和公共展示平台建设，加快建造产品展示中心、营销推广中心、客户体验中心等应用场景。支持发展医美 App 等新媒体，培育“互联网 + 医美”服务平台，促进行业市场渠道变革。支持专业化医疗废弃物处理等保障平台建设，提升医美产业的可持续发展。

第二，以生态圈建设为导向，推动关联产业发展。瞄准医疗美容新业态和新模式，积极引进与医美产业相关的交通运输、经销贸易、信息服务、金融服务等领域知名企业，推动医疗美容服务业的升级发展和与相关产业的融合发展，增强医美服务的配套能力，弥补当前产业形态单一、延展性不足的弱点。支持医美企业与文创、旅游、金融、会展等领域深度融合，实现人才、技术、资金、信息、物流和配套企业等要素的有机组合，推动医美产业与关联产业的良性互动、互利共生，着力构建医美资源有效集聚、医美产业配套发展、企业竞争力充分发挥的成都市“大医美”发展格局。

第三，按照“三区两城多点”空间布局体系，强抓产业发展平台载体建设。在武侯区打造“环华西国际智慧医谷”，聚焦技术示范和推广、产品研发和转化、人才培养和输出。依托成都市现有科技创新资源和科研教学优势，重点发展大型连锁专科医院、专业医疗美容服务机构。鼓励医学院校、医美机构和医美龙头企业进行创新载体建设，组建第三方采购供应平台、技术创新中心、临床研究中心、重点实验室、技术研发中心等专业载体，加强对核心技术和前沿技术的研发，促进供应链企业在成都的集聚。

第四，完善医美人才配套政策，拓宽高端人才的引进、培养和晋升渠道。积极贯彻落实成都市人才新政，不断优化人才政策服务环境，加强对来蓉医美人才在落户、住房、医疗、子女教育等方面的制度保障。出台高端医美人才认定办法和奖励体系，对在医美领域取得专利、技术革新、发明创造等成就的高端人才予以一定的补助或奖励。完善从业人员技能评价标准，从专业技能、职业道德、工作业绩等方面开展人才评定工作，畅通民营医疗美容机构执业医生职称晋升通道。

八　聚焦全球趋势，实现国际化发展

（一）医美服务与技术紧跟国际潮流

从世界范围来看，近年来由于“颜值经济”的升温，全球医美市场迅速扩张，其中以美国、韩国、英国等为主要代表的医美发达国家的医美治疗量均呈现高速增长趋势。随着科技水平的进步和医美行业的不断发展，各国的医疗美容技术均出现了很大的创新和进步。虽然社会发展环境不同使各国医美的发展走向呈现一定的差异，但在某些方面仍然具有较强的一致性。

首先，注射类微整形治疗相应增加。目前各国几乎已进入微创医学美容手术时代，透明质酸充填、肉毒毒素注射等微整形数量在所有整形手术中所占比例已连续多年呈上升态势。微整形治疗具有见效快、低创伤的特点，受众面十分广泛，消费者的接受度很高。据美国面部整形外科学会的年度调查，2018 年美国面部整形外科医生进行的所有项目中，有 80% 的是美容和非手术类医美项目。

其次，男性消费者数量呈上升趋势。各国调查显示，男性客户的数量在不断扩大。数据显示，2018 年韩国男性整形手术超过 130 万例，大约有 3/4 的韩国男性每周至少进行一次医美管理。从项目上看，大部分男性倾向于可以使自己的男性特征更加明显的项目，鼻整形、吸脂、头发移植和眼睑整形等。目前国内的男性医美项目以植发、微整形为主。

再次，消费群体年龄向两端发展。当今世界人口年龄结构变化的一大趋势就是老龄化。数据显示，受人口老龄化影响，65 岁以上的女性已成为医美机构的常客。而 18 ~25 岁的医美消费群体也在日益增加，目前千禧一代对美的追求与对医美的开放度有关。

最后，创新技术不断问世。随着医疗科技水平的提升，医美技术得以不断提升。自 2018 年起，各类新技术和新产品相继问世，且能够以较低的创伤达到更好的治疗水平，主要表现在美塑疗法产品日新月异，光电类皮肤设备与身体塑形设备更新迭代较快，透明质酸品类呈高速发展。

在打造国际化大都市的战略发展下，成都医美产业对于国际流行趋势的敏感度始终较高。聚焦全球医美产业发展走向可以看到，在主流的行业趋势上，成都医美发展与国际基本保持一致，但在前沿技术和产品升级上相对滞后。在“一带一路”倡议的持续推进下，随着成都医美科技和研发逐渐步入正轨，成都市也将在“共商、共享、共建”的发展原则下，按照公平合作、开放包容、互学互鉴、互利共赢的宗旨，把握全球趋势，引进先进技术，充分利用“一带一路”的政策红利为本市的医疗美容产业开辟出一条行之有效的发展道路，构建“一带一路”的医美合作新格局。

（二）适应国际趋势的发展策略

第一，加强与医美发达国家的交流和合作，培养国际高端人才。加强产学研合作，推出跨医美产业界与学术界的高端教育合作项目，帮助参加该项目的企业家和高层管理人员提升专业管理素养。实施“医美人才引进计划”，加大高端人才引进工程建设力度，拓宽国际学术交流渠道，重点吸引国内外行业领军人物、科学家、企业家等高端人才落户成都，实现高素质人才的流动和交流，加强医美基础研究，支撑医美上游产业发展。完善人才引进平台，优化培育高端人才的政策环境，开通高层次人才引进绿色通道。支持医美专业人才到成都短期执业，通过开展医疗美容研发、生产和服务合作提高成都市医美发展水平。

第二，开展多方交流，实现医美技术输出。一方面，由产业协会或医美机构组织，定期安排产业相关人员赴欧美、日韩等国家和地区进行交流与培训，吸收先进的医疗技术和科学的运营理念，有效借鉴同行的先进经验与医院配套服务流程，不断提升本市医美从业人员的资质水平；另一方面，成都市医美产业在某些方面仍然具有独特的优势，因此可以充分借助产业大会、行业展会等活动，向全国乃至世界展示成都市在医美产业基础、人才资源、创新能力和技术开发等方面所取得的长足发展和比较优势，促进成都市医疗美容新技术、新产品在世界范围内的广泛应用和推广，在实现本市医疗美容品牌海外输出的同时，也有效吸引更多的消费者到成都来。

第三，加强国际合作，引入优质医美资源。中国医美产业与欧美及日韩等医美发达国家相比在某些方面仍然存在一定差距，医疗资源及核心技术相对缺乏，出境寻求医美服务的消费者较多。因此，针对成都市医美市场发展需要及行业发展特点，应积极引入国外领先医美资源，包括权威专家、高端仪器、先进技术、服务理念等。同时，促进与国外知名机构的合作共建，在成都市按照国际标准打造高规格的国际品牌附属机构或连锁机构，促进成都医美产业在管理、诊疗、运营和服务方面与国际的全面接轨。这样，不仅可以缩小国内医美水平与国外的差距，缩小国内医美在前沿药品、技术和设备方面与国外的差距，还可以学习国际先进的医美技术及服务管理模式，让消费者在成都就能享受到国际高端品质的医美服务。

产业链发展篇

Industrial Chain Development Reports

ℝ.5
医疗美容产业链发展报告

刘睿　李勰*

摘　要： 医疗美容产业链中环节众多，本文就上中下游环节梳理了我国医美产业的发展概况，同时介绍了国外医美产业链的发展情况，以期为中国医美产业发展提供些许启示。

关键词： 医美产业　产业链　产业链下游

在医疗美容产业链中，上游企业生产药品、耗材及仪器，并直接或通过代理商将产品销售至中游医疗美容终端服务商（各类医美机构），中游医美服务商以"药品+耗材费用+手术费用"的方式将产品销售给消费者，而

* 刘睿，睿意高攀文创集团董事长；李勰，《医美深见》联合创始人。

为上游和中游企业提供引流、保险、培训、教育、行业信息等服务的企业被统称为医疗美容产业链的下游企业。上游、中游和下游企业共同构成医疗美容产业链，具体如图 1 所示。

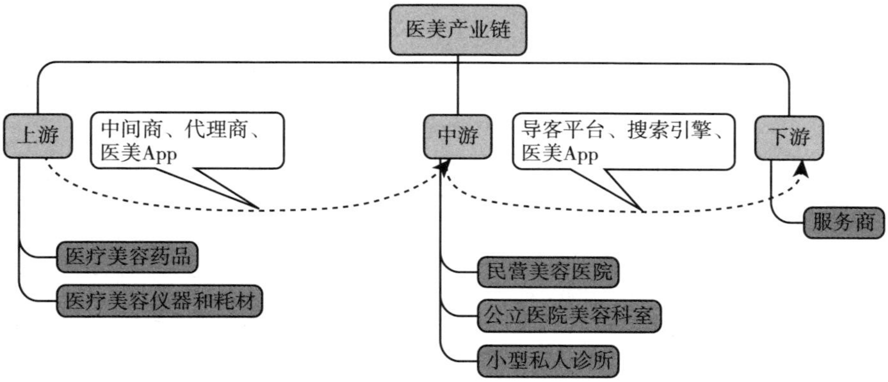

图 1　医疗美容产业链

一　医疗美容产业链上游发展概况

（一）主要的耗材、药品和仪器

医疗美容产业链上游是指处在医疗美容产业链开始端的企业和组织，主要为全行业运行提供医疗美容类药品、医疗美容类医疗器械、医疗美容用化妆品三大类原材料和设备。其中，充填类耗材包括注射性材料和植入材料，注射性材料主要有玻尿酸、胶原蛋白等，植入材料主要有丰胸假体、鼻部假体等（见表 1）。根据国际美容整形外科学会（ISAPS）的信息，2016 年全球最受欢迎的前两个整容项目分别是肉毒毒素和玻尿酸，分别达到 493 万例和 337 万例。目前，玻尿酸在国内的注册获批周期一般为 3～5 年，目前获得 NMPA（国家药品监督管理局）审批的玻尿酸品种有 11 家企业的 13 个品牌，包括 4 个进口品牌（瑞蓝 2 号、伊婉、艾莉薇、乔雅登），以及 9 个国产品牌（润百颜、海薇、舒颜、EME、宝尼达、爱芙莱、法思丽、欣菲聆、肤美登）。中国透明质酸的发酵技术、质量和产量都已经达到国际先进水平，全球销量排名前五的企业均为中国企业。2018年全国原料销量430吨，总市场规模已达30.7亿元。但是，我国的透明质酸原料主要集中于低附加值的化妆品级和食品级，产品结构有待优化和提升。

表1　医疗美容产业链上游主要耗材种类

类别	代表产品	产品简介	作用及适用范围
医疗美容耗材	玻尿酸	透明质酸(玻尿酸)是一种酸性粘多糖,具有特殊的保水作用,是目前发现的自然界中保湿性最好的物质,被称为理想的天然保湿因子。人类皮肤成熟和老化过程也随着透明质酸的含量和新陈代谢而变化,它可以改善皮肤营养代谢,使皮肤柔嫩、光滑,去皱,增加弹性,防止衰老,在保湿的同时又是良好的透皮吸收促进剂	祛除皱纹、隆鼻塑形、丰唇、填充面部凹陷等
	胶原蛋白	通过非手术方式将胶原蛋白植入皮下,增加真皮层组织的容量,从而达到抚平皱纹、改善脸部缺陷、雕塑完美肌肤的目的。植入胶原蛋白数月后,会被人体的结缔组织同化,成为人体组织的一部分,但亦会为体内胶原蛋白酶分解,因此具生物分解性,而不至于永久留在植入部位	除皱纹、面部塑形等
	隆胸假体	在胸部的周围做一个切口,然后将乳房假体植入,最后进行缝合来达到丰胸的效果。乳房假体类型较多,在临床中常用的有硅胶、外阀性毛面双层假体、毛面硅凝胶假体等	隆胸
	隆鼻假体	假体隆鼻,是鼻子整形术的一种,即对鼻部进行整形的外科手术。假体隆鼻术是用特殊的材料将低平、内凹的鼻梁垫高的手术方式,也是整形外科领域最常见和成熟的一种手术。假体隆鼻手术的切口一般选择在鼻小柱或鼻孔内,待把材料植入后,再缝合切口	隆鼻

医疗美容药品的主要种类为肉毒毒素（见表2）。目前，肉毒毒素在国内的注册获批周期一般为8～10年，已经获得正式批文的肉毒毒素产品仅有美国Allergan旗下的保妥适（BOTOX）和兰州生物制品研究所的衡力，市场竞争尚不充分。

表2　医疗美容产业链上游主要药品种类

类别	名称	产品介绍	作用及适用范围
医疗美容药品	肉毒毒素	是"肉毒杆菌毒素"的俗称，是肉毒杆菌在繁殖过程中分泌的毒性蛋白质，具有很强的神经毒性。肉毒毒素能阻断神经和肌肉之间的"信息传导"，使过度收缩的肌肉放松舒展或者萎缩，以达到除皱等效果	面部除皱等

医疗美容仪器主要是指医美激光治疗仪。人们利用电子技术和光学技术等物理方法达到皮肤美白、提拉紧致、嫩肤脱毛、祛斑祛痘、减脂塑形等医疗美容效果。医疗美容仪器的主要技术应用方式详见表3。作为中国医美行业的重要领域，中国激光美容仪器业目前正处于市场发展的较快增长期，是民营资本占绝对比例的新兴服务产业，随着医疗美容行业的深入发展，医疗美容仪器市场必将是资本涌入的重要领域之一。

表3　医疗美容仪器主要技术应用方式

类别	技术方式	技术原理
医疗美容仪器	电流脉冲式	采用微电流、脉冲光调制技术，对人体皮肤、经络、穴位施加作用以达到紧肤、去皱、美容的目的
	微震动方式	采用机械震动、电压刺激方式，使人体肌肤收紧、增加自身弹性，促进皮肤细胞的新陈代谢
	光照方式	运用各种颜色光对肌肤组织不同的作用机理，改善人体肌肤状况，镇静消炎，消除红肿。典型代表有光子嫩肤仪、光谱仪等
	升高体温方式	利用热辐射或者热传导原理，使人体体温升高，加速人体代谢
	超声波方式	利用超声波高频震荡的特性，在人体肌肤施加作用，使肌肤产生高能量的运动，达到收缩肌肤的作用。现在主要用来辅助导入产品加快吸收

续表

类别	技术方式	技术原理
医疗美容仪器	射频方式	利用高频率震荡波对皮肤表层施加作用，使皮肤收缩，达到去皱、收紧肌肤的效果。射频应用广泛，并且不同仪器会发出不同频率的射频
	真空吸附方式	将人体皮肤用真空吸起，达到挤压、按摩、运动的作用，实现紧肤、增强组织细胞活力的功效

（二）主要生产商和代理商

由于对产品的技术要求高，医疗美容的药品、耗材、仪器普遍具有较长的研发周期和认证周期，再加上医美上游是产业链监管最为严格的环节，技术壁垒和市场准入壁垒使得医美上游行业进入门槛高，参与者相对较少，产业集中化和规模化程度都很高，医美上游产业也成为医美产业链盈利最为丰厚的环节。医疗美容产业链上游主要生产商如表 4 所示。

表 4　医疗美容产业链上游主要生产厂商

生产商	公司简介
绽妍	绽妍诞生于第四军医大学组织工程研发中心，该中心研发了中国首个组织工程产品——人工皮肤。依托于领先的再生医学技术，绽妍发展为被国内大部分公立医院皮肤科医生推荐的问题肌肤修护品牌。绽妍生物是以医疗器械、化妆品为主，覆盖医学护肤、婴幼、家庭护理三大板块，集研发、生产、销售于一体的高新技术企业，销售渠道覆盖公立医院、整形美容机构、电商平台、自主 App 等。
艾尔建	艾尔建是一家总部位于爱尔兰都柏林的跨国制药企业，业务遍布近 100 个国家和地区，产品用于医学治疗如中枢神经系统、眼部治疗、医疗美容、泌尿和抗感染等领域。医疗美容产品包括保妥适、乔雅登、娜绮丽、麦格等
赛诺秀	美国赛诺秀成立于 1991 年，总部位于波士顿，是研发、生产和销售各类用于皮肤治疗和美容的高科技激光公司。产品广泛运用于多种医学治疗，如脱毛、嫩肤、去疤、痤疮、酒渣鼻、蜘蛛痣、肉芽瘤、鲜红斑痣等
赛诺龙	公司成立于 2000 年，是生产强光、激光、射频等医疗美容设备的跨国公司。公司能为医生提供医美解决方案，包括塑身脱毛、除皱、祛除纹身、改善皮肤外观等，旗下拥有 Syneron、Candela 和 CoolTouch 三个品牌
科医人	美国 Lumenis（科医人）医疗激光公司于 1992 年进入中国，产品涉及美容、眼科等医疗领域。美容产品包括 Lightsheer Duet 月光真空脱毛、Encore 超脉冲点阵王、LumenisOne 王者风范多用途医学美容平台等多个系列
飞顿	以色列飞顿医疗激光公司是国际化的专业医疗激光制造商，2003 年进入中国，产品包含抗衰老系列、冰点脱毛系列、产后修复系列、色素治疗系列、皮肤治疗系列等

续表

生产商	公司简介
高德美	高德美(Galderma)是一全球性制药公司,专门研发和营销具有疗效、矫正及美容相关的皮肤医学产品。品牌包括 Restylane、Cetaphil、Dysport、Sculptra、Azzalure 等
美国强生公司	强生是综合性医疗保健企业,业务涉及消费品、制药、医疗器材等领域,产品包含美容整形(如乳房假体)和感染预防(如过氧化氢等离子低温灭菌系列)的医疗器材
兰州生物制品研究所	公司始建于 1934 年,是我国历史最悠久的生物制品研究所之一。公司独立研制的 A 型肉毒毒素,获国家科技进步二等奖,是我国独家获准生产销售的生物制品,获韩国 KFDA 注册证书,也是我国第一个独立出口的生物制品
华熙生物	公司是一家致力于生物医药领域发展的国际集团。旗下主要附属公司为中国透明质酸钠(又名透明质酸、玻尿酸、玻璃酸钠,简称 HA)的制造商及销售商,主要从事开发、制造及销售各种 HA 原料及终端产品
双鹭药业	北京双鹭药业股份有限公司主要从事基因工程药物的研究开发、生产和经营,前身为 1994 年 12 月成立的“北京白鹭园生物技术有限公司”。公司 2012 年进入医美领域,旗下拥有交联透明质酸钠凝胶、外用重组人碱性成纤维细胞生长因子等产品
冠昊生物	冠昊生物科技股份有限公司是一家立足于再生医学产业、拓展生命健康相关领域的高科技企业。由冠昊生物研发的“艾瑞欧”乳房补片于 2016 年 3 月正式上市,是国内首个获准可用于乳房整形手术的补片产品
昊海生物科技	昊海生物科技成立于 2007 年,是一家专注于研发、生产及销售医用可吸收生物材料的高科技生物医药企业。公司专注于中国医用可吸收生物材料市场中快速增长的治疗领域,包括骨科、整形美容与创面护理、眼科、防粘连及止血
北京泰富众城科技	公司前身为北京国安仪器公司,是中国较早从事光学美容仪器研发、生产、销售及服务的医美仪器公司,产品涵盖 C6 + 电光调 Q 激光祛色素系统、飞速 808 半导体激光绝毛系统等 13 个系列 80 余种产品,远销五大洲 40 多个国家
武汉奇致激光	奇致激光总部位于湖北省武汉市,2015 年登陆“新三板”。公司拥有 57 项技术专利、20 多项医疗产品注册证。公司引进的超级平台、水动力、红宝石点阵等多款产品均成为国内医学美容标准。公司为全球很多用户提供了光电美容解决方案
宏强科技	北京宏强富瑞成立于 2008 年,是集研发、生产、营销、服务为一体的医疗及美容仪器制造商,覆盖激光、强光、微波、射频、超声等多技术领域,产品包括激光色素治疗仪、光子嫩肤仪、射频治疗仪等近 10 个系列
深圳 GSD	2004 年 GSD 品牌诞生于中国创新之都深圳。GSD 为国际美容综合运营服务商,专业从事美容行业前沿技术及产品研究、开发、生产、销售及服务,业务范围覆盖生活美容仪器、医疗美容仪器、便携小仪器、专业护肤品、科技美容会所等美容领域
韩国株式会社 LG 生命科学	LG 生命科学成立于 2002 年 8 月,致力于药物合成和生物制药领域。2009 年 LG 生命科学新增抗衰老系列产品,包括医学美容产品、药妆产品等。2013 年,公司首款自主研发的医学美容产品——玻尿酸填充剂“YVOIRE”(伊婉)进入中国

续表

生产商	公司简介
台湾双美公司	双美生物科技主要从事生医级胶原蛋白及相关产品的研发、制造及销售业务。2001年开始兴建GMP厂，相关产品具有国际市场竞争力
广州远想生物科技有限公司	广州远想生物科技有限公司是一家医药、保养类企业，旗下品牌有中科医美、百得赛尔、康远信、格雷提以及微针美塑
武汉亚格光电	武汉亚格光电技术股份有限公司创建于1986年，前身为武昌激光设备厂，从事激光及光电子医疗设备研发、推广业务。拥有自主知识产权的YAG激光、二氧化碳激光（CO_2）、氦氖激光、IPL系列光子等多个品种
半岛医疗	半岛医疗是一家专业从事医疗美容设备的研发、生产、销售业务的企业。产品覆盖医疗美容、皮肤治疗等领域

医疗美容行业从上游到中游的代理商是产业链上的重要一环，是各种美容产品走向医疗服务终端的桥梁，特别是在引进各种国外先进美容耗材和设备方面发挥了重要作用（见表5）。目前国内也有部分医药商业公司开展美容产品经销和配送业务，但规模尚小。当前大型医药商业公司尤其是上市公司的主要市场集中面向公立医院，而医美市场主要面向民营医院，两者在渠道上有本质的差别。但随着医疗改革的推进，民营医院将迎来发展的黄金时期，医美市场的日益规范化和持续扩容以及较高的投资收益率有望吸引更多医药商业公司加强这一渠道的业务。

表5　国内医疗美容产业链主要代理商简介

代理商	简介
华东医药	2014年9月，华东医药取得了韩国LG产品YVOIRE（伊婉）玻尿酸在中国的独家代理权。公司配备70人的直销队伍，辅以代理销售的方式在全国范围内销售伊婉玻尿酸产品，仅上市一年多的时间伊婉就成为国内主要玻尿酸品牌之一
复星医药	2013年5月，复星医药以2.2亿美元对价收购以色列著名医疗美容仪器生产企业Alma Lasers（飞顿激光）95.2%的股权
新华锦	2015年9月，新华锦设立青岛利百健生物科技有限公司，其中新华锦持股49%，用于承接意大利利百健SVF技术在中国地区的独家代理权和生产权

续表

代理商	简介
国药控股	国药控股是艾尔建旗下肉毒毒素产品——保妥适的唯一配送企业，从厂家发货到验收，全程严格冷链系统跟踪，并采用温度报警机制，一旦验收过程中遇到厂家、品名不符，温度异常，订单不符等情况，会拒绝接收有问题商品
美械宝	泛悦医美供应链旗下的第三方采购与供应 B2B 电商平台

（三）产业链上游的特点和痛点

1. 综合毛利率高，行业集中度较高

对比代理商和中游机构，医美产业链上游因为医疗监管相对规范，产业相对集中，行业利润也相对较高，尤其是龙头公司利润更高。数据显示，2017 年医美产业的毛利率方面，上游生产商最高，平均在 70% 以上；其次是整形机构，为 50% ~60%；经销商最低，大约为 25%。

2. 国产厂商研发投入低，产品竞争力有待加强

同类产品中，国产产品价格一般比进口产品低 50%，部分产品甚至低 80%。尽管如此，规范的中游机构大多使用进口产品。造成国产产品竞争力不足的原因之一是上游厂商在研发端的投入不足。以华熙生物为例，数据显示，2016 ~2018 年，华熙生物的研发费用分别为 2396. 3 万元、2571. 85 万元、5286. 59 万元，占各期营业收入的比例分别为 3. 27%、3. 14%、4. 19%。而同期的销售费用分别为 1. 1 亿元、1. 3 亿元和 2. 8 亿元，占当期营业收入的比例分别为 14. 60%、15. 34% 和 22. 46%。从人员结构上来看，华熙生物的研发人员占总员工人数的比例仅为 15%，生产人员占比为 41%，销售人员占比为 27%。由此可见，企业在生产、销售环节的投入远远高于研发环节的投入。

3. 生产监管规范，流通监管缺位

上游医美原料从临床试验到获得国家药品监督管理局（NMPA）的批文，普遍需要较长的研发周期和认证周期。以肉毒毒素为例，我国的认证周期为 8 ~10 年，通过认证的产品也很少，BOTOX 和衡力分别于 2012 年和

2015 年通过 CFDA 审批。正因为如此，我国对医疗美容药品生产环节的监管监督比较规范；但是，对医疗美容耗材和仪器的流通渠道的监管仍处于初级阶段，相应的监管政策少、落地执行难，行业乱象丛生，各种假冒伪劣产品横行市场，导致医疗事故频发。以玻尿酸为例，中国整形美容协会数据显示，国内市场上销售的玻尿酸产品中，70% 是假货和水货，假货充斥市场。中国药监、海关、市场监管部门应加强执法，医疗美容市场环境有望逐步规范，品质优异、定价合理的产品将成为市场主流。

4. 医美器械技术精度要求高，美国、以色列厂商几乎垄断全球

目前，医美机构使用最多的医美器械有激光美容仪、射频美容仪、吸脂机、美容注射器（注射填充材料）等。医美器械对技术精密程度要求高，目前全球范围内的医美器械制造商主要集中在美国、以色列和欧洲，其中市场份额前五的席位常年被美国和以色列两国垄断（见表 6）。在全球市场，美国厂商 Cynosure（赛诺秀）的市场占有率最高；在以色列市场，本地厂商 Active（阿狄夫）以 70% 的市场占有率稳居首位；而在中国市场，市场占有率最高的是以色列厂商 Alma（飞顿）。

表 6　国内外医美上游企业数量及上游产品数量

国家	医美上游企业数量(家)	占比(%)	医美上游产品数量(个)	占比(%)
中　国	32	47.76	61	41.50
以色列	2	2.99	11	7.48
韩　国	9	13.43	13	8.84
美　国	12	17.91	44	29.93
英　国	2	2.99	2	1.36
德　国	2	2.99	8	5.44
法　国	3	4.48	3	2.04
奥地利	1	1.49	1	0.68
瑞　典	1	1.49	1	0.68
荷　兰	1	1.49	1	0.68
意大利	1	1.49	1	0.68
丹　麦	1	1.49	1	0.68
合　计	67	100.00	147	100.00

资料来源：根据国家药品监督管理局公开数据统计。

二　医疗美容产业链中游发展概况

医疗美容产业链中游是指提供医疗美容终端服务的机构，按所有制分为公立和民营两类机构。其中，公立机构主要是公立医院整形科，民营机构主要包括民营大型连锁医院、民营中小型门诊部、私人医生诊所等。

（一）公立整形机构概况

公立医院整形科室从1950年开始发展，由部队医院烧伤整形科室发展而来，如今一般通过在医院内部设立整形美容科室开展医美服务。公立医院整形科常见于规模较大、等级较高的综合性医院，医生资源较为完备，部分以整形科为主要科室的公立医院在区域内拥有较高的声誉，有些甚至高过专科的医疗美容医院。但就全国范围来看，公立医院以发展基础医疗为主，整形科受体制限制在科室建设上未受关注，加之其非营利性质限制及医疗美容的高端体验属性，使得公立医院整形科缺乏品牌效应，发展缓慢。目前国内有名的公立医院整形科数量不多，从分布情况上来看主要集中在北京、上海、广州等一线城市（见表7）。

表7　国内主要公立整形医院及所在城市

编号	机构名称	城市
1	上海交通大学医学院附属第九人民医院	上海
2	中国医学科学院整形外科医院	北京
3	空军军医大学西京医院	西安
4	南方医科大学南方医院	广州
5	陆军军医大学	重庆
6	北京大学第三医院	北京
7	北京协和医院	北京
8	华中科技大学同济医院附属协和医院	武汉
9	海军军医大学长海医院	上海

续表

编号	机构名称	城市
10	第二军医大学长征学院	上海
11	四川华西口腔医院	成都
12	四川大学华西医院	成都

资料来源：复旦大学医学管理研究所、长江证券研究所。

（二）民营整形机构概况

民营资本在目前的国内医疗美容机构中占据绝大部分市场。20 世纪 90 年代，民营资本以承包科室的方式进入医疗美容行业。1998 年美莱开始筹建，起初通过民营资本承包医院科室的方式进入医疗美容行业，随后兼并了华美系等医院，有了民营大型连锁机构的雏形。2000～2003 年，随着医美市场的扩张和技术进步，民营资本完成了从单科室到专科医院的转变。2011 年联合丽格创建，开创了一种全新的以资本介入带动知名医生个人开办诊所的创投驱动模式。2013 年开始，华韩整形、丽都整形等挂牌新三板，A 股的朗姿股份与苏宁环球拉开了医美的资本并购序幕，鹏爱也于 2019 年在港股上市。

表 8　主要民营大型连锁医院名单

类型	机构名称	机构数量(家)	主要城市	是否上市
全国连锁	美莱	34	北京、上海、杭州、苏州、武汉、长沙、大连、厦门、哈尔滨、成都	否
	艺星	19	北京、上海、杭州、温州、武汉、长沙、大连、合肥、哈尔滨、成都、济南、重庆、西安、昆明	否
	伊美尔	11	北京、天津、上海、西安、哈尔滨、沈阳、济南、青岛	否
	鹏爱	13	深圳、上海、北京、武汉、重庆、海口、南昌	纳斯达克
	爱思特	20	长沙、苏州、中山、衡阳、岳阳、郴州、娄底、无锡、福州	否
	海峡		福州、厦门、泉州、济南、长春等	否
	美立方	4	上海、武汉、东莞、昆明等	否

续表

类型	机构名称	机构数量(家)	主要城市	是否上市
	华韩	6	南京、北京、青岛、成都、长沙	新三板
	丽都	5	北京、无锡、太原、昆明、贵阳	否
	利美康	5	贵阳、遵义	新三板
区域连锁	华山连天美、欧菲、韩辰、美联臣、盛康集团、博爱集团、时光、壹加壹、伊莱美			

资料来源：复旦大学医学管理研究所、长江证券研究所。

（三）产业链中游机构发展现状和痛点

1. 民营机构占主导地位，公立机构发展受限

公立医院的整形美容通常以一个科室的方式存在，这类机构普遍具有良好的医疗技术和声誉，但手术偏保守，美容服务体验较差；同时，由于体制原因也无法快速应对市场的竞争，一般不主动进行营销等广泛宣传，规模有限。北京八大处和上海第九人民医院是公立医院整形美容科的典型代表。未来随着行业逐步规范，医生个人创业环境逐步成熟，基于民营机构及个人创业的前景，公立机构人才外流现象将越来越多。

2. 民营机构营销成本过高，传统经营模式普遍遭遇困境

我国医美行业起步晚，早期的中游传统医美机构经营者大多是非医疗行业出身，对医美行业、医美相关技术等缺乏了解，他们受行业早期较高的利润、松散的监管、快速增长的市场空间等因素的吸引进入医美行业。由于医疗美容的消费属性、获客特性及所要经过的初期市场培育，加上本身以盈利为目的，他们更多地选择了重度营销的模式，通过大量投放广告来提高机构知名度从而吸引消费者。这种模式本身就脱离了医疗行业技术服务门槛高、投资回报周期长、需要精细化运营管理的医美行业本质。尽管这些年医美需求不断增长，医美市场不断扩大，但行业发展方向一直没有得到有效纠正。随着搜索引擎营销模式的兴起，传统医美经营的重渠道投入营销模式受到掣肘，且营销渠道费用节节攀升，最终畸形的行业成本结构导致中游医美机构普遍亏损或者微利。

三　医疗美容产业链下游发展概况

医疗美容产业链下游是指为上中游提供引流、保险、培训、教育等服务的企业，包含医美 O2O 电商、医美消费金融、医美保险、医美新闻媒体、医美教培机构等配套服务商。

以下介绍目前引起较多关注的医美 O2O 电商和医美消费金融这两类服务。

（一）医美 O2O 电商平台概况

伴随着移动互联网的发展，以及医美消费群体不断向“80 后”“90 后”等年轻一代转移，医美 O2O 电商成为消费者主要的信息获取来源和越来越重要的购买渠道。据统计，市场上约 80% 的医美服务机构正在减少搜索引擎方面的投入，其中部分中小型医美服务机构甚至减幅在 50% 以上。

表 9　医疗美容中游机构主要获客渠道

医疗美容中游机构获客渠道	传统渠道	美容院导流	美容院将顾客导流到医疗美容机构，并从中获取返点分成
		广告	通过向户外或电视等媒介渠道投放广告，提升机构的品牌知名度以吸引消费者
		以百度为代表的网络竞价	通过搜索引擎关键词的竞价，消费者搜索相关词会率先出现参与竞价的医疗美容机构
	新兴渠道	医美 O2O 电商平台	医疗美容机构入驻互联网医美电商平台。分享整形美容项目信息、变美经历，并提供整形医生咨询和特卖服务

O2O 即 Online To Offline，是指从线上到线下，将线下的商务机会与互联网相结合，让互联网成为医疗美容行业的线上交易平台。医美 O2O 电商正逐渐成为医疗美容产业链的枢纽环节。对医疗美容机构来说，通过在线支付和数据的采样调查，可以了解顾客的消费需求，更好地拓展市场，获取更丰厚

的利润，同时也能减少对地理位置的依赖，减免租金和运营成本。对上游厂商来说，医美 O2O 电商可帮助上游厂商简化分销环节。对消费者来说，医美 O2O 电商可以更加快速提供丰富全面的优惠信息，轻松选购适合自己的项目，避免了因信息不对称而产生的价格蒙蔽，具体如图 2 所示。同时，医美 O2O 电商也帮助行业方便快速引进金融、保险、法律等方面的保障服务。

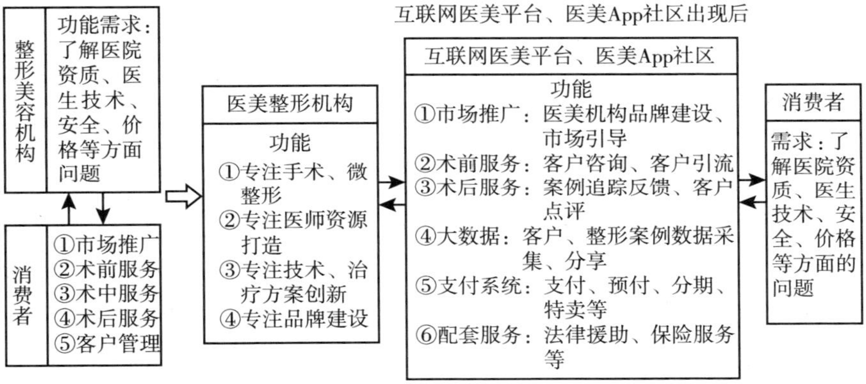

图 2　互联网医美平台、医美 App 导流作用

资料来源：长江证券研究所。

自 2007 年国内第一家互联网医美平台东方虹成立以来，经历了不到十年的发展期，医美 O2O 电商市场就已进入行业整合期，形成了以新氧为龙头的市场格局。预计下一阶段 O2O 电商市场的竞争会更加激烈，马太效应也将凸显（见表 10）。

表 10　医美 O2O 电商平台发展过程

萌芽发展期（2011 年）	初步增长期（2012～2014 年）	野蛮增长期（2015～2016 年）	行业整合期（2017 年以后）
以提供专业医美咨询/咨询为主要获客方式	众多医美 O2O 电商平台陆续上线，商业模式及获客方式多样化，用户案例分享的社区运营方式兴起	医美 O2O 电商平台陆续获得千万级融资，市场前景被看好，平台达到 30 多家，并且多家医美分期平台上线	医美 O2O 电商平台形成以新氧为龙头企业的稳定局面，众多企业转型或退市，同时阿里、美团、京东巨头们纷纷发力角逐市场

续表

萌芽发展期（2011年）	初步增长期（2012～2014年）	野蛮增长期（2015～2016年）	行业整合期（2017年以后）
2011年1月，美呗App上线 2011年10月，悦美上线	2013年8月，更美App上线 2013年11月，新氧上线	2016年4月，天猫和阿里健康合并入局医美市场	2018年4月，京东与悦美达成战略合作 2019年，美团医美行业峰会举办 2019年，新氧美股上市

根据国际美容整形外科学会（ISAPS）推算，预计2020年中国医美O2O电商市场规模将达到248亿元，占2020年整体医美市场规模的8%。目前，国内医美O2O电商平台可以大致分为医美垂直电商、综合电商两大类型。

医美综合电商是指类似于天猫、京东、美团等全域流量电商，由它们开放医疗美容服务，吸引终端机构和上游厂商入驻，用户可以随时随地搜索想要了解的医美项目，同时还能看到医美项目相关的真人买家秀，清楚了解医美整形的每个细节，以及医疗美容的"干货"分享等。这种类型的模式特点是大平台流量加持，运营能力成熟，具备良好的品牌信赖度，对医疗机构和厂商资质的准入门槛更高，审核更严格。

医美垂直电商的业务仅与医美相关，如新氧、更美、美呗、悦美、美黛拉等，如表11所示。根据业务模式的侧重点不同，垂直电商又可分为社交分享型医美电商和专业定制型医美电商。社交分享型医美电商以新氧为代表，特点是以"美丽日记"等内容为核心建立起内容社区，这种模式可以吸引到相当大的用户流量，并形成较好的用户黏性。专业定制型医美电商以美呗为代表，特点是相对专业的医美"导购"服务，这种模式可以吸引到更多高单价项目的客群，但基数相对比较小，如表12所示。

表11　国内主要医美垂直电商O2O电商平台

机构名称	启动时间	业务	简介
新　氧	2013年11月	社区＋电商＋线上咨询＋云诊所	模式类似"天猫"，是国内最早从C端社区运营切入的医美平台
更　美	2013年8月	社区＋电商＋ToB咨询	从公立医院切入，后期以民营医院为主，主打低价医美促销策略

续表

机构名称	启动时间	业务	简介
美　呗	2011 年 3 月	咨询 + 电商 + 社区	定位中高端，偏重整形外科项目，提供全程顾问咨询服务
悦　美	2011 年 6 月	咨询 + 社区 + 电商 + 线下医美	提供定制化咨询服务和 ToB 咨询，商业模式是收取引流佣金
美黛拉	2014 年 8 月	社区 + 电商	只允许女性用户注册的医美 O2O 平台，通过网红自媒体自带流量进入

表 12　社交分享型医美电商和专业定制型医美电商的区别

类型	服务内容	特点	代表
社交分享型医美电商	主要提供以下三个方面的服务：一是通过联结医美机构、医生、消费者，面向消费者提供相对公开透明的价格和服务；二是通过平台保障、整形知识分享，增强用户信任感、依赖感，缓解用户整形前的焦虑；三是通过整形日记、整形直播构建互相取暖的社群气氛，缓解用户术后焦虑。整体来说，这类医美 App 倾向于医美资讯和案例的社交化分享、互动、社区运营，在预约和专业咨询方面的属性相对较弱，整体模式相对更轻	以医美相关资讯、案例的分享互动和社区运营等为主要模式 在交易平台和专业服务方面的属性相对较弱，用户根据案例等内容自主下单，服务流程短，用户黏性不足，整体模式较轻	新氧、更美、美黛拉
专业定制型医美电商	与中游各类整形机构和医生广泛合作，汇集了大量优质的行业资源，围绕医美服务的全流程，在业务发展上更加聚焦于专业化的整形美容咨询和专业定制服务，包括私人定制的高端服务，可为客户、机构提供更加专业化、精细化和全流程的医美服务，在整体服务模式上相对专业化、重度化	与各类整形机构和医生广泛合作，汇集大量优质行业资源 围绕医美服务全流程，聚焦专业化、定制化、高端化的整形美容咨询和预约服务 用户服务流程长，满意度较高，用户黏性较强，二次开发多 整体模式相对较重	美呗

自 2017 年开始，医美 O2O 电商线上交易总额就已经达到 80 亿元，而其中新氧线上交易额超过 60 亿元，并拉动医美产业超过 150 亿元的交易额，已经占据医美 O2O 领域总成交额的 75%。同时，医美 O2O 电商平台以每个月关闭一个的速度加速洗牌，已有超过 20 个医美 O2O 电商平台

以关闭或转型的方式出局，其中不乏多家已经获得千万元级融资的平台。2019 年 5 月，新氧赴美首次公开募股（IPO），成为医美互联网第一股。以更美 App 为代表的第二梯队医美 O2O 电商平台在流量上持续萎缩，融资受阻，逐渐掉队。而成都本土的美呗 App 异军突起，坚持深耕整形手术转诊的细分领域，做专业定制型医美电商，取得了长足的发展。在巨大的市场诱惑下，综合类电商——天猫、京东、美团陆续加入战局，各自划分势力范围，都试图在未来占据医美的主要线上流量。目前医美 O2O 电商成交额只占行业总营业额的 1%，随着医美行业的快速增长，未来还有极大的想象空间。

（二）医美消费金融概述

医美消费金融主要指医美分期贷款。2016 ~ 2017 年是中国医美分期贷款的草莽阶段。两年时间，市场由“蓝海”变成“红海”。各大医美分期贷款平台对利息、额度、审批时间等大幅度放宽。多数平台征信体制暂时没有纳入审核过程。医美分期贷款市场一路狂奔，巅峰时期市场规模曾达到千余家。截至 2016 年底，医美分期贷款整个市场的放款量已达 60 亿元。繁荣背后，泡沫随之而来。2017 年初，医美中介骗贷现象被曝光，大量医美分期贷款平台被过高的坏账率拖垮，退出市场。从 2018 年开始，医美分期贷款市场逐步迈向理性阶段。

表 13　医美分期贷款平台

分期产品	贷款条件	贷款额度	贷款期限	征信
百度有钱花	18 ~ 55 周岁中国公民，学生除外	1000 ~ 15000 元	3、6、12、18、24 期	关联
易美健	18 ~ 50 岁用户	最高 10 万元	—	关联
么么钱包	22 ~ 50 岁用户	额度不定	3、6、9 期	关联
买单侠星计划	到店审核	最高 10 万元	最长 24 期	关联
小牛分期	18 ~ 55 岁有工作证明，学生除外	1000 ~ 60000 元	最长 24 期	关联

（三）下游发展现状及痛点

1. 医美 O2O 电商发展迅猛，流量竞争在一定程度上削弱了中游产业的利润

得益于智能设备和移动支付的普及、场景覆盖的提升以及用户习惯的培养，中国医美行业 O2O 市场规模高速增长，2014 年为 65.2 亿元人民币，2017 年达到 128.6 亿元，年均复合增长率为 25.4%。而美容整形领域在医美行业 O2O 市场中居首位，市场占比近 50%。在巨大的行业前景下，虽然新氧、更美、美呗等医疗美容垂直电商的混战已不可开交，阿里、美团、京东等综合电商巨头还是义无反顾地冲进了战局。在充分的流量竞争下，这一方面让医疗美容得以快速普及，并且在一定程度上解决了信息不对称的问题；另一方面，白热化的竞争也让电商平台争相降价，以牺牲中游利润为代价而快速发展。

2. 医美消费金融乱象重生，亟须进一步规范

2016～2017 年被业内人称为医美分期贷款的草莽阶段。无金融业务服务资质的机构违规放贷操作、有组织专业化的套贷乃至骗贷、假借“零首付”“零利息”等各种名义诱导消费、暴力催收等乱象大量涌现，严重扰乱了医美市场的整体秩序，一时间各个端口对规范“医美贷”的呼声极高。直到 2018 年，医美分期贷款才开始逐步走向理性生长阶段。全国各地不断加强对医疗美容行业的专项整治工作，并纷纷叫停违法“医美贷”。短短两年时间，线下“医美贷”经历了从超速发展到快速收缩。据中国整形美容协会 2018 年底发布的《中国医疗美容行业年度发展调查报告》，医美分期机构的数量从鼎盛时期的 1000 余家降至现阶段的 30 余家。

3. 医美保险等配套产业发展严重滞后

新氧发布的《2019 年医美行业白皮书》显示，2018 年新氧免费赠送了 73 万份医美医疗意外保险给平台用户，但仅有 13.74% 的用户填写了完整的投保信息获取该项保障，86.26% 的用户未选择投保。这一方面是因为传统医美保险只是手术意外险在医美行业的简单重复，无法根本消除消费者的担忧，消费者反而因为被要求购买保险而怀疑医美机构的医疗水平；另一方面，割裂的理赔过程让消费者在医美机构和保险公司之间处于弱势地位，即便索赔也很困难。

四　国外医疗美容产业链综述

相比美国、韩国等成熟市场，我国医美产业起步较晚，成都市到2010年以后才逐渐步入发展期，近五年才进入高速增长状态。美国医疗美容产业从1914年开始起步，发展到现在，不仅拥有全球消费案例量、消费金额最大的整形市场，还拥有全球规模最大、品类最全的医美企业，不仅是全球主流整形技术的输出国，还是全球医疗美容产品的发源地与输出者。韩国虽然20世纪80年代才开始崛起，但发展势头强劲，在国家体系的支持和推动下，人均接受整形手术及人均医师数量都位居世界第一，已经与购物、健身、广告、影视、娱乐等融合成一个巨大的产业链，成为吸引国际游客赴韩消费的亮点。因此，有必要在了解医美大国产业链发展布局的基础上评析我国产业链的发展现状。

（一）医美大国上游发展概况

医美大国对上游环节普遍实行严格准入，壁垒高筑。比如美国，对新型药品和医疗器械上市的审批条件极其严苛，并且流程耗时长。一种新药平均要花费10亿美元、100万工时、6000次试验和400项研究才可能获批上市。即便如此，还存在审批无法通过的风险。严苛的审批条件提高了企业进入壁垒，进而提升了上游市场集中度，上游领域基本被几家大企业垄断。例如，2014年，Allergan公司的BOTOX占有世界约80%的肉毒毒素市场份额，Allergan的乳房假体全球市场占有率为43%。玻尿酸方面，FDA至今只批准了6家公司的7款玻尿酸上市。

（二）医美大国中游发展概况

美国医美中游行业集中度较低，曾经最大的整形美容连锁机构Lifestyle Lift也仅占据全美整形诊所的3%左右，而大部分整形机构都是地区性的独立运营机构。在美国，开办整形诊所十分便捷，通常只需要在1周的时间内完成4个步骤即可。大部分诊所规模小，平均员工数量为9人，这类诊所业务的20%左右是整形手术，由外科医生完成，80%左右的属于微整形。无执业资质人员能够进入整形美容行业的原因在于微整形项目操作严苛程度相较于手术类整形小，通过借助各类仪器设备和药物即可完成整个整形流程，使项目的实施不必由整形外科医生亲自执行，而是由诊所中的医生助理人员如护士来完成操作即可；同时，此类产品在非法运营场所中大量存在，极易取得。尽管具体实施往往由无任何医疗资质的人员完成，效果难以保证，整体风险增加，但此类现象依然在行业内蔓延。由于微整形的这种特性，导致美国传统医疗监管政策对微整形领域的乱象缺乏有效的应对方式，食品药品监督管理局可以限制准入，却无法限制准入后的流通，州政府可以严控正规整形诊所和医生资质，却无法阻止非正规机构为逐利而铤而走险。大量无资质人员的混入导致整形机构壁垒急剧降低，行业野蛮生长，恶性竞争加剧，整形机构盈利难度增加。

相比美国，韩国政府一方面不遗余力地保护和推进医疗美容业的发展，另一方面也实行了比较严格的监管。2013年，韩国法务部批准韩国政府指定的医疗机构为外籍消费者代理申请电子签证，这意味着整形游客可以不经由韩国使领馆直接在网上申请签证。2015年，韩国政府更是出台了新政推动医疗美容业的发展。与此同时，韩国政府在监管行业发展、提高行业从业人员素质、改善医疗美容消费环境上发挥了重要作用。针对外国消费者，韩国政府做出强制干预，通过颁发《外国人医疗观光留置接待许可证》指定整形服务机构。韩国还设有专门的仲裁委员会和行业自律准则协同监管，监管涵盖前中后端，一旦发生消费纠纷，可以通过专业机构进行裁定。此外，医疗美容机构面对激烈的竞争，努力提升消费者体验，不仅提供个性化的技术服务，还注重心理辅导和售后跟踪服务。

（三）医美大国下游发展概况

很多医美大国在产业链下游都经历了从传统引流渠道向互联网平台转变

的历程。传统引流渠道分散性特征强，费用高、引流率低、信息传递速度慢，导致医美机构引流费用高、医患信息不对称。这种弊端促进了现代医美互联网平台的诞生。互联网平台因汇聚全国需求而具有高集中度的特点。美国在 1998 年诞生了全国第一个全面的医生评价和比较数据库网站 Healthgrades。此后，RateMDs、Vitals、ZocDoc，以及美国最大的商户点评网站 yelp 都提供了类似的功能。不过，相较于其他网站，realself 在展现诊所、医师整形效果、价格信息等方面给用户创造了一个互动交流的社区，解决了一定的行业痛点，促进医美信息透明化，引导消费者选择医生和诊疗方案，从而降低导流费用，降低最终虚高的整形手术价格。但是，医美作为体验经济，其医疗专业特性、消费属性、议价模式与个体差异仍然难以被互联网平台全部主导，互联网平台所采取的集中展现也会在某种程度上将医美机构引入短期性、白热化价格竞争的状态。

五　中国医疗美容产业链评述

与医美发达国家的医疗美容产业链格局相比，上游产业链方面，我国同美国等其他医美大国一样，实行严格的市场准入机制和比较规范的监管，也同样导致行业进入壁垒高、产业集中度高、利润丰厚。中游产业链方面，我国的医美技术除了与美国有一定差距外，与韩日的技术水平相比并不落后，关键在于完善的监管体制、风险管控体系和精细化的高服务水平，这正是目前我国有待提升的方面。下游产业链方面，医美 O2O、医美消费金融等随着医美机构的迅速发展一路狂奔，正在从野蛮生长阶段向理性、规范发展阶段过渡，对推动医美产业发展、加速医美机构转化起到了重要的作用。基于医美高度专业的医疗服务特性，和类手工行业的体验经济特性，就医美机构获客模式的下游产业链而言，传统引流渠道与互联网平台会在相当长的时间共存发展。随着医美产业规范化进程的不断推进，医美保险的发展能促使医美行业走向成熟。

ℝ.6

成都医美上游产业发展报告

刘睿　李勰*

摘　要： 中国医美上游产业发展迅速。以前业界普遍认为医美行业的暴利环节多在下游服务商，而如今医美产业链上游品牌商成为产业链上的最大获利端。究其原因，除了行业技术壁垒高之外，更多的是得益于中国庞大的市场体量，以及需求端的快速增长。面对庞大的市场体量，中国制造开始发力与国外厂商争夺市场，并且表现出强劲的势头，成都市也准备加入其中，目前已在“医美之都”做出布局。本文将就以上内容进行阐述，并为成都医美产业链上游的发展提出建议。

关键词： 医疗美容　耗材　药品　器械

医疗美容上游产业主要包括医疗美容耗材、药品以及器械的研发、生产和销售，目前成都市在上游上相对薄弱。但成都作为国务院确定的国家重要高新技术产业基地、中国西南地区的科技中心，已集聚了蓝光英诺、迪康药业、奥泰医疗等在3D生物打印、医用材料、医学影像设备等领域具有较强竞争优势的企业。其中仅成都高新区内生物产业集聚企业超过2000家，产业规模超过400亿元。这些生物医药企业的集聚也带来了技术研发团队和专业技术人才的集聚，将极大地推动成都医疗美容上游产业的创新发展。

---

* 刘睿，睿意高攀文创集团董事长；李勰，《医美深见》联合创始人。

一　成都医美上游产业发展概述

近年来，成都市陆续引进赛诺菲、艾尔建、药明康德等国内外重点企业，形成了包括美敦力、艾尔建、赛诺菲等国际知名企业，药明康德、恒瑞、扬子江药业等国内知名企业，科伦药业、康弘药业、先导药业等本土企业在内的上游生产企业大格局。2018 年和 2019 年，成都市连续两年举办成都国际医美产业大会暨“医美之都”高峰论坛，在扩展成都“医美之都”影响力的同时，签约了一批上游产业战略合作发展项目（见表 1），成都作为“医美之都”的集聚力和吸引力正在逐渐释放。

表 1　第一届和第二届成都国际医美产业大会医美上游企业签约项目清单（据不完全统计）

签约时间	签约主体	合作项目	签约金额
2018 年	成都高新区管委会与艾尔建信息咨询（上海）有限公司	艾尔建中国创新中心项目战略合作备忘录	未透露
2019 年	成都市高新区管委会与爱齐科技（成都）运营中心	合作成都运营中心项目，爱齐科技在成都高新区设立运营中心，初期从事全球领先的高端齿科矫治系统相关产品和服务的运营销售等业务，未来条件成熟时将整合研发、方案展示、培训等业务	3.46 亿元人民币
	成都市高新区与联康健生物科技有限公司	合作协议（国际干细胞转化与医美创新平台项目）	未透露
	成都市高新区与四川锦和未来细胞生物科技有限公司	合作协议（四川锦和干细胞项目）	未透露
	成都市高新区与威力保集团	合作协议（威力保组织工程皮肤研发生产项目）	未透露
	成都市高新区与深圳高尚科美生物科技有限公司	合作协议（高尚科美生物技术研发生产中心项目）	未透露

续表

签约时间	签约主体	合作项目	签约金额
	成都市温江区人民政府与罗欣药业医药健康产业园项目	战略合作协议	67 亿元人民币
	成都市温江区人民政府与赛尔托马斯干细胞中心项目	战略合作协议	

二　成都市医疗美容耗材市场现状

（一）国产耗材逐渐崛起，成都本土生产厂商缺乏

目前通过国家药品监督管理局审查的医疗美容上游耗材生产企业共 34 家。其中，中国企业 19 家，占比 55.88%，美国企业 5 家和韩国企业 4 家，分别占企业总数的 14.71% 和 11.76%。从产品数量来看，国内产品数量占比为 53.19%，进口产品数量占比为 46.81%，其中美国和韩国的产品数量占比分别为 23.40% 和 10.64%，是最主要的医美耗材进口产品供应国（见表 2）。目前，已经通过 NMPA 的产品有超过 90% 的品类已经在成都流通，有不少耗材厂商以合资子公司的形式入驻成都，建立销售团队，或者营销品牌团队。但成都缺乏本土耗材生产厂商，外来品牌也较少选择成都作为生产基地。

表 2　医美耗材市场主要生产国的企业及产品数量

国家	企业数量(家)	整体占比(%)	产品数量(个)	整体占比(%)
中　国	19	55.88	25	53.19
以色列	0	0.00	0	0.00
韩　国	4	11.76	5	10.64
美　国	5	14.71	11	23.40

续表

国家	企业数量(家)	整体占比(%)	产品数量(个)	整体占比(%)
英　国	1	2. 94	1	2. 13
德　国	0	0. 00	0	0. 00
法　国	2	5. 89	2	4. 25
奥地利	1	2. 94	1	2. 13
瑞　典	1	2. 94	1	2. 13
荷　兰	1	2. 94	1	2. 13
总　计	34	100. 00	47	100. 00

注：以上数据仅统计纯医美领域的耗材、药品、器械。

深入分析国内医美耗材的生产情况，北京、上海、台湾、山东是最大的医美耗材供应城市，从企业和产品数量占比来看，上海最多，分别为37. 50%和36. 00%；其次是台湾，占比分别为25. 00%和16. 00%；再次是北京，占比分别为12. 50%和16. 00%；排第四的是山东，占比分别为6. 25%和16. 00%。成都目前尚未有本土起家的医美耗材生产商（见表3）。

表3　国内医美耗材的主要生产商及产品情况

地区	企业数量(家)	国内占比(%)	产品数量(个)	国内占比(%)
北京	2	12. 50	4	16. 00
上海	6	37. 50	9	36. 00
广州	1	6. 25	2	8. 00
深圳	0	0. 00	0	0. 00
武汉	0	0. 00	0	0. 00
山东	1	6. 25	4	16. 00
成都	0	0. 00	0	0. 00
长春	0	0. 00	0	0. 00
西安	0	0. 00	0	0. 00
天津	0	0. 00	0	0. 00
兰州	0	0. 00	0	0. 00
余姚	1	6. 25	1	4. 00
杭州	1	6. 25	1	4. 00

续表

地区	企业数量(家)	国内占比(%)	产品数量(个)	国内占比(%)
苏州	0	0.00	0	0.00
昆明	0	0.00	0	0.00
台湾	4	25.00	4	16.00
合计	16	100.00	25	100.00

注：以上数据仅统计纯医美领域的耗材、药品、器械。

（二）进口玻尿酸占主导，成都没有本土生产企业

医疗美容行业上游耗材产品多数运用在微整形项目，以及鼻、胸手术的填充上，而玻尿酸无疑是医美耗材品类的明星产品。目前，虽然来自韩国、美国、法国等国外进口玻尿酸品牌仍然占据国内玻尿酸市场的主导地位，但国内玻尿酸品牌开始崛起，目前通过审核的企业已有 8 家，大部分来自北京、上海、台湾，其中表现最出色的是华熙生物、昊海生物。但遗憾的是，成都本土尚未有玻尿酸生产企业（见表4）。

表 4　玻尿酸主要生产企业的审核情况

品类	企业	品牌	CFDA 过审日期	第二次过审日期	第三次过审日期
玻尿酸	美国艾尔建公司	乔雅登	2015. 05. 29		
	高德美	瑞蓝	2008. 12. 15	2014. 01. 28	
	奥地利 Croma-Pharma 公司	Princess	2017. 05. 12		
	韩国 Humedix 公司	艾莉薇	2015. 01. 26		
	韩国 LG 生命科学公司	伊婉	2013. 07. 05	2017. 06. 26	
	华熙生物科技有限公司	润百颜	2012. 07. 06		
		德蔓	2016. 05. 06		
	北京爱美客科技发展有限公司	逸美	2009. 10. 11	2012. 10. 23	2016. 12. 20
		爱芙莱	2015. 04. 28		
		宝尼达	2013. 12. 17	2016. 12. 13	

续表

品类	企业	品牌	CFDA 过审日期	第二次过审日期	第三次过审日期
玻尿酸	上海昊海生物科技股份有限公司	海薇	2013. 09. 18	2016. 09. 08	
		姣兰	2017. 05. 22		
	台湾和康生物科技股份有限公司	芙媄登	2016. 04. 05		
	台湾科妍生物科技股份有限公司	法思丽	2014. 04. 11		
	北京蒙博润生物科技有限公司	舒颜	2014. 02. 25		
	杭州协合医疗用品有限公司	欣菲聆	2015. 07. 22		

从成都市场的消费情况来看，《成都市合法医美机构信息统计表》显示，2018 年，受访的 70 家机构共消耗玻尿酸 129573 支，平均每家消耗量为 1851 支。从品牌来看，消耗量最多的是伊婉，共 59233 支，其次是艾莉薇和乔雅登，分别为 12434 支和 11055 支，如图 1 所示。

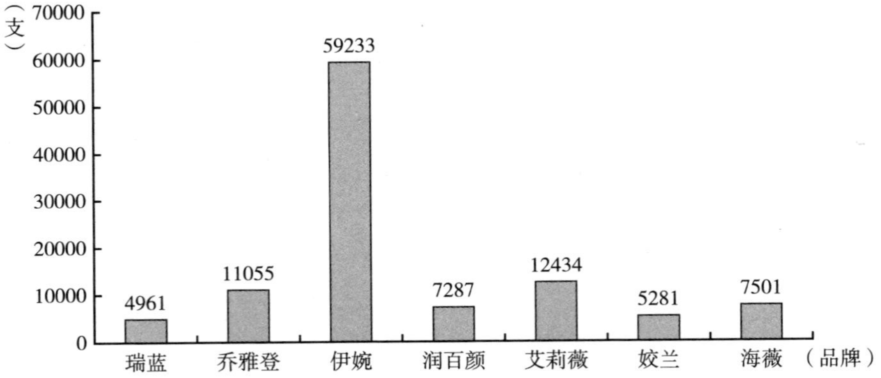

图 1 成都医美机构 2018 年各品牌玻尿酸消耗情况

三　成都市医疗美容药品市场现状

肉毒毒素是国内医美药品市场使用的主要产品。目前，经国家药品监督管理局批准的肉毒毒素产品仅国产的“衡力”和进口的“保妥适”。兰州“衡力”肉毒毒素是我国第一个独立出口的生物制品。我国研制和生产的注射用A型肉毒毒素于1993年获得国家卫生部新药证书，1997年正式批准为（97）卫药准字S-01号，成为继美国、英国之后的第三个能生产并治疗使用A型肉毒毒素的国家，但直到2009年才正式被批准用于医疗美容。“保妥适”是全球最知名的肉毒毒素品牌之一，在过去20多年中已经获得83个国家批准，也是国内唯一获得FDA认证的肉毒毒素品牌。

据统计数据显示，虽然国产品牌“衡力”在国内市场的销售量占比超过70%，“保妥适”接近30%，但它们在国内市场的销售额几乎是旗鼓相当的（见表5）。

表5　中国美容注射用肉毒毒素市场占比情况

单位：%

分类	产品	生产企业	国内市场销量占比	国内市销售额占比
国产	衡力	中国兰州生物制品研究所有限责任公司	70	50
进口	保妥适	美国艾尔建公司	30	50

资料来源：国家药品监督管理局、草根调研信息，以及长江证券研究所。

从成都市场对于肉毒毒素的消耗情况看，《成都市合法医美机构信息统计表》显示，受访的85家医美机构均使用了“衡力”的肉毒毒素，仅有50家使用“保妥适”的肉毒毒素。但即便如此，在2018年85家机构消耗的131248支肉毒毒素中，“保妥适”占比为54.06%，明显高于“衡力”45.94%的占比（见图2）。

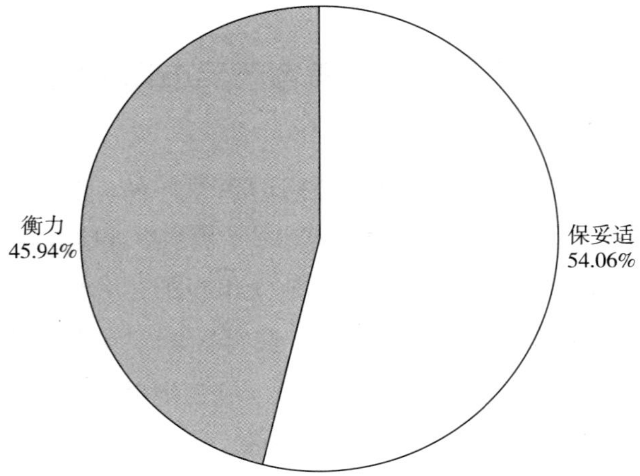

图 2　成都市 2018 年肉毒毒素主要品牌使用情况

四　成都市医疗美容器械市场现状

目前医疗美容器械市场以“医疗美容激光仪器类产品”为主。2009 年中国激光医疗美容服务的市场规模仅 12. 3 亿元，2016 年已达到 60. 4 亿元（见图 3），年均复合增长率为 25. 54%。

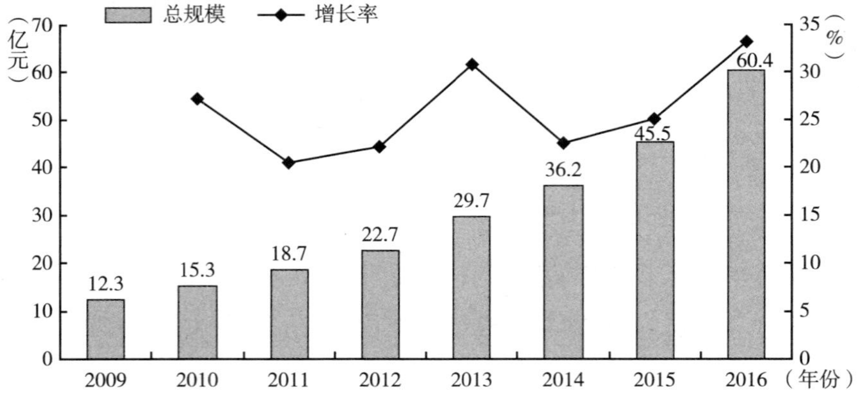

图 3　2009 ~ 2016 年中国激光医疗美容服务市场规模

资料来源：中国产业信息网。

从当前国内医美市场上各国医疗美容激光仪器数量的占比来看，国内产品仅占 29.7%，国外产品占比超过七成，其中美国最高，占比达到 36.06%，其次是以色列，占比 12.79%，再次是韩国和德国，均占 9.30%（见表 6）。究其原因，主要是由于国内相关美容技术发展的起步晚于欧美发达国家，外资企业在市场启动早期依托于强大的品牌和技术优势，先发占据了国内绝大部分高端市场。

表 6　国内外医疗美容激光仪器国内市场占有情况

国家	企业数量（家）	占比（%）	产品数量（个）	占比（%）
中　国	7	26.92	25	29.07
以色列	2	7.69	11	12.79
韩　国	5	19.23	8	9.30
美　国	7	26.92	31	36.06
英　国	1	3.85	1	1.16
德　国	2	7.69	8	9.30
法　国	0	0.00	0	0.00
奥地利	0	0.00	0	0.00
瑞　典	0	0.00	0	0.00
荷　兰	0	0.00	0	0.00
意大利	1	3.85	1	1.16
丹　麦	1	3.85	1	1.16
总　计	26	100.00	86	100.00

进入新世纪以来，我国开始重视医疗激光技术的发展。2006 年，《国家中长期科学和技术发展规划纲要（2006～2020 年）》将激光技术列为2006～2020 年重点发展的前沿技术之一。2011 年，《国家“十二五”科学和技术发展规划》和《医疗器械科技产业“十二五”专项规划》更是明确指出要开展微创介入、激光治疗等高端医疗设备研究，重点支持高频/激光等手术治疗设备、射频消融系统等重点产品，研制生产 15 项左右中高端产品，培育 20 个以上具有较强自主创新能力的骨干企业，大幅提高我国医疗器械产

业的国际竞争力。同年，《当前优先发展的高技术产业化重点领域指南》将新型多功能激光治疗设备列为当前优先发展的高技术产业。2016 年，《国务院关于印发“十三五”国家科技创新规划的通知》明确指出要突破激光制造关键技术，研发高可靠、长寿命的激光器核心功能部件、国产先进激光器以及高端激光制造工艺装备，开发先进激光制造应用技术和装备。在相关政策的支持下，我国相关美容技术取得长足进展，国产制造企业开始在激光和其他光电类医疗美容领域崭露头角。从国内生产市场来看，中国企业数量和产品数量都仅次于美国，已展现出强劲的发展势头。目前，国内从事激光和其他光电类医疗美容设备生产、制造、代理的厂家已达百余家，但由于此类医疗美容产品种类较多，单一企业很难覆盖全部产品种类，各企业均有其侧重的产品线方向。

就产地来说，国内医疗美容激光仪器生产企业主要集中在上海、深圳、武汉、长春、天津、苏州等地，成都目前除国雄光电技术有限公司外尚无知名企业（见表 7）。但成都医美市场从 90 年代起就已开始引进激光设备，发展到现在，激光祛斑、激光祛痣、激光脱毛等低强度激光技术逐渐普及。激光技术无痛、无创、无停工期的优点有望成为未来的一种流行趋势。

表 7 国内主要医疗美容激光仪器生产企业地域分布

产地	公司名称	医美激光仪器	品类
上海	上海皓欣医疗科技股份有限公司	LED 高能红蓝光	医疗器械
深圳	中国吉斯迪	PICONE 幻影皮秒激光治疗系统	医疗器械
		伊丽丝 810nm 光纤半导体激光脱毛系统	
		Q 光调 Q 激光治疗系统	
		焕彩超脉冲二氧化碳激光治疗系统	
		乐丽思 1550nm 点阵激光治疗系统	
		阿瑞斯 694nm 红宝石点阵激光治疗系统	
		弗丽德多功能光子治疗系统	
		易塑负压超声聚焦溶脂减肥系统	
		炫彩高能窄谱红蓝光治疗系统	
	深圳大族	Hans 系列	

续表

产地	公司名称	医美激光仪器	品类
武汉	中国奇致激光	安肌 baby 无针水光	医疗器械
		RubyStar 红 T 星红宝石激光系统	
		IPL 皇后光子美容系列	
		至尊高功率半导体激光脱毛系统	
		Profile 超级平台多功能激光治疗系统	
		Venus Freeze 多极磁雕美塑抗衰系统	
		MedioStar 美多星双波脱毛	
		二氧化碳激光治疗仪	
		LED 光波治疗仪	
长春	中国科英激光	皮秒激光治疗机	医疗器械
		Q 开关 Nd:YAG 激光治疗机	
		KL－600 型半导体激光治疗机	
天津	天津市东南恒生医用科技有限公司	恒生医用可吸收合成缝合线	PPDO
苏州	中国纳通生物	纳晶水光仪	医疗器械

五　成都医美上游产业市场预测及发展建议

目前，中国医美上游企业营收屡创新高，但研发和制造能力相较美国、韩国、以色列等医美发达国家而言差距明显。成都作为“医美之都”，关键是要以科技为引领，在新技术新材料方面拿出拳头产品，因此要努力吸引国内外优秀的头部上游企业入驻，进一步提升医美上游产品的研发制造能力。

（一）建设中国医美技术研发中心

建议联合成都各大高校、医药研发实验室、知名医美专家，将成都建设为中国知名的医美技术研发中心。该中心的职能以孵化国内外医美技术创新项目为主，为各大创新研发团队提供场地、技术等方面的支撑，吸引国内外知名头部企业入驻，吸引顶尖的医学研发人才来蓉就业。

（二）打造产业高地，扶持前沿项目研发

在医美研发领域，成都要以科技为核心，打造产业技术高地，将重点扶持项目放在生物医学材料以及细胞治疗等最新的前沿领域。另外，持续吸引企业和资本进入研发领域，支持企业联合高校打造联合研究院，提高从科技研发到产业生产的转化效率，打破科研与产业之间的壁垒。

（三）形成以“轻医美”为特色的产业发展

《中国医疗美容行业年度发展调查报告》显示，截至2018年，医疗美容服务量超过1000万例，其中非手术服务量高达700万例，轻医美会成为医美下一阶段增长的助推器。另外，随着消费者需求的变化，家用化、泛生活美容化的趋势越来越明显，激光仪器小型化、医美级护肤品等领域已经在市场上大热。成都可以在风口来临之前提前布局，形成以“轻医美”为特色的上游产业。

（四）扶持中小型上游企业，助力生产基地转移

目前成都拥有一批中小型上游供应商，如医美护肤品品牌“肌本演绎”“绽妍”等，但大部分供应商的生产基地并没有在成都。建议成都给予持续的利好政策，促成中小型上游企业将生产基地迁往成都。此外，成都还可以依托消费市场的领先地位，优化产品流通环节，构建“生产基地＋零售市场＋物流”一体化的上游体系。

R.7

成都医美中游产业发展报告

龚 伟*

摘 要： 医美机构是成都打造“医美之都”的重要战略支点，本文在对成都市医美机构深度调研的基础上，深入分析成都市医美机构的发展现状、特征以及存在的问题，为推动成都市医美机构的发展提出建议。

关键词： 医疗美容 中游产业 医美机构

医美中游产业主要是指医美机构。2018 年，成都市有医疗美容机构 407 家，较 2017 年增长 47.46%，是全国医美机构增速最快的城市。医美机构是成都打造“医美之都”的支柱，为深入了解成都市医疗美容机构的生存和发展情况，课题组对成都市医美机构发放《成都市医疗美容机构调查问卷》，收到有效问卷 214 份。本报告将在深入分析调研数据的基础上，结合实际情况，研判成都市医美机构的发展现状和存在问题，并提出相应的产业发展建议。

一 成都医美机构的总体情况

（一）2015～2019年是成都医美机构发展史上增长最快的时期

从机构成立的时间看，大部分的机构是 2015～2019 年成立的，占

* 龚伟，《美业观察》主编，成都市医疗美容产业协会兼职副秘书长。

78.61%，是成都医美产业发展史上医美机构增长最快的时期。成都市2018年提出打造全国“医美之都”，这一年成都市医美机构陡增至55家，增幅为48.65%，位居全国第一，具体如图1所示。医美机构近年来的迅速发展，除了与成都市“医美之都”的战略定位相关以外，也与我国经济社会不断发展下社会价值观更加多元包容、老百姓医美的生活需求升级有关。

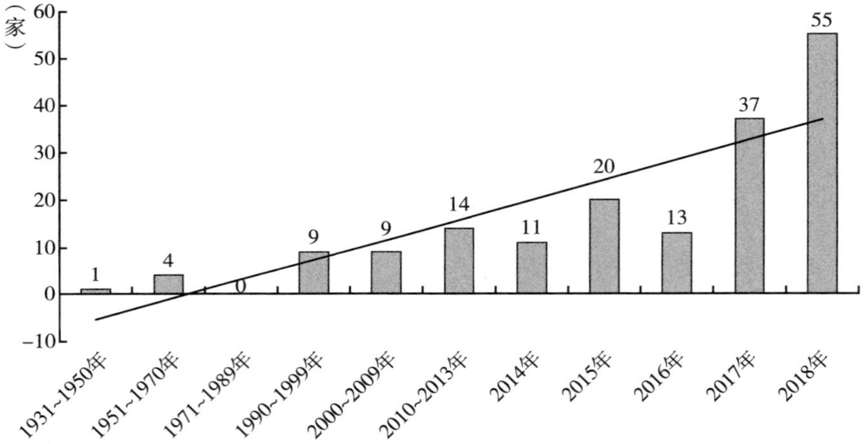

图1　成都医美机构增长情况

（二）13.33%的机构每年有上千台手术

调研数据显示，2018年，74家受访机构有会员327771人，109家机构共完成手术373759台。进一步分析发现，会员在200人以下的机构占54.05%，上千人的机构占20.27%，全年手术在1~200台的占65.72%，1001~6000台的占13.33%（见图2），这说明成都的中小医美机构比较多。

（三）主要医美耗材销量巨大

玻尿酸和肉毒毒素是医美机构最常用的耗材。数据显示，2018年，成都市70家受访医美机构共消耗玻尿酸129573支，其中有3家机构年消耗量

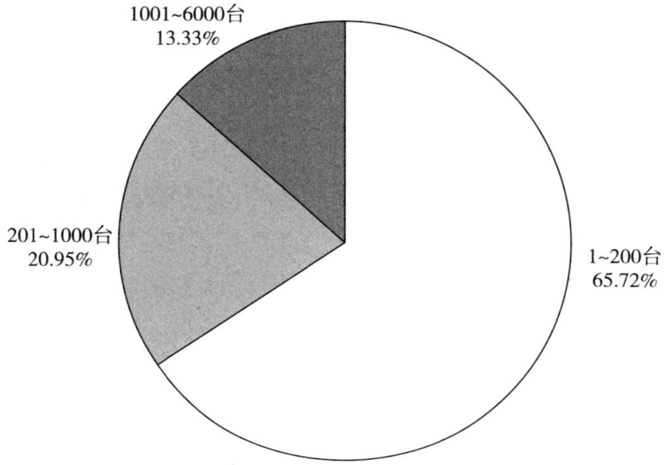

图2　成都医美机构手术开展情况

为20000～30000支，80%的机构年消耗量为600支以下。按品牌消耗量排名，排前三位的依次是伊婉、艾莉薇和乔雅登，详见表1。

表1　2018年成都医美机构玻尿酸消耗情况

单位：支

项目	玻尿酸品牌							总数
	瑞蓝	乔雅登	伊婉	润百颜	艾莉薇	姣兰	海薇	
数量	4961	11055	59233	7287	12434	5281	7501	129573

目前，市场上肉毒毒素主要有保妥适和衡力两个品牌。调研数据显示，85家受访机构2018年共消耗肉毒毒素131248支，其中，保妥适占54.06%，衡力占45.94%。进一步分析发现，年使用肉毒毒素在200支以下的机构占70.59%，年使用量在10000支以上的有4家机构。

（四）三成机构开展分期贷款支付服务

调查数据显示，有33.04%的受访机构表示，它们有分期贷款的合作方，合作方主要有百度分期、医分期、度小满、给米分期、即科金融、即分期、美好、小牛分期、捷信分期、马上贷、马上分期、马上消费金融、么么贷、丽人贷、么么钱包、米么金融、天津银行、平安银行、乔融医分期、呜咔熊、美芽、起点分期、建设银行等。

二　成都市各类医疗美容机构的发展状况

随着社会、经济、市场的发展，各行各业的供需关系都在演变。在医疗方面，逐渐演化出疾病医疗和消费医疗两大类型。疾病医疗，是病人的治病需求；消费医疗，是病人（也叫“消费者”或“客户”）试图通过医疗手段达成非治病需求，例如变得更美、更健康。在中国，目前消费医疗发展相对领先的科室有医疗美容、口腔美容、眼科、康复科等。其中，医疗美容是市场普及率、市场化程度最高的科室。

（一）公立医院整形美容

1. 公立医院开展医疗美容的基本情况

华西医院、华西口腔医院、四川省医学科学院四川省人民医院、成都市第二人民医院、成都市第三人民医院、成都军区总医院等都设有烧伤整形科、整形外科或医疗美容科等与医疗美容相关的科室。对于公立医院而言，主要任务依然是疾病医疗，然而随着部分病人朝着消费者或客户方向演变，公立医院也开始加强对消费医疗的探索和创新。公立医院整形美容的优势较为明显：第一，背靠医学院，有可持续的人力资源供应，有专业可靠的医生；第二，有临床、教学、科研的成熟土壤；第三，有其他科室协同解决病人需求的条件；第四，有更可信赖的品牌。同时，公立医院探索医疗美容的劣势也很突出：一是，很难做大规模，必须保持以疾病医疗为主导；二是，公立医院是非营利性机构，即为社会公众利益服务而设立运营的医疗机构，不以营利为目的，其收入用于弥补医疗服务成本。因此，无法按照市场化方式定价，也无法高薪吸引高技术人才；三是，公立医院在新药品、新设备的引进和采购上往往周期长，很容易错过医美市场上正在流行的新项目，无法吸引喜欢追逐流行概念的那部分消费者。

不过，从发展态势看，公立医院对于医疗美容这类越来越走向消费医疗方向科室的态度，已经从反对转变为不反对，甚至渐渐走向支持。这种转向既越来越符合市场需求，也越来越能符合公立医院自身利益。

2. 公立医院的人才资源状况

调查数据显示，公立医院医疗美容科室在人力资源上较民营机构具有明显的优势。表2 显示，公立机构的主任医师和副主任医师数量都明显高于民营机构。公立医院平均每家机构有主任医师 4.25 名，明显高于民营医疗美容医院，更是远远高于民营医疗美容门诊部和诊所。副主任医师的状况也基本如此，公立机构平均每家 4.8 名，而民营医疗美容医院平均每家为 3.67 名，民营医疗美容门诊部和诊所平均每家不足 2 名。从住院医师的数量来看，公立医院仅低于民营医疗美容医院，但依然远远高于民营医疗美容门诊部和民营医疗美容诊所。

表 2　成都医美机构常驻执业医师分布情况

单位：名

医美机构	住院医师	主治医师	副主任医师	主任医师
民营医疗美容医院	15.93	7.62	3.67	2.50
民营医疗美容门诊部	3.12	2.75	1.52	1.22
民营医疗美容诊所	1.72	1.38	1.24	1.25
公立医院医美科室	14.25	7.38	4.80	4.25
总体	8.75	3.42	2.30	2.19

从麻醉医生的数量和职称来看，公立医院的住院医师数量明显多于民营机构，高职称的主任医师也多于民营机构，医疗美容诊所一般没有麻醉医生。

表 3　成都医美机构常驻麻醉医生分布情况

单位：名

医美机构	住院医师	主治医师	副主任医师	主任医师
民营医疗美容医院	1.88	2.17	1.00	1.5
民营医疗美容门诊部	1.33	1.27	14.50	1.0
民营医疗美容诊所	1.00	3.00	1.00	0.0
公立医院医美科室	4.00	2.60	1.75	2.0
总体	2.11	1.89	6.25	1.5

从注册护师的数量和职称来看，公立医院和民营医疗美容医院集中了高职称的护师资源。主任护师公立医院美容科室平均1名，民营医疗美容医院略高，平均达到1.5名，民营医疗美容门诊部和诊所则没有。副主任护师公立医院平均每家2.6名，高于民营机构。

表4　成都医美机构注册护师分布情况

单位：名

医美机构	初级护师	主管护师	副主任护师	主任护师
民营医疗美容医院	32.17	2.50	1.8	1.5
民营医疗美容门诊部	3.00	1.27	1.0	0.0
民营医疗美容诊所	2.15	1.00	0.0	0.0
公立医院医美科室	23.11	10.57	2.6	1.0
总体	7.15	2.89	1.92	1.33

（二）大型连锁整形医院

大型连锁的“大”分为两种类型。第一类是单体规模大（3000平方米以上）或全国连锁，在成都有布点，如中国医学科学院整形外科医院、四川华美紫馨、米兰柏羽、四川美莱、西婵、艺星、娇点、爱思特、鹏爱、铜雀台等。目前这一类在成都医美机构里占比约11.6%。第二类是单体规模有大有小，但在成都市域内形成连锁经营，因单个区域内数量多而大，如晶肤、华熙美瑞、汉棠等。目前第二类在成都医美机构中占比约6.1%。

1. 以中国医学科学院整形外科医院·西南中心为代表的全国连锁整形医院

中国医学科学院整形外科医院·西南中心（简称“西南中心”）2018年12月正式落户成都。中国医学科学院整形外科医院民间又称“八大处”，最初是为治疗战士的烧伤、残肢等伤情，是由中国人民解放军总后勤部和平医院与北京协和医院整形外科合并成立的中国第一家整形外科医院。1978年“文革”后恢复重建，选址八大处设立整形外科研究所，既承担医学研究教育工作，又面向公众进行整形专技类服务；90年代，在市场化推动下细分出修复重建与医疗美容两个部分，同时满足公众先天及突发性疾症诊疗需求与求美需求；此后逐渐发展为一家集医、教、研、产为一体的医疗机构，也是我国唯一的公立三甲整形专科医院。

西南中心是“八大处”在省外设立的第一个机构。第一个机构选在成都，而不是传统一线城市“上广深”，主要原因有：第一，成都医美行业市场化有近30年历史，行业起步早，发展速度快，市场成熟，称得上“医疗美容行业的一线城市”，本地机构建设能力在全国各大城市中排前列。第二，成都是第一座提出中国“医美之都”产业发展定位的城市，具备清晰的政策规划和强大的政策支持。第三，符合八大处“加强临床医院分院建设”的布局目标。近年来走出国门的求美者数量攀升，据统计，2014年中国有5.6万人赴韩整形，几乎每10名赴韩整形的外国人中有7名是中国人。为此，作为“国家整形队”的八大处走出北京，选择了能辐射整个西南区域的成都。

成都八大处定位为“建立中国第一家集公立机构临床、科研、教育、学术优势及混合所有制优势为一体的国有股份占主导地位的新型医疗机构”，宗旨是“让医疗美容服务回归到医疗本质”。为确保分院与总院在医技专业上的同源性及同等性，成都八大处实行与本部进行医教研资源共享。在医资力量上，除了直接来自本部的4名专家医生（建院时期数据），总部其他所有专家也会短期轮流在成都出诊；护理方面，总护士长及主要医护人员均从北京调任，确保医疗质量统一；具体执行层面，采用挂号就医模式，以医生/专家面诊为主导，强调医疗专技性服务。同时，提供传统公立医院普遍缺乏的优质服务，带给就医者更为放心和舒适的体验。也就是说，求美者到院通过挂号的形式，由专家直接面诊。和其他民营机构不同的是，成都八大处没有“咨询师”，而是有为求美者服务的“美学助理”。专家面诊确立方案后，美学助理会为求美者答疑解惑并合理预约手术时间。这就保证了以专家为主导的医疗专技性服务模式，让求美者有更客观真实的求美体验。

成都八大处的建立初衷，不仅仅是一家医疗美容医院，还要为西南整形外科培养人才，因此成都八大处开业即挂牌了“北京协和医学院培训中心整形美容培训基地（成都）”，目前已完成北京协和医学院培训中心西南区第一次医院管理硕士学位培训。未来，成都八大处将沿袭“重医疗本质”和口碑传播的传统，把控好医疗标准与质量安全，同时兼顾市场服务，探索最佳单院模型，逐步开设子医院、急诊诊所，并入医联体，全面深入西南，实现多点开花。

2. 以四川晶肤为代表的成都市医疗美容连锁机构

2018 年新三板医美机构财报和 A 股涉医美企业财报数据显示，2018 年医美行业业绩整体下滑。但是，晶肤医美连锁总营业收入达 9161. 01 万元，其中四川晶肤净利润率为 17. 43%。虽然公司营业收入规模并不大，但净利润率（税后 + 合规）表现十分突出，远超行业平均水平。晶肤医美以“做顾客循环”为核心目标，从 2012 年在西安成立第一家机构至今在全国已有 10 家连锁机构，其中成都有 6 家。从成立之初，晶肤医美就极力摆脱传统医美机构“留不住老顾客，花大量成本不停招募新顾客”的高成本经营弊病，力图做循环顾客。为此，晶肤医美选择了微整和激光这类高频消费项目，市场定位为服务 30 ~ 50 岁中青年群体的中高端年轻化医美品牌，选址在方便快捷的轨道交通旁边。为了尽快达到循环顾客经营模式所需的获取 10000 个有信任度的客户，晶肤选择了收购老牌优秀医美品牌，克服了新机构客户积累慢的短板。在解决客户和机构之间的信任问题上，晶肤医美的主要策略就是高性价比、手术过程全透明，以及“效果为王”。

从 2018 年下半年开始，成都医美“关停并转”现象开始增多。“关停并转”是市场集中化的前奏，一如互联网行业、手机行业、零售行业等进入集中化市场一样，医美行业也正在走向集中化。在分散化市场阶段，“套路足、招数多、敢赌博”的品牌可以活得很好，但是在市场集中化阶段则不然。未来，像晶肤医美一样，具有技术优势、规模优势、成本优势、信用优势、合规优势的连锁品牌会更有竞争力。

就技术优势来说，未来市场即使变得严峻，手艺人还是会有市场，有好医生的机构会有技术优势。细分市场如专做鼻整形、眼整形等机构也将具有优势。大部分医美机构走的路线是“大而全”，项目多，医生被迫成为“全能选手”，有什么项目就做什么项目。但晶肤医美走的是“多而精”的路线。“多”是指机构数量多、医生多，“精”是指业务精，很多医生只集中做一类项目，也因此积累了一定的技术优势。

就规模优势来说，主要分为两种：一种是单体规模大，另一种是机构数量多，两者都能有效降低运营成本，如面对上游机构更具议价权、可以共享营销中心等资源，从而摊薄人力成本。晶肤未来几年还将新增 30～50 家标准店，形成更大规模优势，并将实施“开店即广告”的营销策略。

就成本优势来说，主要拼的就是获客成本和人力成本，医美机构大多死于高昂的获客成本。被淘汰的医美机构往往“更专注于新客户的拓展，不注重老客户的维护”，从而使机构无法拓展和提升。晶肤医美的循环顾客模式降低了企业长期的获客成本，专注于老客户维护和技术精进，良好的体验提升了口碑，也降低了后续服务部门等人力成本，有助于机构的发展壮大。据了解，晶肤一家标准店人员配置 15～25 人，其中 80% 为医疗人员。

就信用优势来说，医美行业发展至今，还是不乏“夸大疗效、隐瞒不良反应、产品以次充好”等现象，严重影响顾客信任度。晶肤主要通过两件事情树立诚信品牌：一是透明医疗，二是主动补偿。客户评价不高时，不会等到客户找上门来，而是去主动干预，做免费补偿。没做好的该补偿就补偿，舍得补偿客户，信用就高。

就合规优势来说，随着国家监管越来越严，合规性将成为未来行业洗牌的关键点。晶肤医美早在 2016 年就已实现合规运行。未来几年，晶肤将迅速扩张，预计五年内会从西南市场向中西部进军，全国范围内机构数量将达到 50 家，客户总数将达到百万级，总产值达到 6 亿～8 亿元。

（三）民营整形医院

无论是成都还是全国，90%～95% 的医疗美容机构，是民营机构。这可以从多方面去解读。第一，医疗美容市场化程度很高，在所有消费医疗品类里走在最前沿，且在不断探索新思路和新办法。第二，公立医院在消费医疗这件事上，由于自身定位和体系制衡等原因，进展相对更慢。第三，民营医美在医疗技术、安全等方面和公立医院有一定差距，这使得整个医美行业的技术和安全水平还不够高，进而使得现阶段医疗美容行业的投诉、纠纷、意外、事故等比例还不够低。第四，民营医疗美容机构除了临床经验较丰富外，在教学、科研上的能力相对欠缺，会影响行业技术理论的升级速度。第五，民营医美在营销、经营、运营等方面束缚小、投入大，已经建立起了较先进的行业知识体系。

在推动民营整形医院规范化上，国家一直在行动。2012 年 3 月，中国卫生部医管司向中国整形美容协会（简称“中整协”）发函《卫生部医管司关于委托起草〈整形美容医疗机构评价标准体系〉的函》。2013 年 6 月，中整协开始起草《医疗美容机构评价标准（试行稿）》（简称《评价标准》）。2014 年 9 月，中整协颁布了《评价标准》，并通过试点工作进一步完善。2017 年 3 月，中国产生第一批获得评级的医美机构。2018 年 2 月，中国产生第二批获得评级的医美机构。2018 年 12 月，中国产生第三批获得评级的医美机构。

医美机构评级在一定程度上是为医美机构赋能，国内医美机构尤其是成都医美机构都积极参与评级认证。西婵是首批中国医美机构评级 5A 机构之一，也是西南首家 5A 医美机构。西婵之所以参与国内 5A 评级，原因有：第一，《评价标准》是参照“中国综合医院分级管理标准”、结合医疗美容专科情况来制定的，我国对医美机构的评价虽然刚刚起步，但是对综合医院的评价很成熟，5A 相当于“三甲”，具有较强权威性；第二，《评价标准》更符合中国医疗管理方面的法律法规，有利于应对政府职能部门的监督检查；第三，参评 5A 需要全员参与，能切实促进员工自身素质的提升，也促进了医美医院全方位的提升。

评级过程上，西婵经历了 2014 年 11 月试评、2016 年 3 月初评、2016 年 6 月复评、2016 年 12 月获评，前后跨越三年，其间主要遇到两大难点：第一，前期员工动员难。2014 年 9 月，中整协颁布《医疗美容机构评价标准（试行稿）》，西婵迅速做出反应，决定第一时间参评。为做好动员，西婵成立了一个由 27 人组成的 5A 筹备小组，创始人张翼翔亲自担任组长，医疗总监黄琪平担任执行组长，其余 25 人全部是各部门负责人。5A 筹备小组将《医疗美容机构评价标准》进行细致的拆分，逐一分发到对应部门学习解读，每天下午6点半全院集中上课解读标准。每周二下午5点半，5A筹备小组现场办公，汇报进展、提出疑难点。第二，民营医院科研难。《医疗美容机构评价标准》主要有4个维度的评价指标：医院管理、患者安全、医疗质量管理与持续改进、医院服务。其中医院细分为51项指标，门诊细分为47项指标，诊所细分为33项指标。在医疗质量管理与持续改进细则中，有一条“科研项目的医疗技术符合法律、法规和医学伦理原则，按规定审批。在科研过程中，充分尊重患者的知情权和选择权，签署知情同意书，保护患者安全”。由于中国医疗体制被分为公立和民营两大阵营，科研主要集中于公立医院，科研这一项成为西婵这样的民营医美机构的难点。

评级的过程实际上是一个全院标准化建设和全员素质提升的过程，首先，员工素质提升。通过参评，员工更加熟悉法律法规，增强了质量和安全意识，部分员工甚至成长为相关领域专家。其次，品牌提升。西婵获评5A后，大量的媒体报道和同行参观对西婵品牌起到了很好的宣传作用。再次，经营业绩提升。西婵获评5A后，在行业内和消费端都得到了更好的认可度，直客占比80%，广告投入减少50%，营业收入增长30%。最后，医疗纠纷减少。2014年，西婵医疗纠纷92起，2017年医疗纠纷减少至57起，降幅达38%。

（四）小型私人整形诊所

小型私人整形诊所主要是指医生创业或医生投资入股的诊所。医美医生凭借技术、经验、多年客户积累，再加上一个管理和营销小团队，开一家诊所的门槛并不高。小型私人整形诊所的主要优势有：①投资小；②医生自带客户，起步相对容易；③成本低，实现盈利相对更容易。劣势有：①建立稳定团队难；②医生可能要分散较大精力在非医疗事务上；③推广难，扩展新客难。

本次调研的数据显示，医疗美容诊所的平均营业面积约450平方米，平均投资约100万元，平均每家诊所大约3张床位。在人员配置上，医护人员和非医护人员比例相当，约75%以下的机构医护人员和非医护人员都在5

名以下。

从诊所的人力资源结构状况看，平均每家诊所拥有住院医师 1.72 名，主治医师 1.37 名，副主任医师 1.24 名，主任医师 1.26 名；拥有麻醉医生的诊所很少。大多数诊所有 2 名初级护师，具有中高职称的护师几乎没有。机构的非医疗人员大部分学历为专科或本科，研究生以上学历的凤毛麟角。

从应急保障来看，仅三成诊所与公立医院建立应急救助响应机制，62.12% 的诊所没有建立但希望建立，认为没有必要建立的仅为 6.06%。此外，引入医美保险的诊所仅为 6.06%，有 83.33% 的诊所虽然目前没有引入但希望引入，认为没必要引入的约为 10%。

（五）轻医美机构

轻医美机构严格意义上是具有医疗机构执照（以诊所资质为主）的医美机构，以美容皮肤科为主，很少或不做整形外科项目。轻医美机构既可以看作医美机构的细分化，也可以看作生活美容院的医疗化。轻医美机构选择更灵活，有些直接选址在写字楼里，这样租金更低，通过网络推广指引消费者到店。在网络流量充足时，这种选址没有问题，发展顺利。但是随着网络流量成本提高，以及以美团点评丽人等为代表的网络平台把流量倾斜到更大的医疗美容机构，位于写字楼的轻医美有的已经失去获客能力，经营困难。

1. 选址

有一类轻医美诊所选址城市里的核心 Shopping Mall——集餐饮、休闲、娱乐等于一体的商业综合体，靠近交通枢纽，周边住宅密集，既是成熟生活区，也是成熟商务区。这样选址的好处是：第一，商业综合体能满足客户的“一站式”需求，将轻医美诊所开进商场，能搭上商场“一站式”服务这趟列车，利用商场资源进行拓客；第二，相较于写字楼，商场在品牌感、停车便利度、自然流量等方面更具优势。

轻医美诊所的单店模型一般如下：资质为医疗美容诊所（医疗美容科、美容皮肤科）；面积 400 ~600 平方米；功能分区有前台接待区、休息社交区、治疗服务区、拍摄区、员工办公休息区；治疗室 4 ~8 间；床位配置 6 ~10 张；

医生1～3人；皮肤管理师4～8人；营业时间10：00～22：00（跟随商场）；客单价1000元；日均客流：15～30位。

2. 经营

轻医美经营上，国内流行轻快打法，很多是先开店，然后再扩大。另一种方式是先开一间大规模的旗舰店，再布局200～300平方米的常规店。后一种方式有三个方面的考量：第一，消费者更愿意选择大一点、有品牌、品质感更高的机构。第二，门店扩张面积过程（如装修等）会影响顾客体验，不如先做大空间便于扩展。

相比整形机构，轻医美诊所的优势在于服务和维护顾客，跟客户建立长期的医学皮肤管理关系。虽然技术难度不如整形外科，但是同样依赖于皮肤方面的专业度。轻医美更考验医疗美容专业和生活美容舒适进行融合的能力。

中国医学皮肤管理发展时间短，市场尚不成熟，客户还没有认识到皮肤美容没有安全的“短平快”方案，而需要长期坚持。同时，从业者在这方面认知也不强。轻医美机构通过定期培训，帮助员工学习理论与技术，改变员工认知，再改变客户认知。

3. 技术和服务

在技术和服务方面，轻医美的精髓体现为“服务+细节+专业”。“服务”是指将皮肤管理作为一个长期过程，定期服务调理客户；“细节”是指皮肤管理的每一个流程都让客户有舒适体验感；“专业”则是每一个流程细节里的手法技术和情感。

4. 营销

在营销上，轻医美一般采用多渠道推广，并设置客户管理体系。线上部分，主攻美团点评丽人，其次是微博、朋友圈、小红书、新氧。线下部分，一是持续的商场展架等广告宣传，二是盛大的开业活动，三是商场内部合作，四是异业合作。在项目设置上，分为基础项目、中端项目、高端项目。基础项目包括清洁、补水、美白等，主要解决普通皮肤日常护理，这也是拓客项目。中端项目包括祛斑、痘肌、毛孔缩小等，解决皮肤问题。高端项目包括面部埋线提升、射频治疗等，主要满足客户更高的需求。

三　成都医美机构发展的特点

成都医美机构经过20多年的发展，基本形成了如下特点。

（一）机构类型从单一到丰富

在努力提升医疗质量和医疗安全的大背景下，出现了以华美紫馨、西婵为代表的超级旗舰医院，它们具有面积大、项目开展齐全的特点；以米兰柏羽为代表的主要服务高端就医者的医院，它们具有品质好、服务好的特点；以美莱、铜雀台为代表的主要服务于年轻群体的医院，它们具有性价比高、受众广的特点；以成都八大处为代表的公立整形美容医疗核心资源突出的医院，它们具有高级医疗人才集聚、高难度手术开展较多的特点；以暄妍为代表的利用生美优势、实现双美驱动的医院；以怡脂为代表的专攻单一细分品类的医疗机构；以汉棠为代表的以中医美容为技术差异化立足的机构；以晶肤为代表的专注于皮肤美容的连锁机构。

（二）市场主体从民营驱动到公私鼎立

民营机构对推动成都医美市场发展做出了巨大的贡献，据统计，成都医美机构中94%的是民营机构。近年来，伴随着华西医院、华西口腔医院、四川省人民医院、成都市第二人民医院、成都市第三人民医院等公立医院对整形科（或医疗美容科）的重视和政策倾斜，公立医院整形美容类业务也快速发展。2018年10月，中国医学科学院整形外科医院·西南中心，即成都八大处医疗美容医院在成都开业，标志着中国首家国有股份主导的混合所有制医疗美容专科医院正式诞生。公立、民营、混合所有制机构在成都医美市场出现并展开竞争。

（三）经营模式从注重新客引流到重视老客循环

在成都医美市场发展的早期，因为旺盛的市场需求和相对较少的医美机构资源供应，医美机构获得客户资源（就医者）比较容易。各家机构都有一定的广告传播预算，通过电视、报纸、杂志、电台、百度竞价、户外、电梯轿厢等获取客户资源（就医者）。而近年来，由于机构数量的激增、就医者需求的升级、媒介环境的变化等，医美机构获得客户资源（就医者）明显变得困难，投入产出比急剧下降，甚至为负。在这样的背景下，早前已经完成客户资源积累的机构，开始转身将重心和精力放在系统内已有客户资源的分级、分型、优化方面，试图在就医者医美全生命周期里面获得更大的份额。

（四）机构之间从竞争到竞合

经过多年发展，成都医美机构逐渐摆脱无序的恶性竞争，开始出现竞争与合作并存的局面。

竞争方面，首先，医美机构之间的直接竞争是显而易见的，无论是脱毛价格战，还是注射玻尿酸价格战，成都都是全国最早发起的城市之一。其次，除了价格这个容易量化观察的指标外，广告资源、人力资源等竞争同样激烈。在广告高峰期，广告位需要提前预订和抢购，广告价格被不断拉高。优秀医生和经管营人员的工资也相应提高。最后，激烈竞争中也会出现一些相互诋毁、相互举报的情况。

合作方面，成都医美行业相对于其他城市来说，机构之间更团结，主要原因有：①成都医美行业的高管或操盘手，不少来自早期的几家医美机构，曾经的同事关系让大家更容易沟通和理解；②成都医美行业有足球队、篮球队、麻将群等活动习惯，也增加了行业内的沟通机会。在这些丰富的关系中，哪家机构做了什么不合适的事、哪个从业者不太靠谱、哪个第三方合作企业不值得信任、出现了哪种针对机构的骗术等等，这些问题的传播和解决，是成都医美合作的一面。

四　成都医美机构发展中存在的问题

求美需求的快速爆发和持续的高速增长，推动了成都医疗美容机构数量增加、单店面积增大、装修标准提升、设备超常规配置等，同时也加剧了房租成本、装修成本、用人成本、设备摊销、营销成本的飙升，导致以下问题出现。

（一）经营范围模糊不清，超范围经营屡见不鲜

超范围经营在医美市场主要有两种表现。一种表现是机构的工作人员超越自身职责技能去开展工作，比如，有医学背景的咨询师整体数量较少，且分布不均衡，很多机构的网络咨询师并无医学背景或相关专业技能，但实质上他们经常施行医生的部分问诊职能进行远程问诊。再如，咨询师代为行使医生门诊权，进行美学诊断、美学方案的设计、治疗项目开单、术前卫教等工作，这样如果医生在术前未能与就医者进行有效沟通，可能导致求医者对术后效果的预期存在一定程度的偏差。另一种表现在医美诊所和医美门诊部相对突出，比如，无麻醉设置许可的机构私自聘请麻醉师，医生下到渠道（美容院）开展诊疗活动，外籍医师来华（到成都）行医不办理相关许可，以及机构超出批准范围开展项目，尤其是手术项目（批准开展一、二级别手术项目，实际开展一、二、三、四级手术项目）。

（二）医生作为核心资源较为欠缺，且短期内难以解决

医生的技术是决定医疗美容效果的关键要素，是医疗美容机构的核心资源。当前，成都整形美容医生整体供应不足，成熟的整形美容医师不多，拥有副高、正高职称的医师比较稀缺，主要表现在：其一，整形美容医生队伍整体更偏向临床治疗，在带教和科研方面投入的时间和精力不足。其二，难以建立完整的、合规的住院医师、主治医师、主任医师三级医师结构。其三，具备应急处理经验的医护团队较少。

（三）滥用非法材料时有发生，价格不透明导致消费不明不白

滥用非法材料主要发生在一些小机构和渠道机构，主要问题包括用生理盐水替代肉毒毒素注射，暗中使用未经 CFDA 审批的材料和设备，比如美版

超声刀、溶脂针、美白针等。价格透明度差则是更为普遍的问题，大部分收费为打包收费，很少有机构提供价格明细。对渠道客人和直接来店的客人，存在相同医生、相同治疗项目、不同价格的情况，在大部分机构，价格的最终确定是就医者和咨询师"博弈"的结果。

（四）渠道商漫天要价，机构导流需要新渠道

长期以来，美容院、美发店、美甲店、服装店、夜店等是医美机构客户来源的重要渠道，这些渠道往往要求返还的佣金高，通常不会低于50%，甚至70%，这就严重挤压了医美机构的利润，影响行业技术进步和发展壮大。在巨大的渠道利润引诱下，部分渠道工作人员直接到其他医美机构当医托揽客，甚至有部分渠道工作人员勾结医院员工倒卖医院就医者信息，更有甚者把渠道做成"传销"。

（五）夸大宣传屡禁不止，市场监管有待加强

为了招揽顾客，很多机构夸大宣传，甚至背离基本事实，主要表现如下：其一，对医生的学历、职称、学术任职、论文、专利进行虚假宣传；其二，对术后案例进行美化，夸大治疗效果；其三，购买虚假案例，进行项目的推广和宣传；其四，违背医疗基本常识，进行术后恢复期的不切实际的承诺；其五，对医疗项目进行过度包装，涉嫌对术后效果进行承诺。这些夸大其词的宣传，都可能给消费者带来过高的预期。

五　成都医美中游产业市场预测及发展建议

（一）中游产业市场预测

中游企业在商业模式上可分为直客医美机构和渠道医美机构。直客医美机构通过市场营销等方式，从市场上获取客户，客户直接到医院消费。渠道医美机构通过渠道合作等方式，从渠道方（如美容院、美甲店、美发店、

服装店、酒吧等）获取客户，客户被渠道方介绍到医院消费。

直客医美机构预测会出现分化：头部医美机构开始重视品牌建设，逐渐从价格战、广告战中探索新出路；中大规模机构会比较难过，要么扩大规模冲击头部阵营，要么收缩成中小规模，否则很难保证可持续盈利；中小规模机构在控制好成本前提下，会打造特色项目，深耕几个流量平台，保持平稳发展，等待行业更大机会到来。也就是说，未来可能出现“头部综合医美＋中小型特色医美”的布局。渠道医美机构会继续拓展渠道方式，如到更下沉的城市、到更跨界的行业。

（二）推动中游产业市场发展的建议

1. 推动医美行业合规化

目前，国内医美行业整体还处于合规化发展的初期，主要表现为医生资源缺乏，非法行医现象猖獗，不法机构选用非法药品破坏消费市场，再加上相关部门监管不力，故总体来说，目前医美市场的合规化程度不高。但是成都要打造“医美之都”，必然要求营造好的产业发展环境，合规化是必由之路。

2. 夯实企业经营基本功

尽管医美行业有特殊之处，但也逃不脱企业经营的基本逻辑。当处于行业高速发展期时，小的失误也许不足以让企业毙命。但当高速发展红利期已收尾，在行业发展增速放缓、竞争加剧时期，极小的失误都可能将企业淘汰出局。医美机构要回到企业经营的基本逻辑，包括财务规范、法务规范、人力资源管理、医疗管理、行政管理、企业管理、营销管理、服务管理等。这些在高速发展期被忽视的基本功，决定了下一个阶段谁能存活、谁能反超。同时，这些基本功在商业上都有完善的知识体系、应用案例、人才储备等，医美行业只需要以空杯心态认真学习、找到人才、耐心落地便能实现。

3. 加大品牌建设力度

未来，医美机构没有品牌就没有竞争力，医美机构品牌建设的基础就是找到属于自己的品牌定位。品牌定位中分类市场地位很重要，占领消费者的心智份额和情感倾向更加重要。成都医美行业目前还没有真正意义上的品牌，例如成都最好的整形医院？成都最好的皮肤美容医院？成都最好的轻医美？这些心智资源都尚空白。如果医美机构抢先占据了求美者心智上的一个独特的位置，那么在品牌营销上，传播就可以很清晰简练地表达品牌的内涵，从而给目标市场的求美者一个无法抗拒的价值主张。

4. 重新定位美容皮肤科的市场功能

医美行业常见的经营逻辑是：要流量——通过低价和砸广告获取大量流量；要挣钱——通过项目包装和大单销售尽量从流量中转化出升单客户。这套逻辑在流量红利期是对的，能够帮助医美机构迅速积累原始客户，拉动业绩提升，实现盈亏平衡。在这个时期，医美行业普遍现象是：用于低价获客的项目大多来自美容皮肤科。医美机构这么做的思路也很清楚：美容皮肤科的客流量大、客单价低、复购率高，很适合给整形外科拓客和养客。于是，用美容皮肤科来导流，用整形外科挣钱，成为医美行业一件“大家都这么做”的事情。这个做法意味着，医美机构对美容皮肤科的定位是：低价引流、随缘锁客、给整形外科导流。

然而，随着流量红利期收尾，这个做法的投入产出比越来越低，甚至在有的地区已经到了不可维系的地步。这个时候，就需要探索新方法。其中一个方法就是，调整美容皮肤科定位，变成能引流、能锁客、能赚钱。医美机构不能把所有盈利压力都放在整形外科上，因为整形外科的天然属性决定了需要不断拉新客户才能保证整形外科的业绩持续上涨，但现在已经没有那么容易找到源源不断且快速增长的整形新客户。而美容皮肤科的天然属性之一就是能满足多样需求的复购。

5. 重视知识技术等“软资产”的积累

医美业务大部分靠人，极少部分实现自动化。所谓自动化，就如制造业的生产线，机器是主角，人是配角；甚至无人生产线和无灯工厂（因为是机器工作，所以连灯都不用装）。但医美行业，可能除了一点点软件自动提醒之外，都是靠人。靠人就会遇到一些常见的现实问题：一是新员工如何快速掌握知识？二是管理人员如何快速寻找以前的资料数据？三是员工需要专家咨询，企业是否有这方面的专家。四是人走了知识如何留下？如果解决不好，就会出现企业内容运作低效、资源整合利用率不高、企业知识流失、跨部门协作困难等问题。

医美机构其实可以设立“知识中心”，由一个类似图书馆馆长的角色负责，这个知识中心时刻收集和更新机构的知识库。机构知识主要指从业务中得来的、对业务有价值的、可以重复利用的信息组合，如第三方平台运营、提高排名技巧、开大单、产品项目包装、活动、营销方式等，属于机构的软资产。机构知识大体分两类：显性知识和隐性知识。显性知识指记录一定物质载体的知识。例如，规章制度、流程规范、文件模板、工作计划、工作报告、分析报告、培训资料、操作手册、人员信息、医疗文书、工单等。联合丽格出版的《中国医疗美容机构模块化管理手册》，是典型的显性知识。隐性知识指存储在人们大脑的经历、经验、技巧、体会、感悟等尚未公开或整理成文的秘密知识。例如，员工、专家、管理人员的工作经验，问题解决技巧，业务感觉，讨论中的创意等。隐性知识显性化，就是企业教育和培训的本质，也是实现人才建设的重要前提。这些机构知识，有从内部来的，如项目中的知识资产、成文的规章制度、对外发布的技术文档、内部各种研究/汇报、电子学习材料，也有从外部来的，如商业竞争报告、国家相关法规/政策/标准、集团/关联公司的知识资产、扫描的书籍、外部购买的数据。企业每天产生大量业务数据，如果能够运用信息技术手段，把这些知识更大比例地记录下来，对企业来说是巨大财富。如果能够通过知识管理，将人与知识充分结合，创造知识分享的文化，将有利于加速员工学习、创造和技术水平的维持和提升，提升机构的核心竞争力。

R.8

成都医美下游产业发展报告

刘睿　李勰*

摘　要： 成都医美下游产业发展迅速，但链条不够完整，无论是金融还是文创板块，都缺乏规模，有待发展。但在良好的互联网创业环境和政策扶持下，医美O2O电商作为医美下游的主要组成部分，发展迅速，培育了以美呗为代表的国内知名平台。同时，依托于庞大的医美消费力，国内市场主要医美O2O电商平台争相在成都布局，是成都医美下游产业的最大亮点。

关键词： 医美O2O电商　医美保险　医美会展

医疗美容产业链下游，也叫医美下游产业，主要是指医疗美容消费者群体从中游机构到消费者之间的信息传递渠道以及相关配套产业组成的医疗美容市场。医美相关配套产业本质是服务行业，从行业赋能的角度而言，大致可分为流量服务、金融服务、文化服务三大类型。涉及流量服务的主要有搜索引擎、电商平台等领域；涉及金融服务的主要有医美保险、医美分期等领域；涉及文化服务的主要有文创广告、新闻媒体、展览展会等领域。以下介绍O2O电商平台、医美保险和展览展会等成都医美服务市场重点关联领域。

* 刘睿，睿意高攀文创集团董事长；李勰，《医美深见》联合创始人。

一　成都医美下游产业发展概述

在产业发展初期，医美下游产业主要是指医美机构到消费者之间的信息传递渠道。这个时期，医美机构大都通过百度竞价搜索、电视报纸电台和户外各类广告宣传、美容院导流、医美机构前台咨询等渠道获得顾客，前三种渠道截取了很大部分利润份额，但对产业发展起不到应有的贡献，甚至在一定程度上还是行业发展的掣肘。同时，传统的信息传递渠道也让机构和消费者之间的信息不对称。从全国医美行业来看，如图 1 所示，营销渠道占整个行业收入的 50%，严重地挤占了中游机构的利润空间，成都医美行业情况也大致如此。

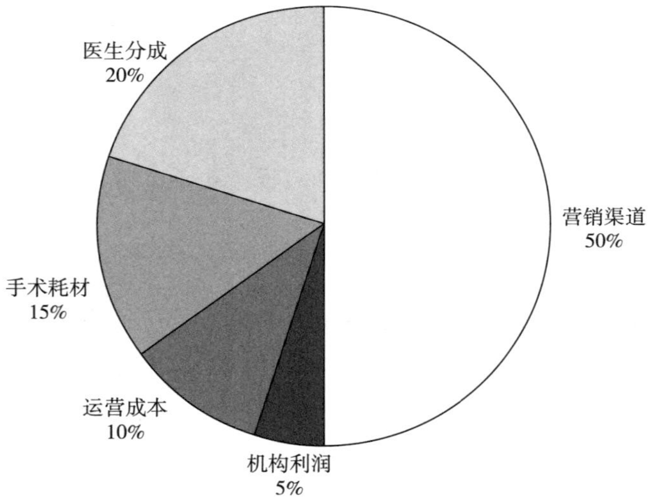

图 1　我国医美行业收入分布情况

资料来源：前瞻产业研究院。

随着医疗美容及相关产业的发展，信息服务、文创、旅游、会展、保险和金融等服务业逐渐成为医美下游产业的重要组成部分，共同推动医美产业的发展。

表 1　医疗美容产业链下游市场关联行业

行业	与医美产业的关联
信息服务	以医美 O2O 电商为代表的医美互联网信息服务，包含医美网站、医美 App、医美大数据
文创	医美传媒影视、广告、创意设计、垂直媒体等领域
旅游	医美康养、休闲、养生、独家等特色旅游领域
会展	医疗美容专业展会、论坛以及相关的会展策划、展位搭建、装饰装修等服务
金融	医疗美容消费信贷、供应链金融、以执业医生和消费者为目标客户的医疗美容保险等服务

成都市的旅游、金融、会展、文创等医美相关行业具有较强实力，能够为“医美之都”的建设提供有力支撑。2018 年，成都市 GDP 达到 1.53 万亿元，同比增长 8%，居副省级城市第三位；城市竞争力方面，居“新一线”城市榜首，居中国最具幸福感城市榜首，营商环境居全国第四位，世界城市排名第 71 位；与 235 个国家和地区建立了经贸关系，落户世界 500 强企业 285 家；2019 年应届大学毕业生期望的理想就业城市排名第四位，2018 年新增户籍人口 40 万，大学生落户新增 25 万。成都宜业宜居、环境优美，康养、旅游资源丰富，2016 年接待游客总数量超过 2 亿人次，稳居副省级城市第二位。成都金融业 2017 年实现增加值 1604 亿元，在“中国金融中心指数”排名中列中西部城市首位，能够为医疗美容产业提供雄厚的金融要素支撑。成都市医药健康产业规模已超过 3000 亿元，其中生物医药制造业近 600 亿元。成都在以医疗美容服务业和相关制造业为依托延伸发展信息服务、文创、旅游、生活美容、贸易、会展、金融等关联产业上具有优势，能够推动医疗美容产业与关联产业良性互动、互利共生，最终形成“大医美”的发展格局。

二　成都医美产业信息服务发展现状

对消费者、医师、医美机构来说，传统模式有着不可承受之“痛”。首先，对于消费者来说，整个交易过程不透明，技术上医美机构有过度营销的嫌疑，大量不正规机构存在假冒伪劣、虚假宣传、过度营销的现象，增加了决策的难度和成本。其次，对正规的医美机构来说，获客成本过高也成为不可承受之重。通常，医美机构在推广上有线上和线下两种方式。线上渠道只能依靠搜索引擎导流；线下渠道，由于用户整体上来说非常分散，很难做到精准营销，传统媒体“广撒网”的传播模式造成医美机构获客成本过高。随着移动互联网时代的到来，以及O2O模式的兴起，传统医美机构的这些问题暴露无遗，很多机构迅速将获客渠道转向以医美O2O电商为代表的医美互联网信息服务。成都医美产业的信息服务现状主要介绍成都医美O2O电商市场的发展现状。

（一）良好的政策环境孵化出多家本土O2O医美平台

近年来，成都市高度重视创新创业工作，从2015年出台《成都“创业天府”行动计划（2015～2025年）》至今，几乎每年都有相关政策出台，详见表2。《2017年成都市互联网络发展状况报告》显示，“成都的互联网行业不仅健康活跃，甚至远高于全国平均水平”。截至2018年初，成都已经拥有了超过3100家互联网公司，其中超过930家企业在2017年实现100万元人民币以上的营业收入，57.5%的企业完成了营业收入业绩的同比增长，成功孵化了极米、百词斩、Camera360、咕咚、天美工作室等颇具行业影响力的明星互联网企业。

表2　成都市创新创业扶持政策（部分）

发布时间	部门	名称
2015年4月	成都市人民政府	《成都“创业天府”行动计划(2015～2025年)》
2015年4月	成都市高新区政府	《成都高新区关于发展新经济培育动能的若干政策》
2015年7月	成都市科技局、市财政局	《成都市青年大学生创业融资风险补偿资金池资金管理暂行办法》
2016年1月	成都市政府办公厅	《关于进一步促进高校毕业生就业创业的实施意见》

续表

发布时间	部门	名称
2016 年 6 月	成都市科技局	《成都市创新创业载体资助管理办法》
2016 年 12 月	成都市科技局、市金融局、市财政局	《成都市科技金融资助管理办法》
2017 年 2 月	中共成都市委、成都市人民政府	《关于深入实施“创业天府”行动计划　加快打造西部人才核心聚集区的若干政策》
2017 年 12 月 21 日	成都高新区电子信息产业发展局	《成都高新区关于支持电子信息产业发展的若干政策》
2018 年 4 月 16 日	武侯区政府办	《成都市武侯区关于促进电子商务发展的若干政策》
2018 年 10 月	成都市人民政府	《成都市深入实施创新驱动发展战略　打造“双创”升级版的若干政策措施》

注：截至 2018 年 10 月 30 日。

得益于良好的政策环境和互联网生态，成都不仅成功孵化出美呗 App 这样的全国知名电商平台，还孵化出了医联、雪貂医生等本土医疗领域的互联网平台。其中，医联 App 是专属于医生的社交服务应用，2014 年上线，次年先后获得红杉资本数百万元 A 轮融资和腾讯与云锋基金数千万美元 B 轮融资，随后，2017 年和 2018 年分别获得 4 亿元 C 轮系列融资和 10 亿元 D 轮融资。现在，医联已经覆盖全国 32 个省份、48 个科室、5000 家合作医疗机构，实名注册医生达 60 余万名，签约医生达 3.3 万多名。

（二）成都美呗已成为国内知名的医美 O2O 电商平台

2011 年 6 月，龚连胜在成都创立美呗。2014 年 6 月，美呗改为股份制有限公司，定位于通过旗下电商平台、咨询服务平台和美学设计顾问中心为用户提供医学美容解决方案，采用 PC 网站、移动网站、移动 App 等立体式通道，在线提供专业、正规的医学美容安全服务。2015 年 1 月，美呗获得深圳同创伟业、北京竞技世界 2000 万元人民币的 A 轮融资。也正是在其 A 轮融资前后，瓜子二手车 CEO 杨浩涌以“董事 + 导师”的角色入股美呗，占股 2%。杨浩涌在美呗的战略发展和经营定位上起到了至关重要的作用。

目前，美呗业务已经覆盖全国 34 个省、自治区和直辖市，平台日均访问用户超过 30 万人次，累计 3500 家医美机构和 1 万名执业医生在美呗为用户提供医美服务。美呗的团队已从 2017 年 2 月的 300 人扩张到 500 人，分布在运营中心、营销中心和支持部门三大部门，其中负责产品研发的技术人员由 30 人增加到超过 60 人。

在业务方面，相较于轻型的美容咨询、手术预约，美呗更专注于整形外科手术项目，倾向于根据用户不同需求提供个性化定制服务。在消费者端，美呗主要提供美容咨询、手术预约、私人医美顾问等服务；在机构端，美呗主要提供市场营销和会员管理服务。下一步，美呗将搭建全职医生团队，为用户提供医美更加专业的管理咨询服务。在商业模式方面，美呗 90% 的营收都来自核心外科手术业务部分。未来，美呗将持续稳扎高端外科手术业务，并将其打造为企业核心竞争力。此外，美呗还将把皮肤管理类业务和美容口腔类业务作为辅助型服务。

（三）成都医美 O2O 平台用户活跃，市场总量大且增速快

1. 线上平台消费旺盛

美呗 App 统计数据显示，2018 年成都消费者在美呗平台的消费金额均达到或超过全国总交易金额的 10%。

表 3　美呗 2018 年在线交易金额

单位：亿元，%

项目	全国	成都市	成都市占比
美呗	8.8	0.88	10

新氧 App 数据显示，成都消费者每年在医美 O2O 电商领域的交易额逐年上涨，增幅惊人，超过了国内大部分城市。在 2018 年“双 11”期间，成都成为新氧平台上消费能力最强的城市。另外，美团公布的数据显示，2019 年上半年，成都的线上医美消费订单量增长 4.3 倍，订单数量仅次于北京、

上海和深圳；下单用户增长3.3倍，消费人次仅次于北京、上海，排名全国第三。

2. 平台用户增长迅速

从平台用户数量来看，美呗App数据显示，2018年成都市平台用户179万人。从平台的订单数量来看，美呗App数据显示，2018年成都市的消费订单有8000单，占全国的13.33%。从平台的装机量来看，2018年，美呗平台安卓系统装机量34万台，占全国的17.44%；iOS系统装机量90万台，占全国的22.5%。从平台的平均月活跃数量来看，2018年美呗平台有45万人次，占全国的10%（见表4）。

表4　2018年成都市美呗App医美用户活跃情况

统计项目	美呗App
平台用户总数(全国)	3100万人
平台用户总数(成都)	179万人
平台消费用户总数(成都)	—
平台平均月活数(全国)	450万人次
平台平均月活数(成都)	45万人次
平台订单总量(全国)	6万单
平台订单总量(成都)	8000单
平台iOS系统装机量(全国)	400万台
平台iOS系统装机量(成都)	90万台
平台安卓系统装机量(全国)	195万台
平台安卓系统装机量(成都)	34万台

3. 平台入驻机构情况

从入驻机构的数量来看，根据美呗App提供的数据，2018年成都机构入驻美呗App的有200家，当年，成都市有医美机构407家，入驻率接近50%；从平台认证的医生数量来看，美呗App在2018年已经有900名专家入驻平台。从平台的案例数来看，美呗App在2018年累计4万例原创案例，2016~2018年，平台案例增长迅速，增长了6.07倍（见表5）。

表 5　2018 年成都市美呗 App 医美机构入驻情况

统计项目	美呗 App
平台入驻机构数(全国)	3500 家
平台入驻机构数(成都)	200 家
平台认证医生数(全国)	11000 名
平台认证医生数(成都)	900 名
平台案例数(全国)	30 万例
平台案例数(成都)	4 万例

（四）成都已成为各大医美 O2O 电商平台的核心布局城市

自提出打造“医美之都”目标以来，成都凭借自身在医美产业的机构、资源、人才优势，吸引了全国各地慕名而来的求美者，同时也吸引了更多互联网医美平台布局成都。

2019 年 6 月 14 日，被称为“互联网医美第一股”的新氧科技首席营销官胡冠中在“聚焦新经济　共享新未来——2019 新经济大会”上表示，成都拥有良好的区位、人才、消费市场等优势，基于此，新氧科技将于年内在成都建立第二总部。此前，新氧的西南线区域偏业务性的团队已驻扎成都，把公司中台的部分业务部门由北京迁往成都，目前在成都的团队已超过百人。

此外，2019 年 7 月 18 日，美团医美医疗业务部在成都举办“2019 美团点评医美医疗行业峰会”，美团点评医疗美容及健康业务部总经理李晓辉曾表示，要进一步加大在成都地区的投入，助力蓉城打造全国领先、全球知名的“医美之都”。

三　成都医美保险行业发展现状

（一）中国医美保险行业发展历程

随着医美行业高速发展，传统保险及互联网公司等逐渐意识到医美市场对保险的发展潜力，医美险于2015年才开始真正萌芽，保险在医美行业开始真正试水，医美保险发展期仅五年。

2015年10月，保障面部局部险的产品“美呗”问世，由阳光保险集团推出。该款产品保险范围是面部局部险，填补了生活美容保险的空白，同时形成了医疗美容保险的雏形。

2015年11月，真正意义上的医美险问世，由中国人寿联合医美品牌联合丽格推出，将消费者、医师、医美机构共同纳入保障体系，针对三类主要市场参与主体的医美险产品分别为“美容医疗意外险”、“美容医师责任险”和“医疗美容保险基金池”。

2016年6月，爱美贷联合中国太平财险推出“爱美医疗美容保险”。与此同时，医美平台美呗上线了医美保险，针对消费者的互联网医美保险服务应运而生，其保障标准均为因整容意外导致的身故和伤残。

2016年8月，更美联合一诺管家、中国人保上线了医美意外险，保障标准为手术意外导致身故和伤残。该款产品的保费为25元，保额为50000元，用户购买年龄范围为3～70岁。

2016年8月，新氧联合悟空保、泰康在线推出医美互联网保险服务“氧气保”，涵盖意外险和效果险，对消费者普遍担忧的感染、栓塞、疤痕、神经损伤等提供相应的术后赔付措施，弥补了市面上传统险种“只保伤残，不保疤痕”的缺陷。保费分19.9元和99元两档，保额为400～50000元不等。

2017年初，中整协风险管控中心联合中国人寿、中国人保、众安保险等多家保险公司建立“医美保障项目”，延续了“两险一金”体系，由中整协医疗风险管控中心对相关医美机构进行资质审核确认，由保险公司提供针对正规医美机构、医师及求美者的保险保障。

2017年10月，互联网保险科技公司量子保上线了医美保险产品，并与京东医美汇、更美合作，为医美用户提供定制化保险服务。

2018年2月，中国平安保险推出医美保险产品“美叮当”，覆盖80%以上的整形手术类型；同年，互联网医疗保险服务商美信医疗推出了民营医疗机构责任险、多点执业医师责任险和整形美容意外保险，为医美机构、医师和求美者提供风险保障。

（二）中国医美保险市场情况

目前，医美保险产品的提供方主要是持有保险牌照的传统保险公司，（如阳光保险、中国人寿、中国人保等），以及互联网保险公司（如泰康在线等）。持牌公司与互联网保险科技公司、医美互联网平台或者大型医美机构展开合作，联合推出保险产品，互联网保险科技公司（如量子保、悟空保等）持有保险经纪牌照，致力于将保险渗透医美等消费应用场景（见表6）。

表6　持牌保险机构的医美保险产品

日期	持牌保险机构	合作方	保险产品
2015年10月	阳光保险	—	面部局部险："过敏保""意外保""整容保"
2015年11月	中国人寿	联合丽格	"美容医疗意外险"、"美容医师责任险"和"医疗美容保险基金池"
2016年6月	中国太平财险	爱美贷	整容意外导致的身故和伤残
2016年8月	中国人保	更美、一诺管家	"美丽保"：手术意外导致身故和伤残
2016年8月	泰康在线	新氧、悟空保	"氧气保"：意外险和效果险
2018年2月	中国平安	—	"美叮当"：覆盖80%以上的整形手术类型
2019年4月	复星集团旗下健康险公司	港华医疗	"无忧医美"：手术意外险

资料来源：公司官网，柏荟医疗。

医美保险类型以标准化的意外险为主，有些公司也针对医美行业特性推出了效果险和满意险，但产品本质属于意外事故范围。新氧的"氧气保"和更美的"美丽保"为普及程度相对较高的两种医美险种，下面以两个平台在售的眼部项目保险产品为例来展示医美保险的保障范围、保额等信息。

新氧的"氧气保"，是与保准牛、阳光财险共同推出的，保障范围包含高频微整类和手术类共计300余项医美服务。针对眼部的保险产品，适用于双眼皮、双眼皮 + 开眼角、祛眼袋、下睑下至等眼部项目，保费为 59 元，保障类型分为手术意外身故、手术意外伤残和手术意外事故医疗费用补偿三种，费用补偿即为效果保障。

更美的“美丽保”，是与众安在线联合推出的医美保险，保障范围涵盖眼部整形、鼻部整形、微整形等 50 多个医美项目。更美的同一种保险产品根据保障金额的大小分为基础方案和尊享方案，每种方案均涉及意外身故及伤残和所谓的效果保障赔偿，与新氧的“氧气保”大同小异。

两个互联网医美平台在售的医美保险产品并不适用于所有入驻的医美机构，也不适用于所有医美项目，所涉及的保险产品保费最高不超过 100 元，最低仅 5 元，保额普遍不超过 5 万元，针对较为严重的手术事故，赔偿金额也仅几千元。

（三）中国医美保险发展痛点

医美行业早期缺乏有效管理，市场不规范，出现手术风险系数高、相关责任难以鉴定等问题，医美保险服务应运而生。通过保险机制的介入来量化医疗美容风险，有助于降低医疗风险，缓和紧张的医患关系。

中国医美保险行业虽起步较晚，但发展迅速，传统保险公司、互联网保险公司、互联网科技公司、医美机构等都在推进行业的发展。但不可否认的是，就目前发展而言，医美保险存在以下问题。

1. 医美保险产品依旧缺失

一项医美服务涉及医疗机构、医护人员、互联网平台、消费者、医药耗材提供方等多方主体，风险的引致因素也分布于服务的不同环节，一项医美保险产品的设计不仅依赖于大量的数据作为精算基础，也依赖于不同主体、不同环节的责任划分，在理赔核保流程中又涉及非标准化服务的责任鉴定问题。此外，医美行业标准不够精细化，这些因素使得保险公司直接暴露在较高风险之下，所以医美保险产品本质还是以“意外险”的形式存在，还没有真正的“效果险”产生，但因效果具有十分主观性的特征，加之行业还不够规范，要实现真正的效果险还有很长的路要走。

2. 风控识别体系不够健全

医美保险产品在医美行业野蛮生长，规范化程度不高，数据严重不足，保险平台审核难度较高。在医美保险快速扩张时期，从事相关业务的金融从业者对医美行业的专业知识缺乏了解，也提高了风险评估的难度。新氧和更美平台配套的医美保险产品只是涵盖部分入驻的医美机构的部分消费项目，医美保险覆盖范围相对有限。

3. 用户保险意识不足

在医美行业发达的国家，保险意识非常强，以韩国为例，其面部保险已经是医美服务中不可缺少的一环，韩国面部保险市场规模超过 75 万亿元人民币。新氧发布的《2019 年医美行业白皮书》显示，2018 年新氧平台总计送出 73 万份医美医疗意外保险，但仅有 13. 74% 的用户填写了完整的投保信息并获得保障，占比不到 1/5。据新氧介绍，我国目前是由第三方平台买了保险送给消费者，绝大多数消费者却选择拒绝接受赠送的保险。白皮书显示，有 13. 20% 的用户认为项目风险低，不需要保障；10. 07% 的用户不愿意填写个人信息，担心被泄露；8. 58% 的用户嫌投保流程烦琐，觉得太麻烦。

（四）成都医美保险发展状况

2019 年 8 月，本书课题组针对成都 407 家医美机构的医美保险专项调研数据显示，有效回答的 304 家机构中，只有 6. 25% 的机构引进了医美保险。此外，有 83. 22% 的医美机构没有引入但希望引入。值得注意的是，还有 10. 53% 的医美机构没有引入且认为没必要引入。

表 7 成都医美机构对于医美保险的态度

单位：家，%

项目	医美机构数量	占比
引入了医美保险	19	6. 25
没有引入，但希望引入	253	83. 22
没有引入，没必要	32	10. 53
合计	304	100

由此看来，医美保险虽然有利于行业发展，但推广落地依然困难。虽然国内医美保险市场发展缓慢，但是在行业蓬勃发展的时候，行业风险的规避也变得尤为重要，医美保险对于消费者、医生和医美机构三方面都能起到保障作用，有利于促进行业健康发展。成都打造“医美之都”，推行医美保险不可或缺。

四 成都医美展览会发展现状

中国会展经济研究会发布的“中国城市会展业竞争力指数”显示，成都 2017 年与 2018 年连续两年排名第四，是名副其实的中西部会展第一城。成都市充分利用这一资源，增强成都“医美之都”的影响力和凝聚力。

自 2018 年以来，成都不仅大量承办学术型医美大会，还主办了两届“成都国际医美产业大会暨‘医美之都’高峰论坛”。2018 年 6 月 8 ~ 10 日，成都市举办了第一届成都国际医美产业大会暨“医美之都”高峰论坛，这是国内首次举办涵盖医美全产业链的大会，为中国医美产业发展提供了借鉴与产业资源对接，并推介成都医美产业投资环境，现场近 3000 人参会。会上共签约 20 个重大医美项目，协议总投资 440.6 亿元。

2018 年 11 月，成都市举办第一届成都“医美之都”学术大会暨四川省医学会第十二次医学美学与美容学术会议。大会以“投资促进，助推成都医美产业；科技创新，打造中国医美高地”为主题，邀请国内外近百位医疗美容领域的顶级科学家、企业家和领军人物，围绕学术、科研、技术、产品、投资等方面进行了交流和探讨。同时会议设有区域推介会、“对话”成都政府医美 19 条、企业家圆桌论坛等环节，推介成都医美产业投资环境，推动医美项目落地。

2019 年 6 月 15 ~ 17 日，成都市举办第二届成都国际医美产业大会暨“医美之都”高峰论坛，本次大会同样成果丰盛，不仅有精彩纷呈的学术论坛和产业论坛，现场还集中签约了 22 个项目，覆盖医美全产业链上下游企业，签约总金额300亿元。

2019年11月1～3日，由中国医师协会、中国医师协会美容与整形医师分会主办，成都市医疗美容产业协会、四川大学华西口腔医院承办的第十六届中国医师协会美容与整形医师大会在成都顺利召开。这是中国医美行业久负盛誉的学术盛会，至今已成功举办15届，是国内最具影响力的会议之一。200余位国内专家同道共同为成都“医美之都”建设加油。

特别值得关注的是，同期成都成功举办中国（成都）国际医疗美容产业博览会，2019年的主题是“融合链接、创新赋能”，通过组织高端论坛、专题对接、项目洽谈、贸易展览和教育培训活动等系列活动，打造汇聚世界高端医美资源要素、促进医美产业经贸合作、加速科研成果转化的国内外有影响力的开放平台，培育医美经济发展新动能，推动医美产业结构优化升级，扩大高水平对内对外开放，推动成都全面建设“医美之都”。从“医美之都”提出以来，成都市举办的各类医美培训、论坛、会议、展示等活动多达50多场。

五　成都医美产业链下游市场预测及发展建议

随着成都医美的快速发展、消费者的需求被进一步点燃、市场进一步规范，我们需要医美产业链下游企业也进一步的发展，为成都医美行业的下阶段发展提供新的动力。

（一）吸引大平台入驻，建设“西部医美电子商务中心”

成都医美线上消费能力位居全国前列，在良好的需求端基础上，我们应该进一步促成医美O2O平台与成都医美界的合作。目前，除了本土孵化的美呗App平台外，只有新氧App平台在成都设立了办公室，未来我们应该逐步给予针对性更强的利好政策，吸引天猫、美团等大平台的医美团队入驻成都办公，将成都打造为真正的“西部医美电子商务中心”。

（二）促进多元化的医美互联网创业

医美领域的互联网创业除了 O2O 电商外，成都医美行业还有各种不同的互联网赋能方案，比如打通厂商 B 端与机构 B 端的 B2B 供应链解决方案“美械宝”、打通医生与机构之间壁垒的解决方案“医联医”等创业项目。未来，成都需要进一步加强医美互联网创业的支持力度，多关注不同领域的医美创业项目，吸引创业团队入驻，也许在不久的将来，成都就能诞生下一个“美呗”。

（三）协会搭台，建立手术风控机制，为医美保险扫清障碍

医美保险对消费者、医生和医美机构三方面都能起到保障作用，是规范医美市场的重要手段，目前发展相对停滞，成都医美行业引入医美保险具有巨大的发展空间，具体举措有：第一，由成都市医疗美容产业协会牵头，整合各大保险平台的专家，形成医美保险专业委员会，形成权威的行业风险评价标准。第二，以成都市医疗美容产业协会为主体，联合全国级别的医美行业协会，搭建医疗机构和医生的风险信用评价体系，并在成都形成试点工程。第三，联合成都的主流医美媒体、机构，向社会公众和医美客户群体宣导医美保险的重要性。

（四）文创产业赋能医美，形成成都医美特色理念

医疗美容的核心是“医学＋美学”，但“美学”部分并没有随着产业的发展而快速增长，如美学空间设计、环境艺术设计、造型设计等，成都作为“医美之都”，应该医学与美学并重，将成都的医美赋予更多美学的特色。除了设计，影视、动漫、音像、传媒等领域也需大力发展，不仅作为美学的一部分，也要将成都医美以各种艺术形式与渠道向世界传播，形成成都医美在美学理念上的文化输出。目前具备代表性的医美文创机构有睿意高攀文创集团、美业观察、医美深见等。

终端消费群体篇

Terminal Consumer Group Reports

R.9

成都医美产业终端消费群体研究报告

刘睿　李勰*

摘　要： 除了经济持续快速增长以及医美产业发展成熟度较高的因素之外，消费者对于美的执着追求是成都医美行业得以快速发展的底气所在。为了进一步了解成都市医美消费者的群体特点，我们针对成都市407家合法医美机构做了详细的数据采集以及深度的访谈，形成了对成都医美消费者的基本认知。

关键词： 医美产业　成都市　终端消费群体

* 刘睿，睿意高攀文创集团董事长；李勰，《医美深见》联合创始人。

一 成都市医美消费者的背景

随着居民人均可支配收入的增加，且房价相比同级别城市更低，成都市民幸福感普遍较高。成都人热爱时尚消费、重视外表颜值，相关领域的消费持续增加，为成都建成“医美之都”创造了条件。

（一）人均居民可支配收入的持续增加

近年来，中国居民人均可支配收入持续增加，从 2013 年的 1.8 万元增长到 2018 年的 2.8 万元，平均增长率保持在 9% 左右。2018 年成都市居民人均可支配收入 36142 元，其中城镇居民人均可支配收入达到 42128 元，首次突破 4 万元。居民人均可支配收入的上升，促使非必需消费品的需求增加，刺激了包括医疗美容在内的医疗健康行业的消费，扩展了医疗美容行业的消费人群。未来，随着居民人均可支配收入的持续增加，生活必需品的消费比重会逐渐缩小，而以医疗美容行业为代表的高端服务消费产业的比重将持续增加，医疗美容行业的受众群体将进一步扩大。

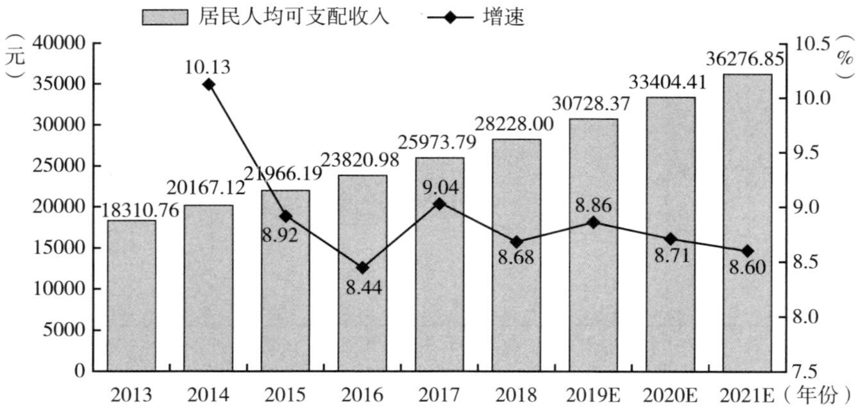

图 1　2013 ~ 2021 年中国居民人均可支配收入统计情况

2018 年，成都市居民人均可支配收入 36142 元，同比增长 8.8%。其中，城镇居民人均可支配收入 42128 元，同比增长 8.2%；农村居民人均可支配收入 22135 元，同比增长 9.0%（见图 2）。与此同时，成都房价却一直低于新一线城市平均水平，相对较小的住房压力使得成都人民更加能够享受生活，成都在 2018 年成为生活方式多样性得分最高的新一线城市。

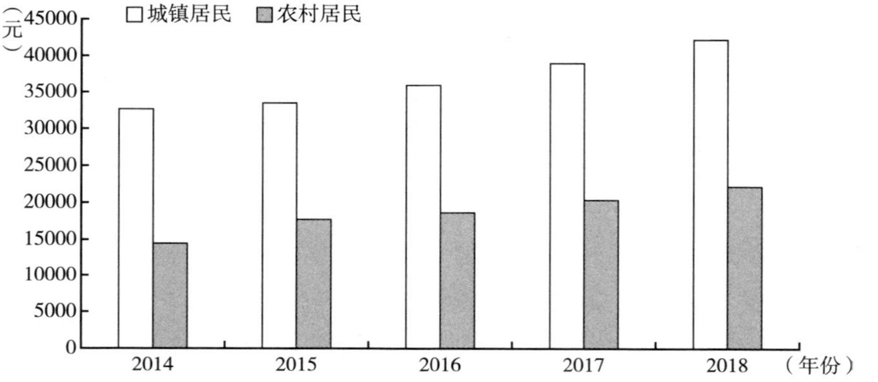

图 2　2014～2018 成都居民人均可支配收入趋势

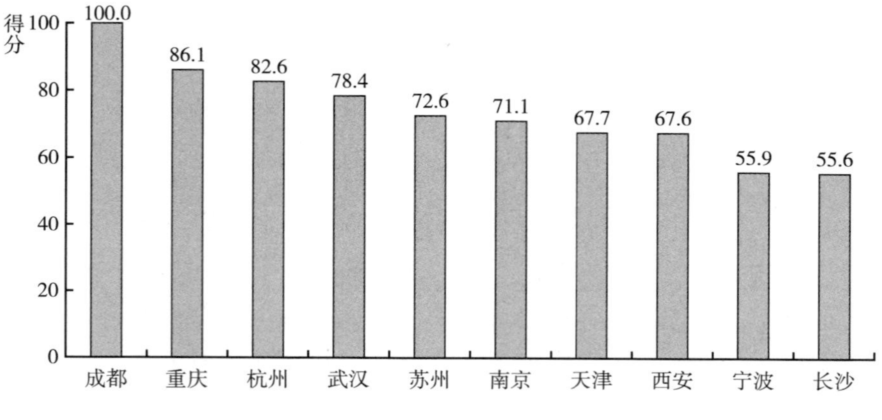

图 3　2018 年生活方式多样性调研 TOP 10 新一线城市排名

（二）居民恩格尔系数持续下降

2018 年，成都城镇居民和农村居民恩格尔系数分别为 33.0% 和 36.6%，较 2017 年分别下降 0.7 个和 0.6 个百分点，标志着成都居民生活水平持续提高，消费水平不断升级（见图 4）。

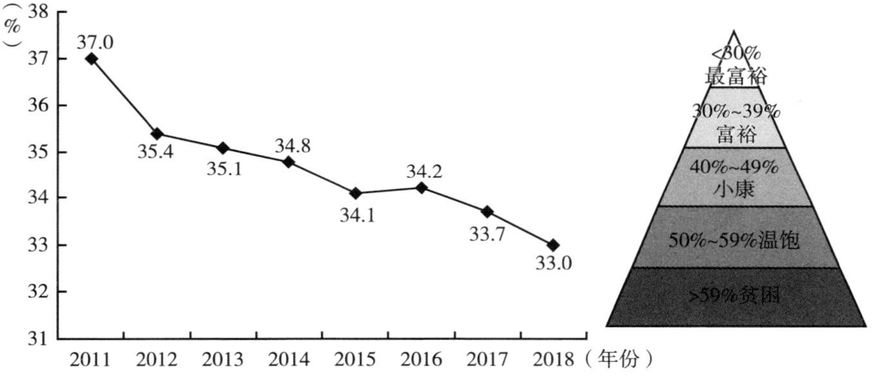

图 4　2011～2018 年成都城镇居民恩格尔系数

注：恩格尔系数（Engel's Coefficient）是食品支出总额占个人消费支出总额的比重，恩格尔系数越大，一个国家或家庭生活越贫困；反之，恩格尔系数越小，生活越富裕。

资料来源：成都统计局。

在实际消费支出方面，2018 年成都城镇居民人均消费支出 27312 元，同比增长 7.9%；农村居民人均消费支出 15977 元，同比增长 9.3%。全年城镇居民人均教育、医疗保健、交通通信等发展型消费支出 6029 元，同比增长 14.7%。

（三）居民消费持续升级

在消费品类上，2016～2018 年成都奢侈品消费快速增长，2018 年成都奢侈品 TOP10 主要集中在女士包袋和美妆护肤领域，女性为了颜值和外表舍得投入。

随着消费升级，成都的男性颜值经济大行其道，成都男士在悦己的同时也关爱自己的另一半，舍得为自己的颜值花钱，也愿意为另一半的颜值花钱。

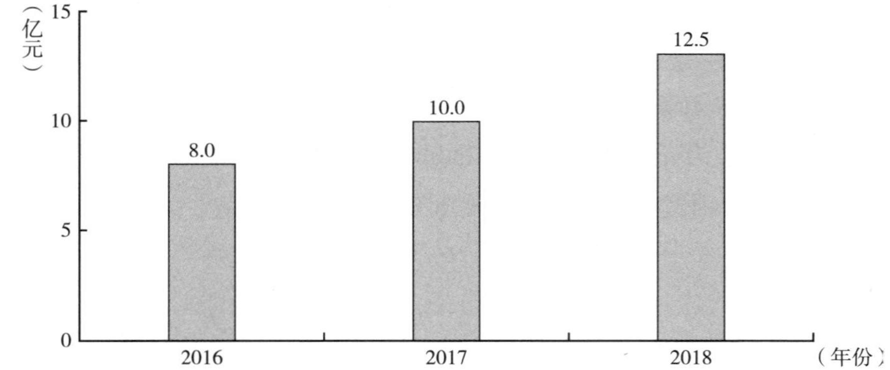

图5　2016～2018 年成都线上奢侈品消费趋势

资料来源：CBNData 消费大数据。

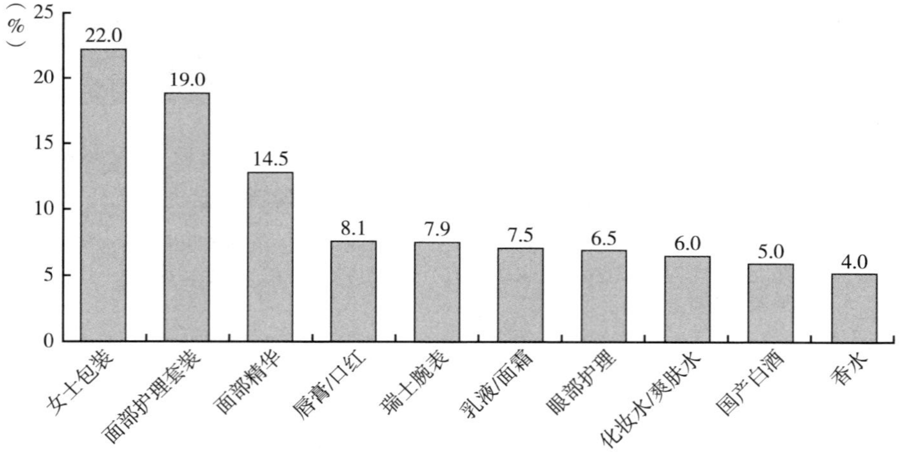

图6　2018 年成都线上奢侈品消费 TOP10 产品

资料来源：CBNData 消费大数据。

二　成都市医美消费者的基本特征

（一）性别特征

就全球医美市场总体趋势而言，以往医美行业客户群的主体是女性消费者，而现在情况正在发生变化。与中国相比，美国医疗美容起步更早，行业整体发展更为成熟。从美国整形外科医师协会（ASPS）发布的《美国整形美容治疗量统计报告》来看，从2009年到2018年，鼻部塑形和玻尿酸注射深受美国男性的青睐，排名高居榜首。而艾媒咨询《2018～2019年医美行业消费报告》显示，我国男性除了鼻部整形之外，更喜欢面部自体脂肪填充和植发项目。这与广大爱美女性在医美项目消费的两大诉求“美”与“年轻”基本一致。《纽约时报》报道称，“男人们前所未有地排队做整形”。随着越来越多的美国人选择医美项目，男性和女性的比例趋于平衡。ASPS数据显示，2000～2017年，接受整形外科手术的男性增加了29%，男性注射整形的更是增长惊人，达到99%。

而在就业形势较为严峻的韩国，民众普遍认可“外貌就是竞争力”的论调。不美、不帅，已对不少人形成了无形的压力。越来越多的韩国男性希望借助医美技艺来打造一张更加出众的面容，不论是基于事业还是因恋爱所需。韩国某网站针对669名男性上班族的调查结果显示，42.7%的20～30岁男性和35.7%的30～40岁男性表示在时尚和美容上的花费毫不吝啬，月均消费约人民币1400元。

这些医疗美容发达国家的事例无一不在印证男性消费者正在成为整个美业不可忽视的消费人群的事实。而挖掘男性消费者的消费潜力，无疑将成为医美市场发展的一大增量。

而在中国市场，男性医美人群的崛起同样是重要的市场趋势，MobData数据报告显示，男性医疗美容消费者占比达到25.7%，而新氧《2018年医美行业白皮书》显示，全国互联网医美消费中男性医疗美容消费者的占比也达到了11.12%（见表1、表2）。

表1　全国医美消费者性别占比

单位：%

项目	男性	女性
占比	25.7	74.3

资料来源：MobData。

表 2　全国互联网医美消费者性别占比

单位：%

项目	男性	女性
占比	11.12	88.88

资料来源：新氧 App 公开数据。

相较于全国市场，虽然成都男性具备强烈的爱美天性，但男性医疗美容消费者的占比相对较小，为 8.3%，女性仍然占据绝对主导，未来成都男性医美市场的潜力非常巨大（见表 3）。

表 3　成都医美消费者性别占比

单位：%

项目	男性	女性
占比	8.3	91.7

资料来源：成都市 2018 年合法医疗美容机构统计。

（二）年龄和职业特征

根据《德勤 2017 年中国医疗美容市场分析报告》，成熟女性及年轻白领将成为中国医美市场的主要消费者。医美目标市场主要针对年龄在 18～60 岁的女性；成熟女性是指年龄在 36～50 岁，月家庭收入超过 25000 元人民币的职业女性。随着年龄的增长，化妆品已不再满足女性对抗衰老的需求。该年龄层女性可能寻求医疗美容方式达到美颜效果。她们拥有强大的消费能力和较高的消费水平，因此会成为医美消费的主力军。年轻白领是指年龄层在 28～35 岁，月家庭收入超过 25000 元人民币的（未婚或未育）年轻女性。该年龄层的女性经济条件比较优越，同时对外貌有着较高的要求，愿意为外貌投资，从而增加更多的职业机会（见图 7）。

而新氧《2018 年医美行业白皮书》数据显示，2017 年中国医美消费者

项目	学生	工作新人	年轻白领	年轻妈妈	时尚妈妈	成熟女性	优雅女性
年龄（岁）	18~23	18~27	28~35	28~35	28~35	36~50	36~50
社会背景	学生	全职工作	未婚/未生育	有0~3岁子女	有4岁以上子女	全职工作	全职主妇/自由工作者
家庭月收入（元）	>25000	10000~24999	>25000	10000~24999	10000~24999	>25000	10000~24999
下一年医疗美容预算（元）	8816	10568	11938	11721	8276	10065	9739

图 7　中国医美重点客户群

资料来源：华熙生物 CICC 研究。

的低龄化趋势明显。医美行业主要顾客的年龄在 18～35 岁。25 岁以下的消费者占整个医美市场消费者的 53%，超过了一半，是医美市场的主力军。而 26～35 岁的消费者比例为 43%，36 岁以上人群仅占 4%（见表 4）。无论是总体数据还是线上消费的数据维度，我们都可以看到，中国医美消费者低龄化趋势不可逆转。

表 4　中国医美消费者年龄占比

单位：%

年份	19 岁及以下	20～25 岁	26～30 岁	31～35 岁	36 岁及以上
2017	15. 44	37. 11	24. 73	18. 72	4. 00
2018	18. 81	40. 41	23. 25	14. 16	3. 37

《成都市 2018 年合法医疗美容机构统计表》显示，31～35 岁的白领精英人群是成都市医疗美容的主力消费人群，占比达到了 30. 69%。而 19～23 岁的学生人群也占据了 18. 87% 的份额。35 岁以下消费者占据了成都市医疗美容消费者数量的 71. 92%（见图 8）。

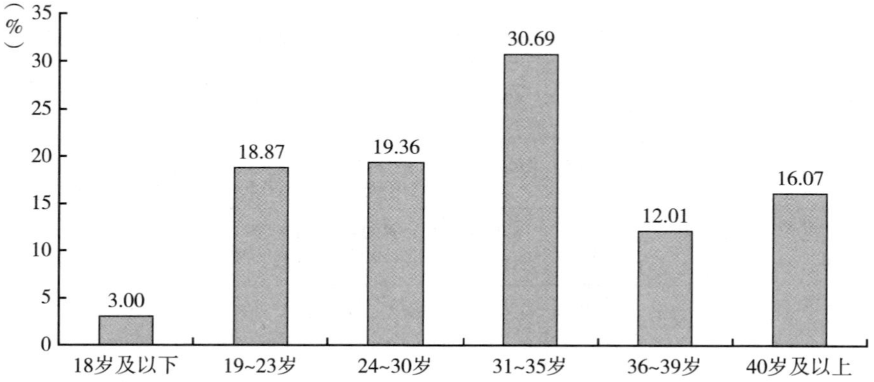

图 8　成都市医美消费者年龄占比

24～35 岁的消费占整个成都医美市场的 50.05%，超过了一半，是医美市场的绝对主力人群。按照不同阶段的人群特点分类，可以看到医美预算最多的人群为年轻白领和年轻妈妈。这两类人群共同的特点是拥有较高的收入水平和对于收入有较高的支配能力，更倾向于把收入用于投资和取悦自己，是医美行业的主要消费者。其次是工作新人、成熟女性和优雅女性。工作新人虽然收入水平有待提升，但是愿意在初入职场时花费更多的金钱改变自己的外表，使自己在工作中更加自信、提升职场前景、增加工作机会。而对于有 4 岁以上孩子的妈妈来说，虽然家庭收入不低，但是可用于医美消费的预算有限，她们会投入更多的钱在子女身上，以至这类人群对于医美的需求相对较低。

从线上数据来看，美呗等 App 数据显示，在成都地区医疗美容消费者线上年龄占比方面，23 岁以下的学生群体占据了 66.36% 的成交额。机构端的数据以及线上 App 的数据都显示出成都医疗美容消费者的年轻化趋势，甚至医疗美容的消费热潮已经触达中学生群体（见表 5）。

表 5　成都市医美线上消费者年龄占比

单位：%

项目	18 岁及以下	19～23 岁	24～30 岁	31～35 岁	36～39 岁	40 岁及以上
人群	中学生	学生	职场新人	白领精英	职场高管 & 主妇	成熟女性
占比	22.07	44.29	20.10	4.64	0.86	8.04

总体来看，24～35 岁人群成为绝对的消费主力人群，而随着年龄的增长，她们对于抗衰老项目的需求会越来越强劲。另外，互联网医美平台的普及以及消费者习惯的改变，让成都市医美消费者年龄持续下探，大量的年轻消费者涌入市场。未来对于未成年人整形市场的规范是建设“医美之都”的必要思考项。

三　成都市医疗美容消费者规模及渗透率

（一）成都市居民单次疗程消费均价高于全国

在居民人均可支配收入逐年增加的大环境之下，国内医疗美容消费规模持续扩大。新氧《2018 年医美行业白皮书》数据显示，2018 年国内医疗美容市场规模达到 2245 亿元人民币，全年疗程量首次突破了 2000 万人次大关。而根据《成都市 2018 年合法医疗美容机构统计表》，2018 年成都合法医疗美容机构总产值达到 60 亿元人民币，全年疗程量突破 48 万人次（见表 6）。从市场规模来看，2018 年成都市合法医疗美容市场规模占全国市场的 3%；从疗程量来看，2018 年成都市合法机构医疗美容疗程量占全国总疗程量的 2%。而 2018 年成都市 GDP 只占全国的 1.7%。

另外，成都作为全国医美行业价格战最激烈的市场，单次疗程消费均价高出全国平均消费水平，这从另一个侧面说明了成都医美消费者愿意为医疗美容治疗买单。

表 6　成都市 2018 年医美市场规模及疗程量

市场	2018 年市场规模(亿元)	2018 年疗程量(万人次)	单次疗程均价(元)
全国市场	2245	2000	11225.00
成都市场	60	48.59	12348.58

（二）成都市消费者渗透率远超国内平均水平

以 15～64 岁消费年龄区间计算，截至 2018 年底，国内消费者渗透率达到 2.51%，成都消费者渗透率达到 5.9%，远超国内平均水平。但相较美国、韩国、巴西等发达国家的平均渗透率，成都还有一定的差距，目前成都的医美消费者渗透率已经达到了韩国医美消费者平均渗透率的 66%。

表 7　全国及成都市医美消费者渗透率对比

单位：人，%

地区	人口基数(15～64 岁)	消费者渗透率(15～64 岁)
全国	795533773	2.51
成都	11146427	5.90

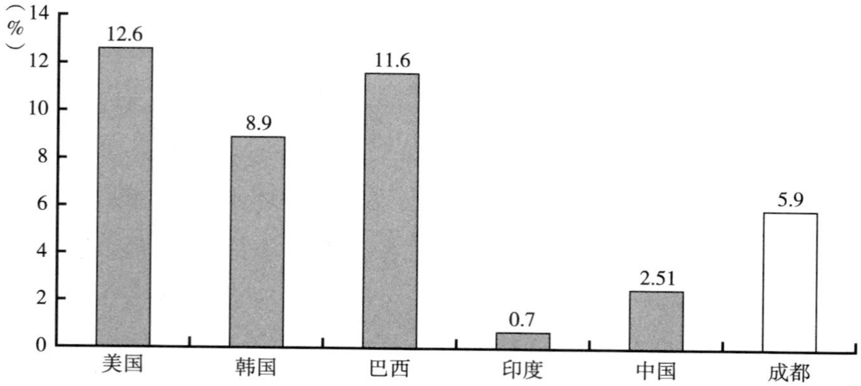

图 9　全球重点国家医疗美容消费者渗透率对比

注：渗透率计算时将 2010 年第六次人口普查统计 15～64 岁人口总数作为基数。

（三）成都市医美线上消费能力和消费意愿较为突出

美呗 App 等大数据统计显示，成都医美在线成交额占全国的 10%，成都医美消费者的线上消费能力和消费意愿显得尤为突出。美团医美消费数据显示，2019 年上半年，成都的线上医美消费订单量增长 4.3 倍，订单数量仅次于北京、上海和深圳，下单用户增长 3.3 倍，消费数量仅次于北京和上海，排名全国第三。

表 8　成都市医美线上消费基本数据

项目	在线交易额（亿元）		交易占比（%）	月活数（万人次）		成都月活占比（%）
	全国	成都		全国	成都	
数值	8.8	0.88	10	450	45	10

总之，成都市医疗美容消费市场进一步扩大，15 ~ 64 岁消费人群渗透率远超全国平均水平，甚至接近于韩国平均水平。这些事实都充分说明了成都大量消费者进入了医疗美容消费市场，而医疗美容是一个循环率和复购率超高的行业，越高的渗透率意味着未来越强劲的消费市场增长。成都的医疗美容在线消费额领跑中国，也说明了成都消费者的基数庞大，且更倾向于通过在线购买的形式消费医美。

R.10
成都市医疗美容潜在消费者研究报告

刘睿　李勰*

摘　要： 医美发展至今，社会对于医美的舆论导向从紧到松，人们对医美的态度越来越开放和尊重。为了进一步了解成都市民对于医美及成都市打造“医美之都”的看法，我们启动了一次为期10天、采访对象超过2000人的社会调研，以期对成都市医疗美容潜在消费者做初步分析。

关键词： 医疗美容　潜在消费者　公众态度

时至今日，在中国，整容让越来越多的人不仅从观念上认同，也从行动上接受并追求，甚至成为改变和重塑自我的一种方式。从“难以启齿”到“坦然面对”再到“乐于分享”，这种改变在短短几年内来得猝不及防。曾有网友调侃道：好像一夜之间，我关注的美妆博主都变成了医美博主。新氧《2018年医美行业白皮书》也表明，中国社会超六成人对医美持正面态度（见图1），整形成为中国女性提升自信的八大方式之一。

移动互联平台的兴起，也为医美进入“快车道”提供了巨大的、社交化的传播力量。医美借助于新兴平台，利用网红直播、抖音等，迅速实现了医美教育和品牌传播。“整形达人”也随即活跃在线上社区里。“达人”经常会发些心得跟网友互动。随意一条整形状态的更新，都能轻松收获百万人次阅读量和上千条留言。爱美是人的天性。如果说此前国内医美因“韩流”

* 刘睿，睿意高攀文创集团董事长；李勰，《医美深见》联合创始人。

而流行，现如今，数量众多的“整形达人”则体现了中国市场的流量需求。QQ 大数据发布的《95 后审美观》显示，1% 的“95 后”整过容，11% 的“95 后”有整容的打算。更美发布的《2016 年医美白皮书》显示，“年轻、高收入、高学历”的用户正在成为医美主力军。其中，年轻用户的增长量不可小觑，与 2015 年相比，25 岁以下的用户增长了 5% 。

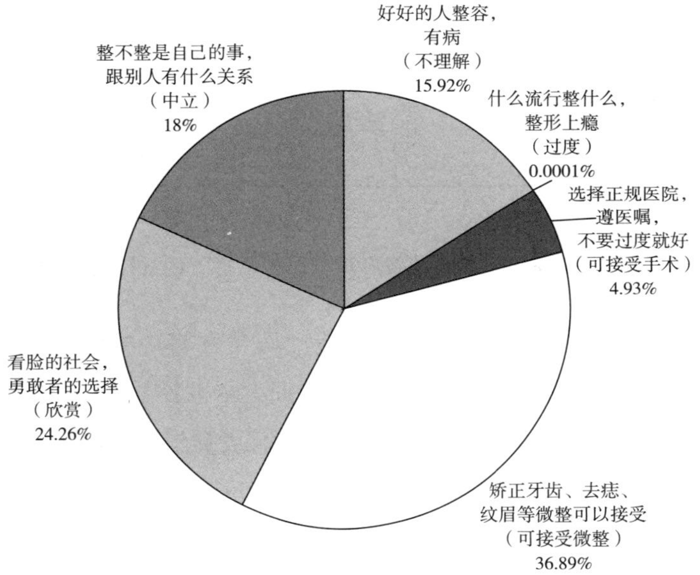

图 1　中国公众对医学美容的态度

资料来源：新氧《2018 年医美行业白皮书》。

在全国民众对医疗美容接受度越来越高的情况下，成都公众对医疗美容的态度如何呢？这是成都打造“医美之都”需要研究的重要问题。

一　成都公众医疗美容认知分析

（一）对成都打造“医美之都”的知晓情况

2018 年 6 月，成都正式启动建设中国“医美之都”。一年多的时间，成都市在增进消费者的认知方面工作颇有成效。《2018 年成都医美潜在消费者调查》显示，56.9%的成都市民知道成都正在打造中国“医美之都”，43.1%的消费者在受访前完全不知道此信息。

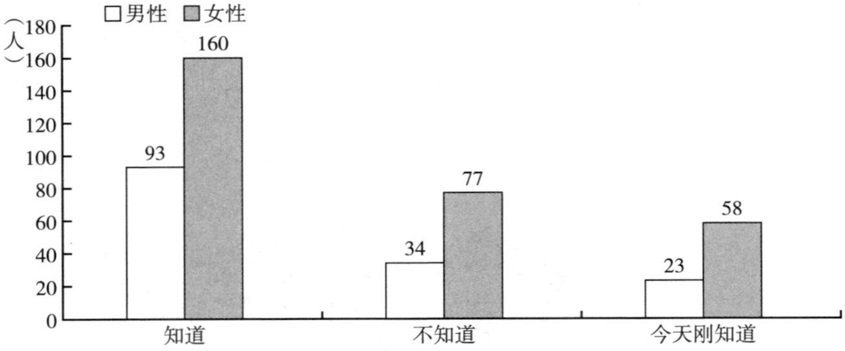

图2　成都医美潜在消费者对“医美之都”的认知情况

数据显示，受访者认为，成都市打造“医美之都”要做好以下三件事：第一，规范市场，保护消费者权益；第二，拥有全世界领先的医疗美容技术，加强学术建设；第三，医美保险的建设将为求美者提供更多保障。

（二）受访者对医疗美容的知晓情况

《2018年成都医美潜在消费者调查》显示，11.5%的成都市民认为对医疗美容非常了解，65.4%的成都市民认为对医疗美容有一定了解，而仅有23%的市民认为对医疗美容一无所知，这说明大部分成都市民对医疗美容行业都有一定的认知，特别是年轻人群对医疗美容行业具有很高的认知度。而对于行业不了解的消费者的年龄段主要集中在41～50岁。由此可知，经过20多年的发展，人们对医美行业的认知度较高。

（三）受访者对国内医美技术有点“妄自菲薄”

近年来，国内医疗美容行业发展迅猛，行业规模快速增长，技术水平不断进步。中国医师协会美容整形医师分会认为，中国、韩国和日本的整形技术基本上处于同一水平。中、韩整形技术各有特点，但没有高低之分，如下

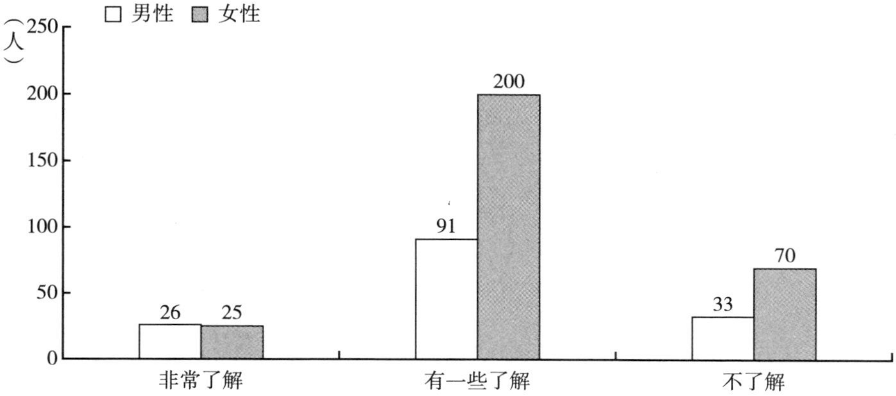

图3 成都医美潜在消费者对“医疗美容”的认知情况

颌骨整形，韩国一贯采取直削的方式，而中国则选用有弧度地“削”，之所以这样是因为两国人面部特点和审美观不同。虽然技术上相差无几，但在知名度上相差甚远。

《2018年成都医美潜在消费者调查》显示，成都公众中认为韩国是医疗美容技术最发达国家的比重超过一半，高达50.1%（见表1）。可以看到，在韩国举国宣传的影响下，成都消费者对中国医疗美容技术的信心与日新月异的中国医美技术水平不匹配。

表1 成都消费者心目中“医疗美容技术最好的国家”排名

单位：%

项目	韩国	日本	美国	瑞士	中国	以色列	巴西	德国	不清楚
排名	1	2	3	4	5	6	7	8	
认同度	50.1	18.65	6.74	2.47	2.25	1.35	0.9	0.9	16.64

《2018年成都医美潜在消费者调查》显示，仅有23.15%的受访者认为中国的医疗美容技术在国际上是比较领先的，51.46%的受访者认为中国医疗美容水平在国际上有待提高，而认为比较差的成都市民占比为6.74%。这些数据从侧面反映了成都消费者仍然对国外的医疗美容水平更有信心。

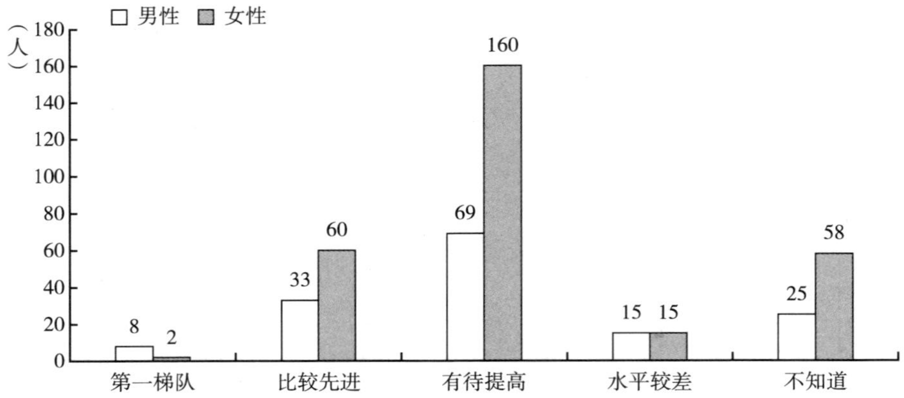

图4　成都医美潜在消费者对“中国医美技术”的认知情况

究其原因，可能有以下两个方面：第一，国内医疗美容行业不注重在普通消费者中进行宣传，而把所有的精力都放在学术建设上；第二，国内大量的不正规经营机构，导致负面新闻频现，给消费者造成了行业混乱的既定印象。

（四）受访者认可成都医美在国内市场的地位

同样的认知问题，我们转换到国内城市。《2018年成都医美潜在消费者调查》显示，上海、成都、北京、香港、台北（排名分先后）是成都消费者心目中医疗美容技术排名前五的国内城市（见表2）。成都排名仅次于上海，说明了成都医疗美容行业发展迅速，消费者信心比较充足，这也说明成都市政府牵头的行业宣传起到了较好的促进作用。但是，仍然有26.3%的受访者对于国内医疗美容水平缺乏认知，成都市在行业宣传上仍然有非常大的进步空间，这也是成都市打造“医美之都”必须要做的事。

表2　成都消费者心目中“医疗美容技术最好的国内城市”排名

单位：%

项目	上海	成都	北京	香港	台北	广州	深圳	重庆	武汉	不清楚
排名	1	2	3	4	5	6	7	8	9	—
认同度	28.5	17.5	12.8	4.9	4.0	2.9	2.5	0.02	0.02	26.3

（五）社会对医疗美容消费的态度比较宽容

《2018 年成都医美潜在消费者调查》显示，77.75%的成都市民表示，如果要接受医疗美容手术，身边的家人和朋友会尊重自己的决定；13.9%的成都市民表示家人和朋友支持或者非常支持自己接受医疗美容手术；10.6%的成都市民表示家人和朋友反对自己接受医疗美容治疗。从中可以看到，成都市民的医疗美容治疗的接受度非常高，有接近90%的成都市民支持或者尊重家人和朋友接受医疗美容治疗。

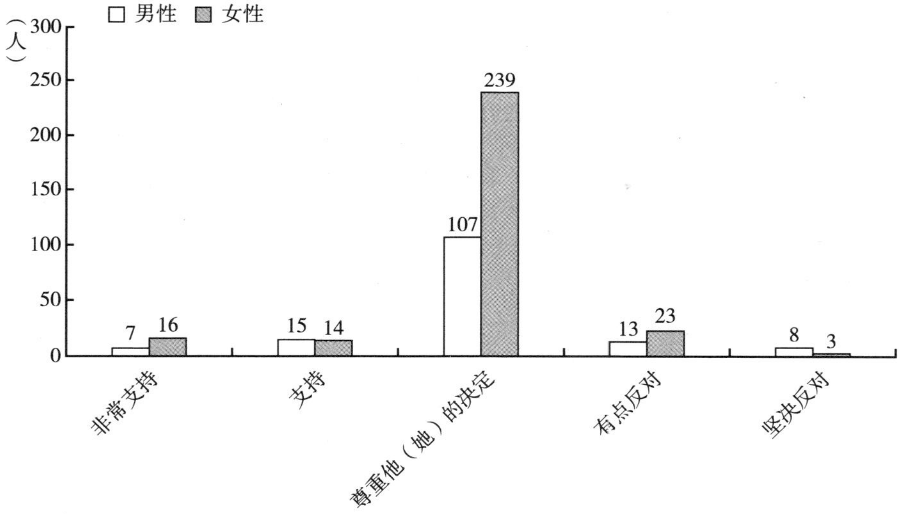

图5　成都医美潜在消费者对医美的态度

二　成都公众医美需求分析

（一）受访者对外形的自我认知

《2018 年成都医美潜在消费者调查》显示，41.6%的成都市民对自身相貌比较满意或者非常满意，15.5%的成都市民对自身相貌不满意或者很不满意，而41.3%的市民认为自身相貌比较一般。其中男性更认可自身相貌

（见图6）。从年龄层面来看，36～50岁的消费者对自身相貌满意度相对较高，31～35岁消费者对外形满意程度较低（见图7）。

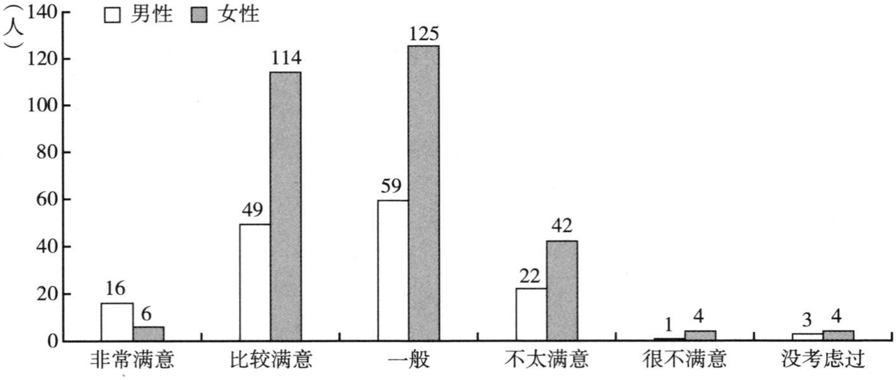

图6　成都医美潜在消费者对自身相貌的满意程度

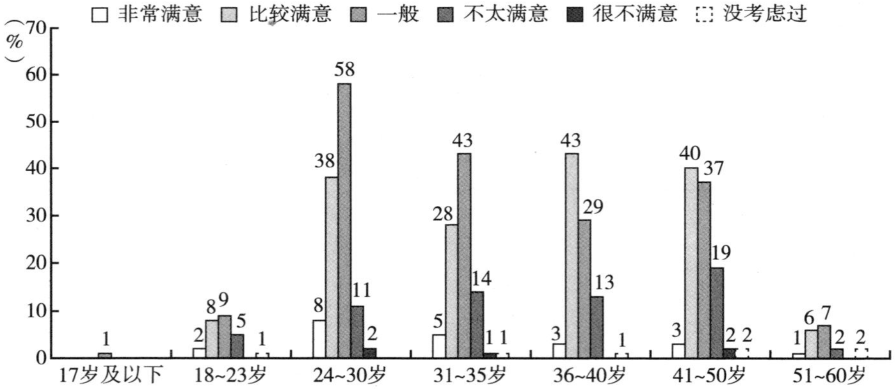

图7　成都医美潜在消费者对自身相貌的满意程度（按年龄）

（二）受访者对于医美消费的打算

《2018年成都医美潜在消费者调查》显示，19.6%的成都市民接受过医疗美容治疗；17.7%的成都市民有打算在未来接受医疗美容治疗，目前正在决策期；62.7%的成都市民尚未有马上接受医疗美容治疗的计划。有打算在未来接受医疗美容治疗的消费者主要集中在24～30岁的年龄区间，反映了该部分初入职场的年轻人对于使用医疗美容手段提升颜值的渴望。

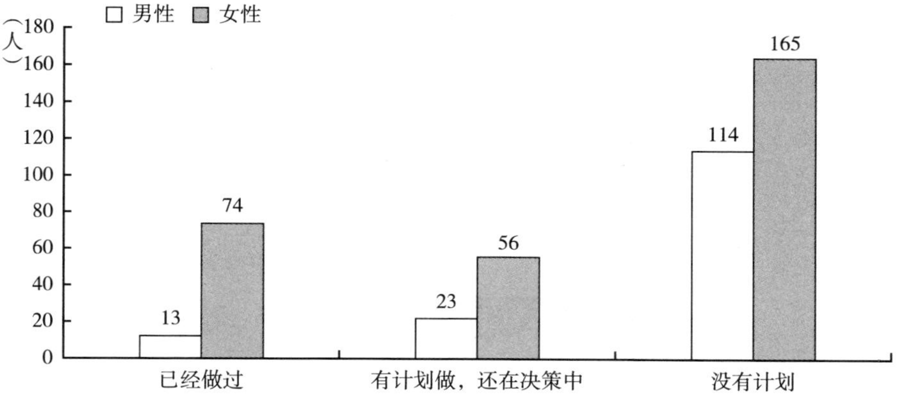

图 8　成都医美潜在消费者对医美消费的打算

（三）受访者对医美项目的接受情况

《2018 年成都医美潜在消费者调查》显示，未来有整形计划的成都市民对于皮肤类治疗和微整类治疗抗拒性较少，分别有 27.2% 和 25.2% 的消费者表示能够接受。值得一提的是，希望接受皮肤类项目治疗的人群年龄集中在 24～30 岁，而希望接受微创类项目治疗的人群年龄集中在 36～40 岁。数

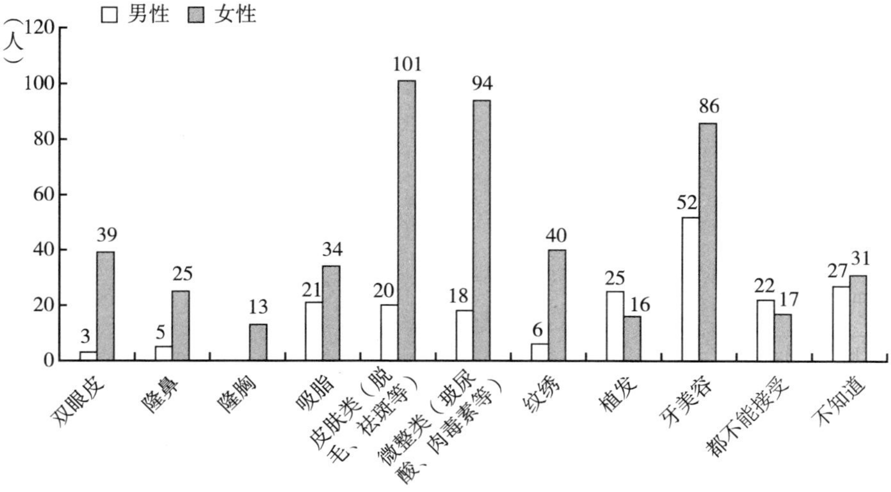

图 9　成都医美潜在消费者对医美项目的接受程度

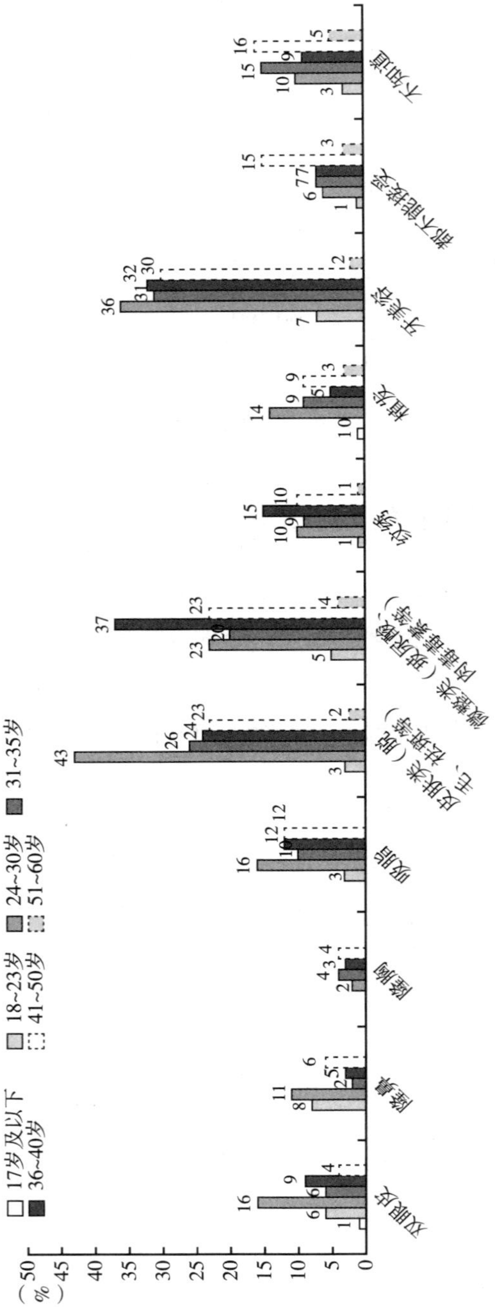

图10 成都医美潜在消费者对医美项目的接受程度（按年龄）

据还显示，牙美容作为新兴项目吸引了大量的目光，成为需求量排名第三的医美项目，其中甚至有超过1/3的男性希望接受牙美容项目。另外，仍然有21.8%的消费者对目前流行的医美项目都不感兴趣。

三　成都公众医美消费行为分析

（一）医美机构的选择

1. 手术类项目首选公立医院整形科

《2018年成都医美潜在消费者调查》显示，72.6%的成都市民表示，如果接受医疗美容手术类项目，会优先选择公立医院的整形科；而23.15%的成都市民认为民营专科医院（或门诊部）相较于公立医院更专业，仅有4.2%的成都市民认为美容院、私人工作室等做医疗美容项目更安全。也就是说，成都市95.8%的消费者都认为做医疗美容手术类项目，一定要选择具备开设医疗美容项目资质的机构，说明消费者对公立医院在手术类项目的专业性上更认可。

2. 非手术类项目对民营机构的信任度上升

如果视角转向非手术类项目，成都市民对民营机构以及美容院的信任度继续提升，分别达到38.7%和6.7%。随着非手术类医美项目的普及，成都市民对非手术类项目的安全信赖度进一步提升。

（二）医美消费的顾虑

《2018年成都医美潜在消费者调查》显示，受访者对医疗美容消费的主要顾虑是：①后遗症；②医生技术；③手术发生意外；④设施及药品质量；⑤医院资质；⑥效果是否持久；⑦行业水深，不知道如何决策；⑧价格是否合理；⑨发生意外后无处申诉；⑩担心隐私被泄露；⑪家人和朋友的看法。由此可以看出，受访者在观念意识上已经不太在乎别人的看法，关注的焦点更偏理性思维——手术是否安全、医生技术是否过硬、医院使

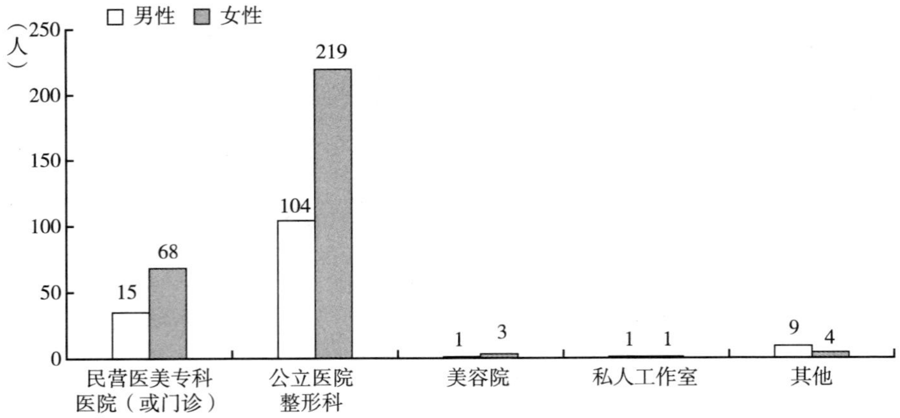

图 11　成都医美潜在消费者对医美机构的信任度（手术类项目）

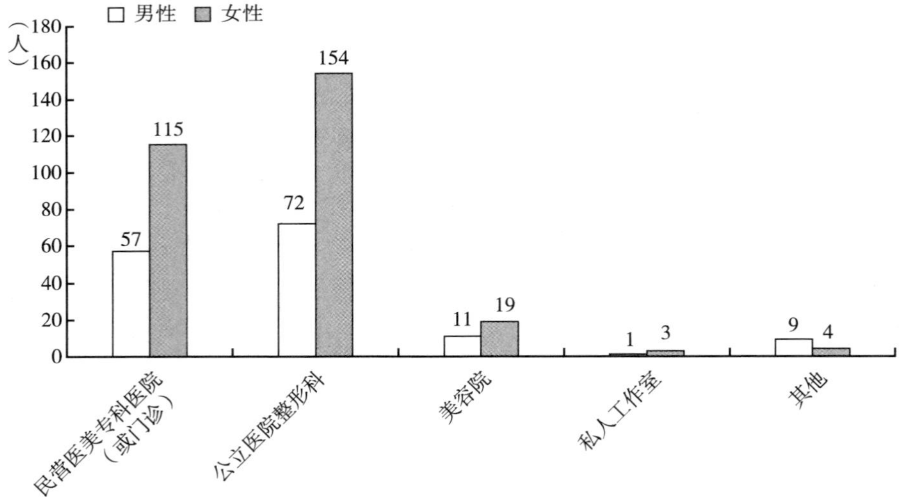

图 12　成都医美潜在消费者对医美机构的信任度（非手术类项目）

用的药品是否正规，以及发生意外后的申诉问题。随着成都医疗美容价格战的进一步加剧，以及医美价格的越来越透明，价格对消费者决策的影响力在持续下滑。

人们对于整形美容医学的要求越来越高，重视整形美容的安全性；手术安全性是消费者是否接受整形美容的最重要因素，而手术效果和成功率以及手术是否疼痛、恢复是否快速也有很高的关注度。据统计，20%的潜在消费人群表示只要安全，价格不是问题。所以，加强专业技术水平，提升消费者就医体验，将是成都医疗美容机构必须解决的问题，而非机构只有靠价格战和营销战来攻城掠地。

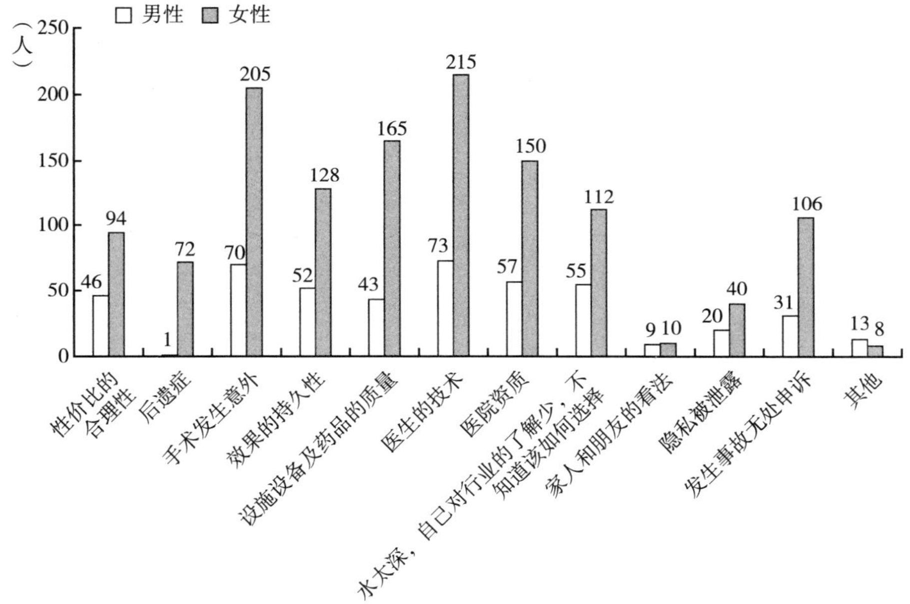

图 13　成都医美潜在消费者对消费医美项目的顾虑

（三）医美消费的支付习惯

在成都医疗美容消费者的支付习惯上，《2018 年成都医美潜在消费者调查》显示，30.7%的消费者倾向于使用分期付款支付费用，39.6%的消费者不会考虑分期付款，29.7%的消费者表示无所谓。

在年龄维度上，18～30 岁人群最倾向于使用分期支付，31～50 岁的人群分期需求逐步下滑，51～60 岁的消费者基本不会选择分期支付。由此可以看出，医美市场仍然有很强劲的分期贷款需求，目前成都合法医美机构中引入分期贷款合作方的机构只占25%。据统计，目前成都医美市场主要贷款合作方有百度分期、医分期、度小满、给米分期、即科金融即分期、美好、小牛分期、捷信分期、马上贷、马上分期、马上消费金融、么么贷、丽人贷、么么钱包、米么金融、天津银行、平安银行、乔融医分期、呜咔熊、美芽、起点分期、建设银行等。

伴随着消费新时代的到来，医美市场以医美服务机构为核心，不断推出新型支付方式，缓解部分消费者经济压力，拉动消费需求不断提高，为此，加强金融监管是成都市打造“医美之都”的一个重要命题。

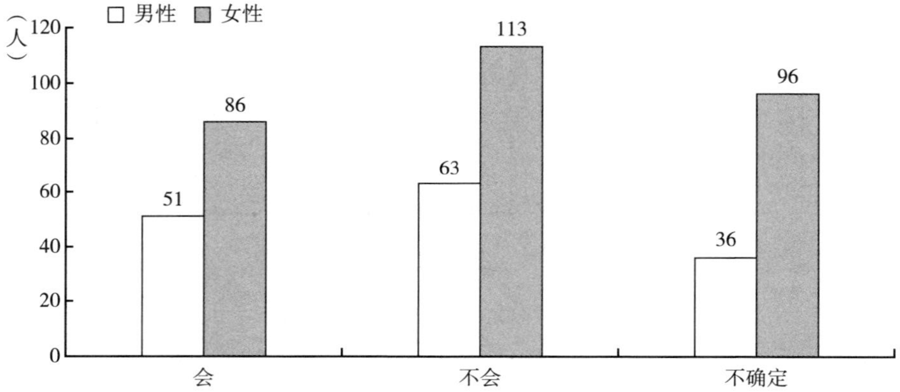

图14　成都医美潜在消费者对分期支付的决策

（四）医美消费的保险购买

《2018年成都医美潜在消费者调查》显示，62.2%的成都市民倾向于在购买医疗美容治疗时购买相应的保险产品，10.56%的成都市民明确表示不愿意购买医美保险产品，27.2%的成都市民认为对医美保险不太了解，需要先了解。

从数据可以看到，大部分消费者愿意为医美保险买单，有一定的风险预防意识；但目前医美保险在成都地区并没有成熟的产品和相应的推广，导致大量消费者对产品不熟悉，没有基本认知。由于行业不规范、责任鉴定复杂、风险系数超高等，保险业一直“刻意”与医疗美容行业保持距离，通常会把美容、整形、整容等列为责任免除项；随着广大求美者的整形需求及整形机构的不断增加，医美整形引起的意外风险和医疗事故频发，医美整形行业急需一个可靠的平台来予以规范和保障。

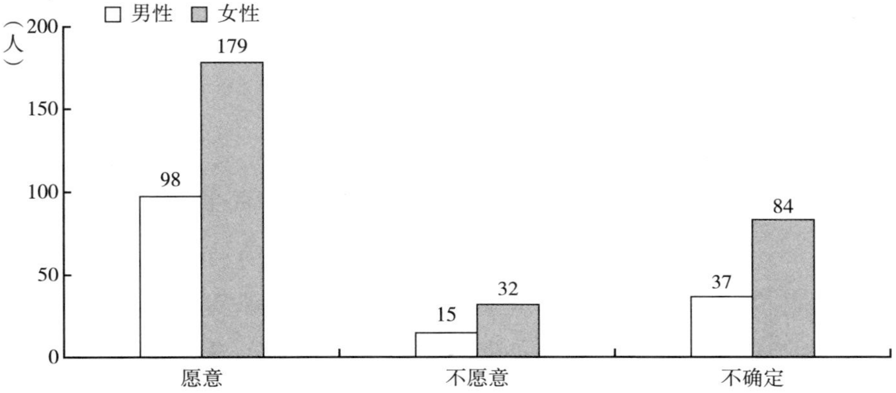

图 15　成都医美潜在消费者的保险意识

ℝ.11

成都医美企业品牌营销与大众消费行为选择研究报告*

程淑玲　李 廮**

摘　要： 医疗美容在成都快速发展，到2018年，成都的医美企业达到407家，成都的医美消费需求也快速增长。在医美高额利润的刺激下，医美企业通常都依赖于营销投入来吸引客户，营销投入成为医美企业发展中的重负，且过多营销投入导致医美企业出现忽略人才培养、医疗技术不过关、客户体验度差等问题。医美企业应转变营销方式，通过差异化、特色化的服务，打造企业品牌特色，提升辨识度。实行精准化营销，降低营销成本。以客户为中心，提升客户体验。最重要的是，加大医美企业人才培养力度，支撑企业发展。在成都“医美之都”的规范化发展过程中，建立健康的企业发展路径，规范营销市场，促进行业健康发展。

关键词： 医疗美容　企业营销　品牌认知度

医美企业的生存、发展依赖于消费者，医美企业目前普遍面临的问题就是营销成本高、获客成本高，不少企业在高额营销成本下面临巨大的生存压

* 该成果系陕西省社会科学院2018年重点课题（18ZD013）阶段性成果。本文中未注明的数据均来源于国家统计局网站、陕西省统计局网站和西安海关网站。

** 程淑玲，四川省社会科学院社会学专业研究生；李廮，《医美深见》联合创始人。

力。本报告基于2018年成都医美消费者调研数据和2019年成都医美行业营销分析数据，以米兰柏羽、华美紫馨、美莱整形、铜雀台整形、艺星整形、西婵整形、悦好整形、娇点整形、成都八大处整形等具有代表性的机构为例，研究品牌营销和消费者选择之间的关系，探讨如何打造企业和消费者之间的良性关系。

一　成都医美企业的营销策略

中游医美企业依赖于客户消费，一般医美机构投入大量资金开展营销，通常新开的机构可能投入年营业收入的60%～70%用于营销，而有基础的机构也会投入50%～60%的年营业收入进行营销。一般医美企业的营销包括：渠道营销，即通过美容院介绍顾客并给予返点；直客营销，以广告投入、自媒体运营、医美垂直平台、线下活动推广等方式吸引消费者。为了追逐高额利润，机构普遍将重心放在营销上以不断吸引新的顾客。从获客方面来说，通常会与营销投入成正相关，该渠道投入越多顾客就会越多，营销对医美企业的顾客来源具有直接的影响。但随着医美机构增多，竞争日趋激烈，重营销而不重质量的运营方式导致客户流失，医美机构的利润空间不断被压缩。在国家不断加强渠道营销监管、规范医美企业发展后，大中型医美企业也积极加大直客营销的投入，依靠营造品牌、升级服务、提高专业度等手段，积累客户口碑，形成稳定客户群，提升品牌知名度，扩大规模效益等。

品牌认知度是指消费者通过品牌来认识、了解和选择公司产品和服务的程度。品牌认知度是影响客户选择的重要因素。对于新兴的医美行业，品牌认知度对客户做出选择具有重要影响。顾客的品牌认知度来源于多个方面，包括广告宣传、客户口碑、品牌积淀等。

（一）传统广告营销

医美企业直客营销有户外广告、百度竞价、医美垂直平台、微信公众号及一些年轻人中流行的小红书 App 等方式。线下以传统的户外广告投放和一些现场活动为主。户外广告投放包括地铁、公交站台、火车站、高速路等。根据 2019 年 1 ~9 月的投放统计，成都各大医美企业户外广告投放情况如表 1 所示。

表 1　2019 年 1 ~9 月成都医美行业户外广告投放情况

项目	米兰柏羽	华美紫馨	美莱	铜雀台	艺星	西婵	悦好	娇点	成都八大处
地铁	√			√	√	√	√	√	
公交站台		√		√				√	
火车站						√			
高速路	√								
机场						√	√	√	
数字刷屏		√	√	√					
电梯框架	√	√	√			√	√	√	
商业区 LED	√	√	√	√					

大部分医美企业会选择 3 ~4 处户外平台投放，其中以地铁投放最为频繁，其次是电梯框架和商业区 LED。米兰柏羽、华美紫馨、铜雀台、西婵、娇点都投放了 4 种户外平台，美莱、悦好投放了 3 种户外平台，艺星投放了地铁 1 种户外平台，而成都八大处则没有投放任何平台。

（二）线上平台营销

线上宣传渠道包括自媒体、搜索引擎推广、传统电商平台及医美行业平台等。微信自媒体是医美企业普遍采用的宣传方式。参照 2019 年 4 ~8月的微信传播力指数 WCI，八大处整形医院、四川华美紫馨医美医院、四川美莱整形 3 家企业传播指数最高，都在 300 以上，其中八大处整形医院的指数更是稳定在 500 以上。从自媒体运营来看，前三家每月发布医疗美容相关文章及机构信息的数量稳定，平均在 20 条以上，文章的阅读量也较高，八大处 7 月的头条文章阅读量高达 90300 人次，接近公众号爆款文章的 100000 + 人次。成都铜雀台医学美容医院、米兰柏羽、四川娇点医学美容医院、四川西婵泛亚整形美容医院及四川华美紫馨医学美容医院等5家的传播指数在中间区位摇摆，WCI指数为150～300，公众号文章月更新维持在10篇以下，其中铜雀台医学美容医院文章更新频繁，每个月都在30篇左右，但是平均阅读量较低，从而影响了其WCI指数。成都艺星医疗美容医院、四川悦好医学美容医院、成都悦好医学美容医院等的WCI指数相对偏低，在200以下，文章更新频率低，平均阅读次数低。

微信公众号不仅是宣传平台，也是商品销售的链接点。八大处有微信预约功能、四川华美紫馨医美医院有美呗商城的链接，美莱有美莱商城链接，娇点医学美容医院有在线预约功能等。自媒体方便了各医美企业的自我营销，微信公众号是直客营销中花费最少的，通常只需要支付维护者的人工费用，但是通常需要较长时间来积累客户。

总体说来，华美紫馨的线下传统媒体宣传和线上的自媒体运营都保持较高水平，米兰柏羽在线上线下保持了平衡的投入。八大处开业一年来，宣传策略侧重在线上，自媒体运营维护质量较高，线下无任何广告投放。

从睿意高攀文创集团2019年成都多家媒介渠道公司数据整理结果来看，合规机构年60亿元营业收入，户外广告媒体投放总投入1.6亿元，其中0.2亿元为营销策划费，1.4亿元用于传统广告媒体投放。电梯媒体投放占比最大。线上传播及企业活动推广的费用为4.7亿元。直客销售支出占到总营业收入的10.5%，渠道销售的投入比例应该高于此。

（三）品牌口碑营销

其他医美企业也有不同的经营策略。成都八大处医疗美容医院作为国有股份主导的混合所有制整形医院，坚持“直达医生、医助协诊、价格透明”的三大策略，为客户提供专业的均质化服务，既保障客户权益，又体现医生的专业价值，在不做任何户外广告投放的情况下，依靠自身的技术优势，获得行业和消费者的认同。

华美紫馨注重线上线下的品牌营销，但也注重品牌的公益效应。2006

年参加成都市“鸡蛋工程”慈善项目，协助低保家庭中小学生营养不良问题，参加2008无偿援助汶川地震受害者恢复容貌，2015年发起“维纳斯公益援助计划”帮助有需求的女性等。通过公益活动履行企业社会责任，提升企业社会影响力，积淀品牌效应。华美紫馨2017～2019年的门诊满意度和住院部满意度都在90%以上，专业服务品质得到顾客认可。

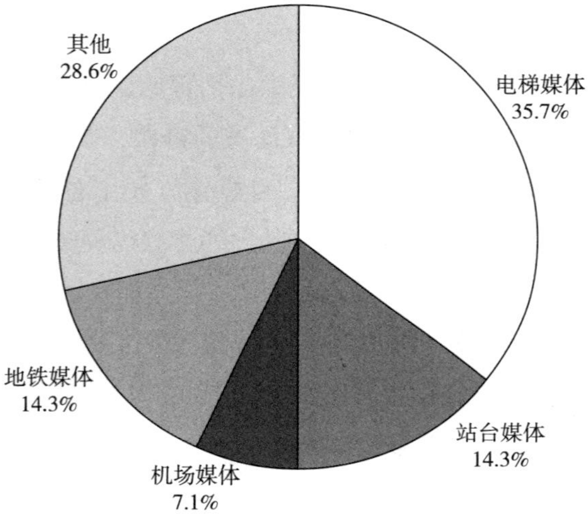

图1　户外广告投放资金

医师数量是反映一家医院专业度的重要指标。从医师数量来说，华美紫馨、米兰柏羽、美莱和铜雀台的医师数量较多，均在20名以上，剩下5家医师数量则相对较少，都是10名左右（见图2）。

企业的营销策略要多样化、专业化，通过形成自身优势来吸引客户。从2018年成都医美消费者调研数据（以18岁以上女性为潜在客户进行的抽样调查）来看，顾客也从不同侧面了解医美机构。

华美紫馨、米兰柏羽和美莱在广告投放、品牌积淀和口碑传播等方面都相对均衡，西婵和铜雀台的受众信息来源偏重于广告投放。医美企业通过广告投放、品牌积淀和口碑传播打造品牌认知度，消费者也不同程度地受到品牌营销的影响。

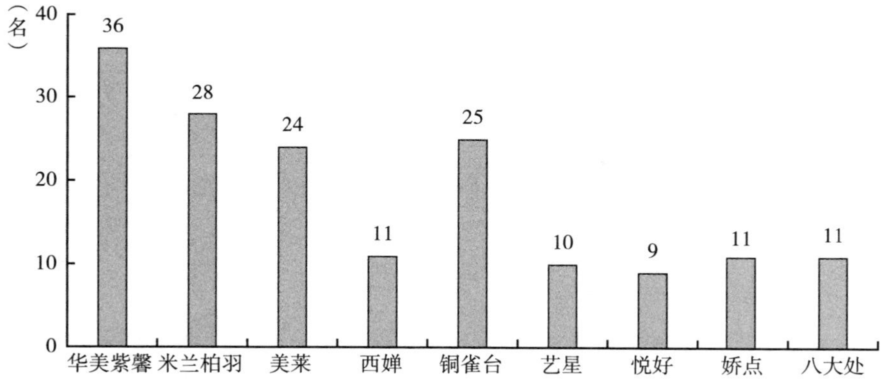

图 2　主要医美企业医师数

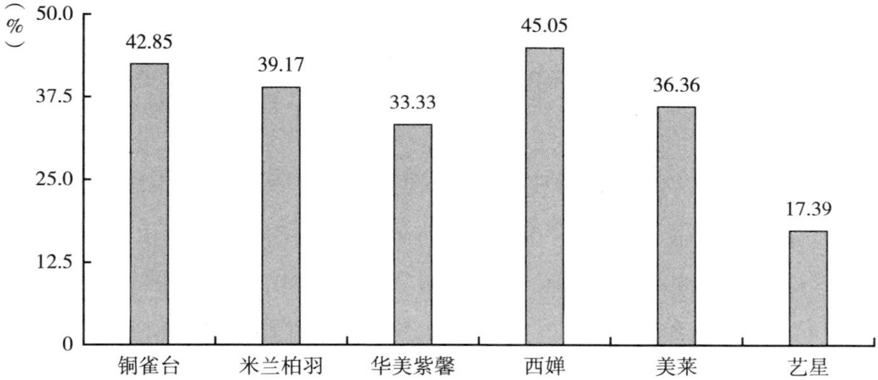

图 3　受众接收信息媒介形式——广告投放

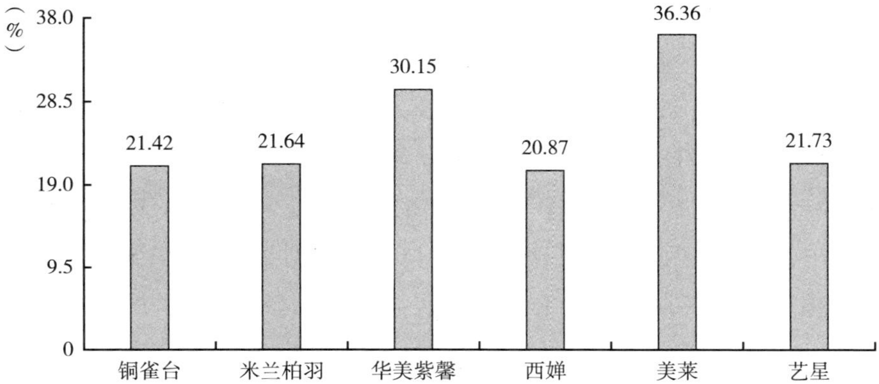

图 4　受众接收信息媒介形式——品牌积淀

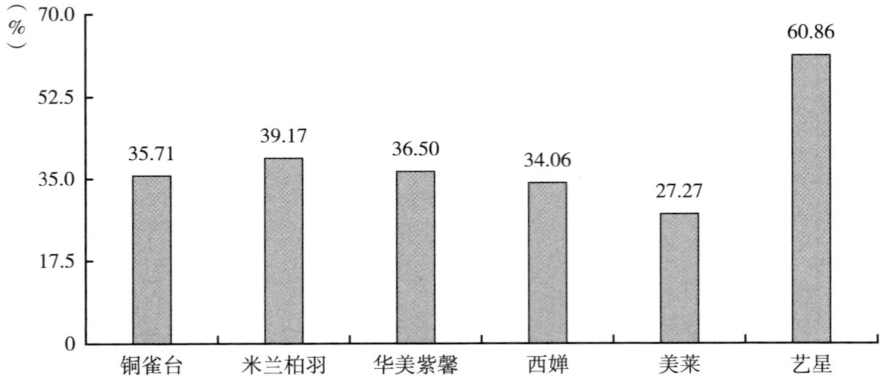

图5　受众接收信息媒介形式——口碑传播

二　成都医美企业的品牌认知度

2018年本课题组开展的潜在消费者调查，以18～60岁的女性为对象，采用抽样调查的方式，涉及对医美市场认知、媒介接触习惯、消费决策行为习惯、背景资料四个部分的93个问题，共计回收2000份问卷。该调查显示，品牌直客营销带来了不同的客户认知率。课题组从品牌知名度和品牌印象两个方面来了解医美企业的品牌认知度。数据显示，华美紫馨、米兰柏羽及西婵在大众中的品牌认可度较高，均在18%以上，而铜雀台、美莱和艺星的无提示第一提及率则相对较低，均在6%以下（见图6）。

不同的年龄群体对品牌的认知度也有一定的差异。在抽样调查中，18～23岁为年轻族群，24～30岁为轻熟族群，31～35岁为精英族群，36～40岁为成熟族群，40岁以上则为中年族群。从2017年到2018年的抽样调查数据来看，铜雀台的大众认知率在各个年龄段都在下降，其中在31～35岁精英族群中的认可度下降幅度最大，从31.6%下降到3%。而华美紫馨的大众认知率在各个年龄段都在提升，其中在18～23岁年轻族群中的认知率从13.3%上升到27.3%。其他几家医美企业的认知率在各个年龄段的表现相对都较为平稳（见图7～图10）。

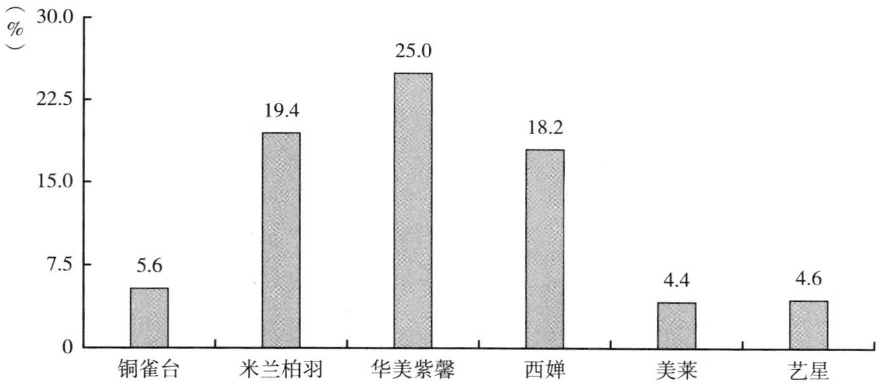

图 6　品牌无提示第一提及率

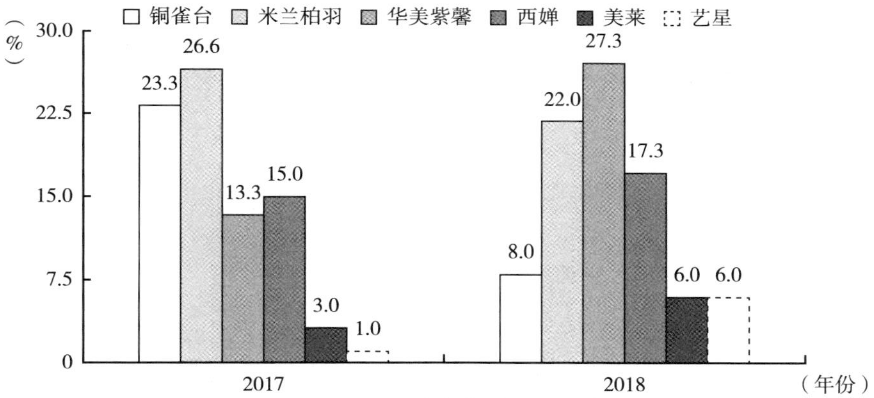

图 7　18～23 岁年轻族群认知率

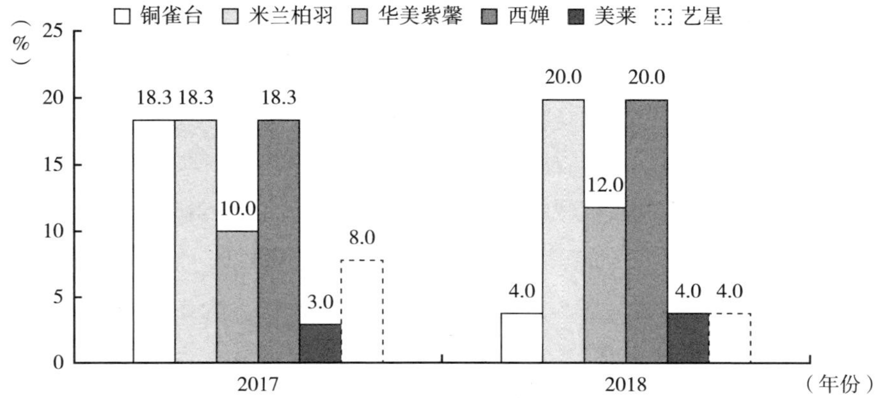

图 8　24～30 岁轻熟族群认知率

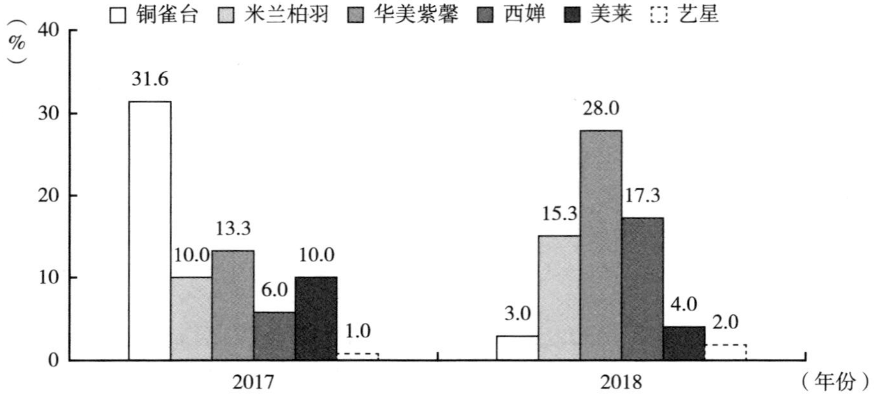

图 9　31～35 岁精英族群认知率

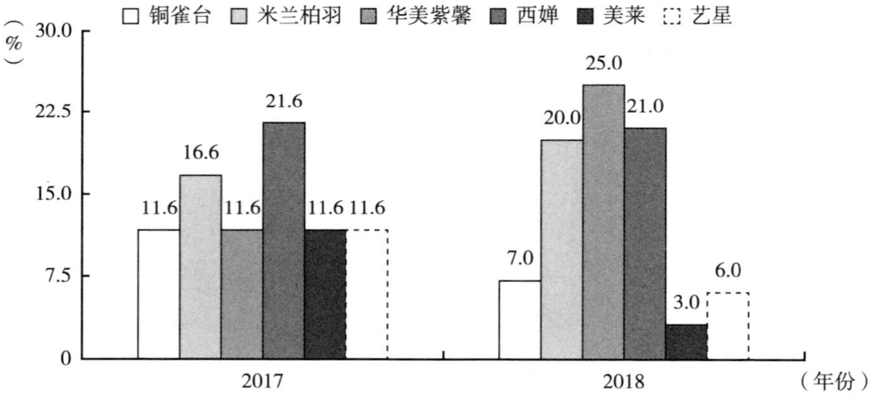

图 10　36～40 岁成熟族群认知率

品牌营销也注重打造立体的企业形象，品牌印象主要包括时尚度认知、专业度认知、国际化认知、公益性认知、价格认知等方面。从时尚度认知来看，华美紫馨认可度最高，为 59.60%；铜雀台最低，为 47.40%。从专业度认可来说，华美紫馨最高，为 66.20%；铜雀台最低，为 58.80%。从品牌公益性认知来说，米兰柏羽最高，为 40.40%；铜雀台最低，为 21.40%。国际化认知方面，米兰柏羽最高，为 45.40%；铜雀台最低，为 33.60%。品牌价格认知方面，华美紫馨最高，为 53.60%；铜雀台最低，为 37.20%。总体说来华美紫馨的品牌认知度最高，铜雀台相对较低（见图 11～图 15）。

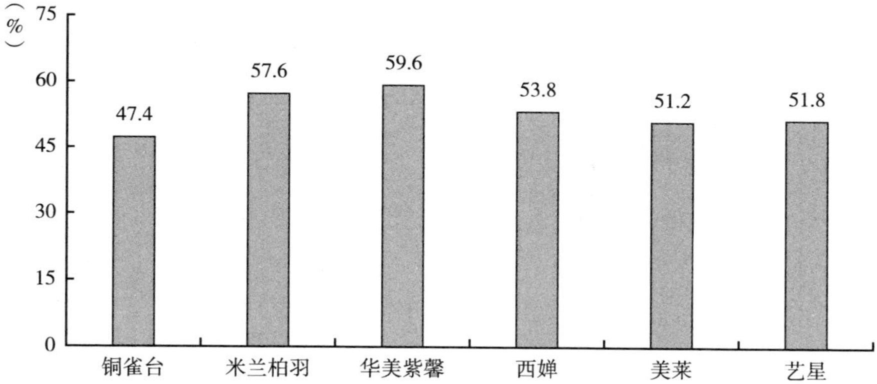

图 11　医美市场品牌时尚度认知

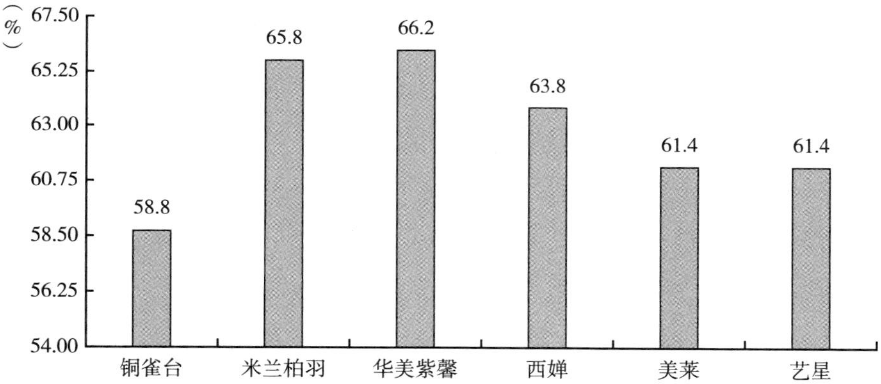

图 12　医美市场品牌专业度认知

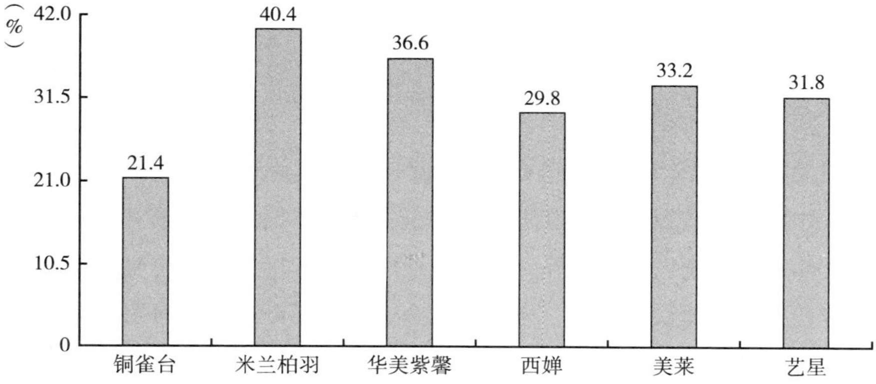

图 13　医美市场品牌公益性认知

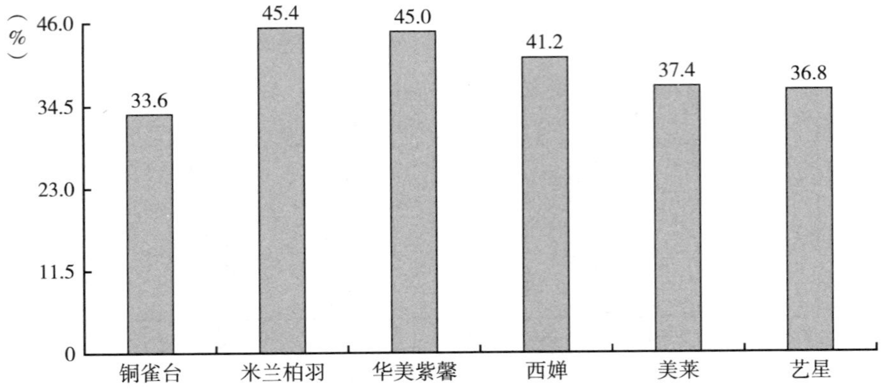

图 14　医美市场品牌国际化认知

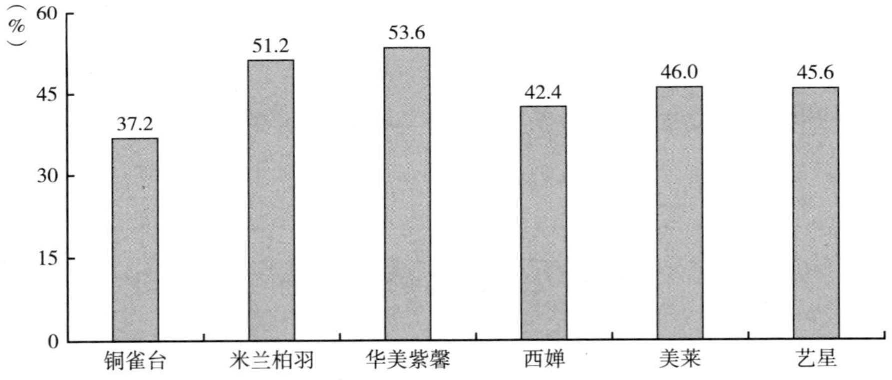

图 15　医美市场品牌价格认知

但是相比 2017 年的品牌认知度来说，华美紫馨除了公益认知程度上升 21.7% 外，其他认知程度都有所下降。铜雀台除了时尚认知程度上升 6.4% 外，其他认知程度也有所下降。其他企业的认知程度则普遍上升。华美紫馨在医美企业中品牌认知度高，但是其他企业也在不断地提升自身形象，提高品牌认知度（见表 2）。

表 2　2018 年成都医美市场品牌认知度同比变化

单位：%

企业	时尚认知	专业认知	价格认知	国际认知	公益认知
铜雀台	↑6.4	↓0.8	↓5.1	↓11.0	↓3.8
米兰柏羽	↑34.0	↑12.0	↑1.2	↑13.1	↓6.8
华美紫馨	↓10.4	↓6.8	↓33.4	↓24.6	↑21.7
西婵	↑17.2	↑3.1	↑0.4	↑10.6	↓2.8
美莱	↑12.5	↑8.8	↑16.0	↑8.4	↓12.9
艺星	↑18.8	↑9.1	↑8.3	↑10.5	↓3.5

三　企业营销与客户消费选择

（一）渠道营销

如上文所述，医美企业营销主要依靠渠道营销和直客营销，而营销方式投入会直接影响客户来源。各家医美企业会根据自身的情况选择不同的渠道。以某机构为例，第一年渠道营销和直客营销的投入比为7∶3，则顾客来源也会维持在此比例，第二年渠道营销和直客营销的投入改为6∶3，顾客来源也会随之转变。在当前信息渠道多元、信息碎片化的背景下，作为刚成立的新机构在没有稳定客户群体之前，不得不在各种渠道投入以吸引顾客。在该机构中，顾客通常会消费皮肤类产品，占到60%左右，线雕类产品占到30%左右，医疗手术类产品占到10%左右。随着时间推移，手术类产品会逐渐增多，顾客市场需要时间积累。对于美莱、米兰柏羽这种老牌机构来说，进入市场早，企业规模大，已经有稳定的客户群体，在企业的营销投入上相对较少，且开始拥有自己的客户群体，能有效吸引客户消费。

（二）直客营销

垂直医美平台是企业营销的优先选择之一，因为这里有精准需求的顾客。在垂直医美平台电商新氧 App 上，各大医美企业的数据显示了客户的选择偏好。从案例数、预约数、咨询量和粉丝等顾客有关的数据来看，华美紫馨的数据整体高于其他医美企业，这与华美紫馨的各项品牌高认知度数据保持一致（见图 16）。艺星、美莱、铜雀台在品牌无提示第一提及率上，虽然大众认知度较低，但是在新氧 App 上的各项数据相对平稳，西婵、悦好、八大处医美企业的数据则整体较低。

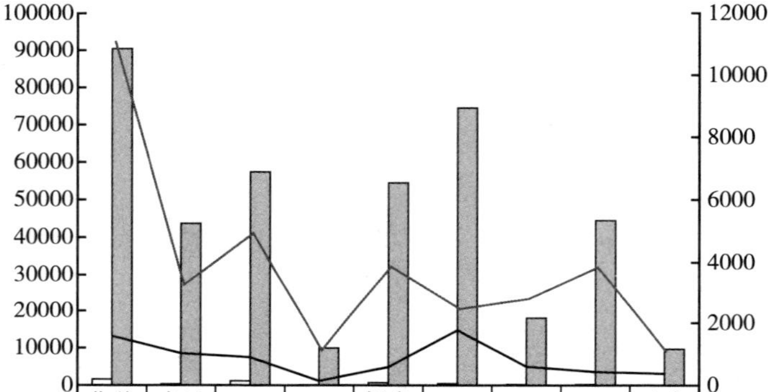

	华美紫馨	米兰柏羽	美莱	西婵	铜雀台	艺星	悦好	娇点	八大处
案例数（个，左轴）	1642	344	1150	116	773	525	279	286	70
预约数（个，左轴）	90374	43702	57363	9964	54505	74457	18026	44451	9719
咨询量（人次，右轴）	1586	1033	907	145	593	1766	602	443	388
粉丝（人，右轴）	11098	3284	4934	1128	3869	2448	2793	3840	1069

图 16　2019 年 9 月新氧平台销售数据

（三）电商平台营销

传统的电商平台是销售渠道之一，各大医美企业也在综合电商阿里健康、天猫上销售。从月销量来说，美莱、华美紫馨、米兰柏羽三家企业销售量较多，但在平台上销售的冠军产品普遍都价格较低，价格为 28 ~ 1880 元，只有西婵的蜂巢皮秒双模式祛斑多次套餐价格达到 5000 元以上。销售数量最多的是美莱的玻尿酸产品，月销量 716 个，价格则在 299 元/50 单位（见表 3）。

表3　2019 年 8 月电商平台销售数据

项目	华美紫馨	米兰柏羽	美莱	西婵	铜雀台	艺星	悦好	娇点	八大处
平台	阿里健康	天猫	天猫	阿里健康	阿里健康	阿里健康	—	阿里健康	阿里健康
销冠产品	超冰脱毛	进口瘦脸针	国产玻尿酸	蜂巢皮秒双模式祛斑多次套餐	visia 皮肤检测	V-line 套餐	—	冰点脱毛	—
销冠产品月成交量(个)	99	30	716	14	6	26	—	27	—
销冠产品价格	28 元(唇毛/腋毛二选一季卡)	1880 元/次	299 元/50 单位	5880 元	14 元	1630 元	—	99 元(唇毛/腋毛 6 次)	—

四　医美企业品牌营销建议

（一）提升品牌价值，节约营销成本

医美企业的营销方式与顾客来源具有直接关系，各大医美企业在营销方面都投入了大量资金，形成这个局面的原因有：首先，现在的信息渠道多样，消费者获取信息的渠道不一，医美企业为兼顾多种渠道投入，只能增加营销投入。其次，医美行业人才缺乏，大量医美企业难以找到合适的技术人员，只能高价雇佣“飞行”技术人员，增加了运营成本。再次，因为医美行业人才缺乏，很多机构无法像八大处一样形成技术优势，只能依靠花样繁多的产品推销，进而推高营销成本。最后，短时间内过多医美企业涌入，为了争夺利益，通过渠道返点等不当竞争抬高营销成本。总而言之，由于医美人才缺乏、产品不规范，为追逐高额利润，企业不得不依赖多种方式营销，而相互间的竞争又使营销成本居高不下，导致企业无暇顾及提高医美技术和提升顾客服务体验。

《成都医疗美容产业发展规划（2018～2030年）》发布后，政府也出台了系列政策支持医美产业的发展，一方面为医美企业发展提供了利好条件，另一方面规范市场秩序，完善行业监管机制。比如打击非法行医、非法整形，提出医美行业诚信要求，开展医美行业自律工作等。在未来的发展中，医美企业将面临监管加强、竞争加剧的局面，需要转换传统的品牌营销方式，加强品牌营造，提升品牌价值，扩大规模优势。

（二）精准化发展，精准化营销，降低获客成本

医美机构要建立差异化和特色化的品牌，实现资源的全方位整合和机构的高效运营。通过精准化的营销，如医美垂直平台、年轻客户集中的平台及企业自主运营的客户平台等，促进企业客户的直接对接，降低客户信息获取成本，通过专业的服务，提高客户信任度。打击非法的渠道营销和直客营销，降低营销成本，也为顾客构建信息更真实、更平等化的环境。从成都市医美行业发展的大环境来看，成都市未来的医美机构将越来越精专，综合型医美逐渐消退，专业型医美不断发展。同时，随着医疗美容技术的进步，医美服务也将越来越成熟和安全，不断降低安全隐患，大幅提升手术成功率。

（三）转变经营理念，提升品牌价值，吸引消费群体

医美企业要转变经营理念，改变短时间内牟取暴利的经营行为，以客户为中心，细分客户群体，打造企业形象，提升客户体验，稳定客户群，增加客户的再次消费。通过公益活动、品牌联合活动提升品牌价值，打造品牌效应，增加客户忠诚度。提倡健康、自信、平等的美丽价值观，不仅改变女性的外貌，也支持女性追求健康的生活。要以积极健康的价值观赢得客户认同。

（四）政府、机构合作培养专业人才，以技术吸引消费者

医美人才不足是行业发展的瓶颈之一，政府通过政策引入人才、建立人

才培养体系，优化人才环境。医美企业也应增加人才培养投入，提高企业技术能力，完善企业人才奖励机制，提供学习培训机会，助力行业人才成长。鼓励专业技术人员与服务人员职责分离，体现专业人员的专业价值，完善职责分工体系。以专业的人才为招牌，以专业的服务为支撑，吸引消费人群，降低消费者对产品的营销依赖。

产业配套篇

Industrial Matching Reports

R.12

成都市医疗美容产业人才资源报告

刘澎涛 *

摘　要： 随着医美行业的迅猛发展，高素质医美人才成为医美机构及医美产业发展的关键。尤其在我国医美人才紧缺的情况下，人力资源的核心地位显得愈发重要。随着成都市医美市场的不断扩大，成都医疗美容主诊医师（备案制）、护士以及其他相关岗位的规模都存在一定的缺口，现阶段的人才供应难以满足产业发展的需要。从人才培养的角度来看，成都市医疗资源丰富，相关学科发展良好，但正规培训机构数量较少，同时缺乏完善的人才培养体系，导致人才培养质量不高，规模较小。为增加医美人才储备，未来成都市将通过医美学科建设和培育教育机制完善来扩大人才培养规模；通过提高人才待遇、优化人才环境和搭建服务平台来有效增加医美人才储备。

* 刘澎涛，医聘网成都分公司总经理。

关键词： 医美从业者　人员紧缺　人才培养

医疗美容行业发展迅速，市场环境日益复杂，医美服务行业作为技术密集型行业，高素质的技术人才和管理人才对医疗机构的发展起着十分重要的作用。随着中国社会经济的发展以及医疗美容市场的不断扩大，医美人才这一核心资源的地位愈发重要，医生由此成为医美机构争夺的关键资源。但就目前来看，专业医美人才缺口较大，从业人员学历层次偏低等现象普遍存在，成为医美行业发展的主要瓶颈。

一　成都各类医美人才资源状况

（一）卫生技术人员资源

卫生技术人员指医美机构支付工资的全部固定职工和合同制职工中现任职务为卫生技术工作的专业人员，包括中医师、西医师、中西医结合高级医师、护师、中药师、西药师、检验师、其他技师、中医士、西医士、护士、中药剂士、西药剂士、检验士、其他技士、其他中医、护理员、中药剂员、西药剂员、检验员和其他初级卫生技术人员。

2014～2018 年，成都市医美机构数量呈现大幅上升趋势，卫生技术人员数量同比上升。2015～2016 年，医美机构数量增长最快，这一现象与全国医美大环境有关。一方面，全国范围内医美市场正在扩大，众多社会资本入局，促进了医美机构数量的增加；另一方面，国内医疗政策放开，部分医生离开公立医院，下海创业，创建医美品牌。2017～2018 年由于出现机构洗牌，机构增幅不大，但仍然保持稳定的上升趋势。

在卫生技术人员数量方面，2018 年全市医美机构（不含综合医院医美科室等其他医美机构）共有卫生技术人员 3131 名，同比增长 16.1%。虽然 2014～

2018 年数据一直保持增长趋势，但实际上与机构数量相比，医美卫生技术人员仍然存在较大缺口。这与国内医疗教育体系不完善、教育规模及培养质量跟不上市场需求、医疗环境迫使大量医务人员转行有关。虽然也有一些医疗人才受医美市场规模增长的激励，从其他科室转入医美行业，但从整体上看，医美行业卫生技术人员的缺口依然很大，据相关报告数据统计，预计缺口将超过 6000 名。

表 1　2014～2018 年成都市医美机构与卫生技术人员数量

单位：家，名

项目	2014 年	2015 年	2016 年	2017 年	2018 年
医美机构	309	320	372	385	407
卫生技术人员	2163	2241	2607	2697	3131

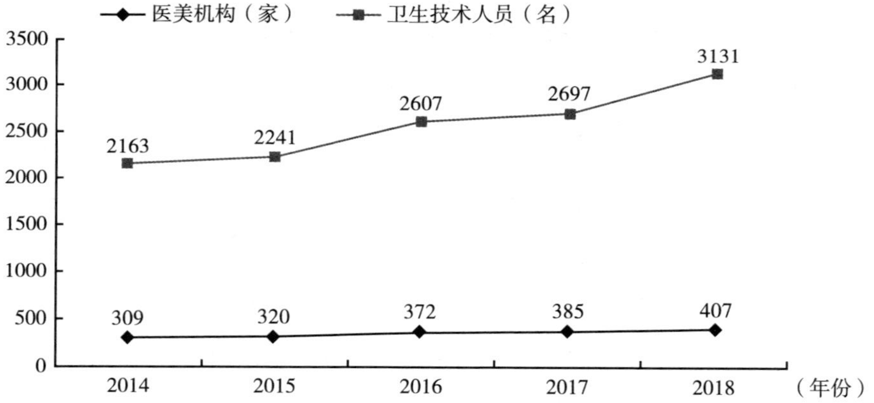

图 1　2014～2018 年成都市医美机构与卫生技术人员数量

（二）执业医师资源

执业医师是指具有医师执业证及其级别为“执业医师”且实际从事医疗、预防保健工作的人员，不包括实际从事管理工作的执业医师。根据我国法律相关规定，一个合格的医疗美容医生必须持有《医师资格证》《医师执业证》和医疗美容主诊备案，因此执业医师的数量反映了医美从业者的专业水平。从统计数据来看，尽管成都市医美机构数量猛增，但医美执业医师增幅不大。2014 年成都市执业医师数量为 780 名，2018 年增至 997 名（见表 2），平均每家医美机构大约有 2.4 名执业医师，医师规模仍然偏小。

表 2　2014～2018 年成都市医美机构和执业医师数量

单位：家，名

项目	2014 年	2015 年	2016 年	2017 年	2018 年
医美机构	309	320	372	385	407
执业医师	780	813	886	943	997

从职称分布来看，执业医师中正高职称占 3.20%、副高职称占 13.91%、中级职称占 31.57%、初级职称占 51.32%，说明大部分执业医师资历尚浅，具有较大的上升空间，民营医疗美容机构执业医生职称晋升通道有待畅通。从学历分布来看，执业医师中本科及以上学历的占 58.3%，大专学历的占 26.8%，中专学历的占 13.3%，高中及以下学历仅有 1.6%（见图 2），执业医师学历整体较高，说明整个医美行业属于高学历、高素质行业，但专科学历占比仍然不低，因此未来医美行业对高素质人才的需求将越来越大。

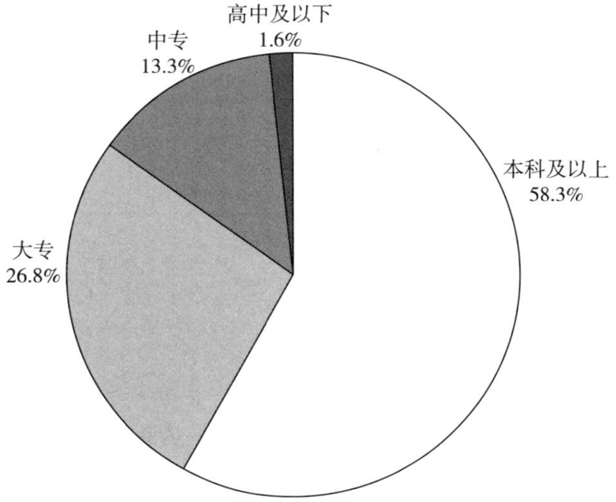

图 2　2018 年成都市执业医师学历构成

（三）注册护士资源

注册护士是指通过国家护士执业资格考试，获得护士资格证，并由工作单位统一报至当地卫生部门再到省卫生部门成功注册的护理人员。执业证相当于护士的上岗证书，按照法律规定，未取得执业证者不得从事诊疗技术规范规定的护理活动。在医美机构中，护士负责协助医生治疗和手术前后的准备整理工作等，在临床手术、咨询服务等过程中发挥着十分重要的作用。

从数据统计来看，近年来成都市注册护士数量明显增加，2018 年增幅较大，总量已经达到 1865 名（见表 3）。按照卫生部要求，我国医院的医生和护士的比例应达到 1∶2，2018 年成都市医美机构的医护比例为 1∶1.87，注册护士人数较为充足，但仍然存在一定的缺口。从职称构成来看，注册护士中正高职称占 0.06%、副高职称占 0.28%、中级职称占 2.29%、初级职称占 97.37%。由此可见，医美行业内护士群体学历偏低，职称晋升很受影响。从整个医美环境来说，护士薪资待遇较低，编外护士同工不同酬等问题普遍存在，这不仅影响高素质护理人才进入医美行业，也使很大一部分护士因待遇低而选择离职，造成了极高的人员流动性。

表 3　2014～2018 年成都市医美机构和注册护士数量

单位：家，名

项目	2014 年	2015 年	2016 年	2017 年	2018 年
医美机构	309	320	372	385	407
注册护士	893	965	1080	1138	1865

（四）医美咨询师资源

医疗美容咨询师，这个岗位尚有争议，但是由于客观的存在，本文将进行统计。按照职能的不同，目前医疗美容机构的咨询师可以划分为现场咨询师、网络咨询师及电话咨询师三种。按照中华医学会医学美容与美容学分会的官方解释，医美咨询师是指在美容整形机构中从事咨询工作的、在整形医生和求美者之间架起沟通桥梁的从业者。医美咨询师不能替代医生进行治疗方案的确定。该岗位客观存在，但是尚需规范及提高专业水平。调查数据显示，成都市的医美咨询师（包括现场咨询师、现场咨询师助理、网电咨询师）整体基数较大，在整个机构中占较大比例，2014 年数量就已达到 3882 名，2018 年已经增至 6562 名（见表 4）。但由于国内尚没有专业的培养途径，目前所有从事美容医学咨询工作的人员均以个人经验为主，虽然数量较多，但整体缺乏全面的医学知识，从业者普遍存在与岗位需求不匹配的问题。

表 4　2014 ~ 2018 年成都市医美机构和咨询师数量

单位：家，名

项目	2014 年	2015 年	2016 年	2017 年	2018 年
医美机构	309	320	372	385	407
咨询师	3882	4595	6017	6329	6562

值得一提的是，在整个医美咨询师岗位中，男女比例分别为 20.3% 和 79.7%，女性咨询师占绝对优势（见图 3）。一是与医美消费者以女性为主有关；二是医美行业本身的特殊性，使其对咨询师外在条件的要求较高；三是许多项目可能涉及隐私，因此求美者在心理上会更容易接受来自女性咨询师的建议。

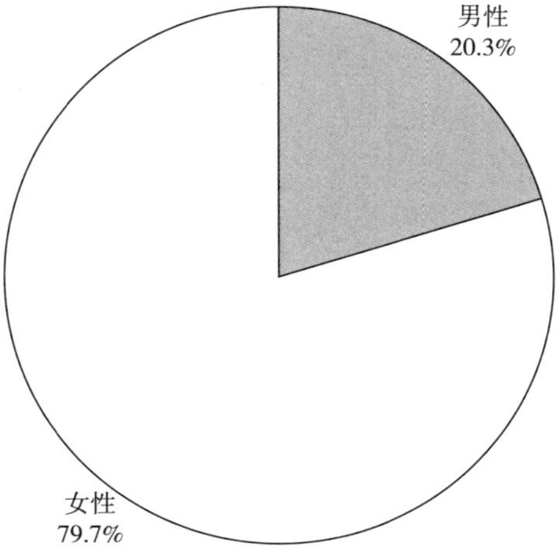

图 3　2018 年成都市医美咨询师男女比例

二　成都医美人才供需分析及预测

（一）卫生技术人员供需对比

从成都市医美人才的供应端来看，卫生技术人员的来源主要依靠医学相关专业的人才输出。目前，四川省具有医学专业的院校包括四川大学、西南医科大学、成都中医药大学、川北医学院、成都医学院、成都大学等，主要集中在成都、泸州、南充等城市（见表5）。

表5　四川医学类院校统计

序号	院校名称	所在地	医美相关专业	年毕业生数量
1	四川大学（原华西医科大学）	四川成都	口腔医学(5年制/8年制)、临床医学(5年制/8年制)、护理学	350人左右
2	西南医科大学（原泸州医学院）	四川泸州	口腔医学、临床医学(5年制)、护理学	993人左右
3	成都中医药大学	四川成都	临床医学(本科5年制)、护理学(本科4年制,专科3年制)	900人左右
4	川北医学院	四川南充	口腔医学、临床医学、护理学、	1215人左右
5	成都医学院	四川成都	临床医学、护理学	859人左右
6	四川中医药高等专科学校	四川绵阳	护理、临床医学	850人左右
7	四川卫生康复职业学院	四川自贡	临床医学、护理	543人左右
8	四川护理职业学院	四川德阳	护理	280人左右
9	成都大学医学院（护理学院）	四川成都	临床医学、护理学、护理专科、口腔医学（技术专科）	203人

就毕业生培养数量而言，根据四川医学类院校近年医美相关专业毕业生情况做数据统计，大致可以推断出每年流入医美市场的人数。据统

计，每年大约有5990名医美相关专业的医学生毕业，培育的医美相关人才规模较大，但这其中实际进入医美行业的毕业生仅占毕业生总量的2%，即119名左右，对比每年40%增速的成都医美市场，差距是非常大的。

就毕业生培养周期而言，目前我国的教育体系中，“5+3”是医学院校学生培养的主流模式，即5年临床医学本科教育+3年住院医师规范化培训或3年临床医学硕士专业学位研究生教育。也就是说，专业的医美医生至少需要8年的专业教育，才能持有住院医师规范化培训合格证，而医美行业对于人才的需求增长明显加快，医美人才的培养周期过长，远远无法满足医美市场的需要。

除此之外，医美从业者还来自各类职业院校及培训机构，但目前成都市拥有的正规培训机构数量较少，有登记注册的正规医美培训机构在全市范围内不超过10家，因此专业人才的供给量十分有限，仍然无法弥补医学专业人才输出的不足。

（二）运营类人员供需对比

与医护人员相比，运营类人才的准入门槛更低，流动性更大，单从从业者数量上很难看到真正的行业供需情况。为了解详细情况，课题组采集了1297份数据样本，对运营人员在岗情况及其工作年限进行调查，从工作年限的角度查看运营岗的人才情况。

调查显示，目前医美机构运营类人员工作年限为1年、2年和3年的分别占23.6%、18.9%和14.7%，合计占比57.2%，超过运营类人员总数的一半。而在岗时间较长的人员数量逐年减少，10年及以上的仅占1.6%（见表6）。由此可见，目前医美行业内初级运营人员缺口并不是很大，但由于准入门槛偏低、人才市场混乱、机构缺乏重视等，医美行业仍然缺乏高端运营人员，尤其是优秀的运营总监，未来对高素质运营类人员的需求将大幅提高。

表 6　成都市医美行业运营类人才工作年限情况统计

单位：%

项目	1 年	2 年	3 年	4 年	5 年	6 年	7 年	8 年	9 年	10 年及以上
占比	23.6	18.9	14.7	11.2	13.5	7.8	4.6	2.9	1.2	1.6

三　成都医美人才培训产业现状

医美人才培养和行业发展是紧密联系的，随着医美行业的不断升级，医美机构对专业人才的需求在数量和质量上都出现了大幅提高，未来各个岗位的专业人才都需要经过专门的训练。从人才培养的角度来看，规范化培养体系的缺失、专业人才培养与行业发展速度不同步等问题也制约着整个医美市场的迅速扩容。因此，对医美人才的培训成为促进成都市医美产业健康持续发展的关键环节。推动建立系统完善的医美人才教育培训产业，是增加医美人才供给、提高医美服务质量的重要举措。

（一）医学技术资源丰富，但正规培训机构数量较少

医疗美容培训属于医疗技术专业培训，必须由具备培训资质的机构或医学院校开展，培训师资和培训对象都应当符合《医疗美容服务管理办法》规定。成都是西南地区医疗科技中心，在医疗美容、生物医药等领域集聚了众多的创新资源和顶尖医美人才，在最前沿的科研领域也拥有一定的话语权。但由于办学条件、资金投入等问题，目前成都市拥有的正规培训机构数量较少，有登记注册的正规医美培训机构在全市范围内不超过 10 家。近年来，成都市高度重视医美人才培养，不断引进重大医美项目，2019 年全球首家艾尔建创新中心在成都正式启用，成为中国首个提供医美医生专业培训的教育基地，有效提升了医美人才的培养质

量。但总体而言，成都市正规医美培训机构培养规模有限，人才供给量增长仍然缓慢。

（二）相关学科发展良好，但缺乏完善的人才培训体系

高等教育机构拥有丰富的教育资源，是培养医学人才的重要场所。由于医疗美容涉及多个学科，从业者可能来自整形外科、皮肤科、口腔科、中医科、颌面外科、眼科、妇产科等专业。但这些知识和理论体系缺乏系统的整合，没有一个从零开始的学科体系的支撑，专业教学和技能培训难以规范。当前成都市集聚了以四川大学、成都中医药大学、成都医学院等为代表的高等院校，各高校教育资源丰富，牙齿美容、创面修复等学科均处于全国前列。在成都市政府的大力支持下，各大高校纷纷展开人才培养模式创新，从医疗、科研、教学等方面全方位展开相关技术合作。在各高校不断发展优势医美学科的基础上，如果能进一步规范学科建设，建立系统化、规范化的医美教育体系，未来成都市的医美人才培养质量将迈上一个全新的台阶。

（三）非法培训机构盛行，对正规培养机构形成挤压

医美行业合法执业者所需的三种证件需要多年的学习和实践才能考取，时间成本和经济成本都比较高，而目前市内医美教育资源较少、门槛较低，因此在医美市场商业化发展以及个人利益的驱使下，众多整形速成班应运而生。调查显示，成都市内非法医美培训机构比比皆是，各种“猪皮班”“鸡腿班”野蛮生长，长期进行着生活美容和医疗美容的混合培训。它们大多打着“四天速成微整形医生”“七天微整形培训班”的旗号，用不具备任何培训资质的“老师”对学员进行不规范的医美培训，其临床实践甚至在猪皮和鸡腿上进行。调查发展，这样的培训机构生意相当火爆，由于培训周期短，价格相对低廉，一个月最多可以开展 4 期课程，每期人数为 10 ~ 20 人。如此一来，大批没有经历过专业学习和实践的人在这种非法“速成班”培训后上岗执业，给医美行业带来了极其恶劣的影响，不仅大幅降低了成都市

医美从业者的专业水平，也对正规医美培训机构的招生造成了影响，不利于行业健康发展。

（四）医美运管人员专业知识匮乏，人才队伍有待规范

在非医护板块，市场营销、财务、传媒、金融等专业人员也需要再次学习才能具备一定的医美专业知识，因此继续教育对于医美从业者来说十分重要。但是，现有职业院校或医美培训机构一方面大多缺乏系统化的培训体系，对于相关知识的教学过于分散；另一方面教学内容与行业需求匹配度不高，缺乏一定的实践性。而就师资力量来看，由于我国的医美产业起步较晚，行业积累时间较短，培训机构往往缺少专业权威的教学人员。因此，教学不规范、师资力量薄弱等问题使成都市的医美管理无论是数量还是质量都没有达到行业发展要求，导致许多没有足够经验的人员仓促上岗，降低了医美运营从业人员的整体素质。

（五）在职培训机制缺乏，从业人员难以适应行业发展

医疗技术的进步和药品器械的更新要求从业人员通过不断的学习来适应行业发展的新形势，以此提升员工素质，引导机构合理分工。在市场经济的快速发展下，企业作为人才培养的主体，对于加强机构从业人员培训、提高人员专业水平负有重要责任。但目前医美机构对在职人员的培训并不重视，培训体制也不完善，严重阻碍了医美人才的技能提升。首先，企业培训经费投入不足，很多企业对人力资源的开发意识不强，投入资金无法支撑职工培训的开展，也降低了培训的师资水平。其次，企业培训体系不完善，企业缺乏长期的培训规划，职工培训方法和内容不合适，对培训效果也缺乏客观公正的评价。再次，培训内容过于死板和陈旧，缺乏一定的针对性，无法满足当前产业发展的需求。最后，缺乏有效的激励机制，很多企业没有制定职工技能评价和奖惩制度，这一方面造成领导者企业培训意识淡薄，另一方面也造成员工参与培训动力缺乏，从而难以提高培训实效，影响从业者技能水平的提升。

四 成都医美人才储备存在问题及建议

经济的快速增长和人民生活水平的提高极大地推动了医疗美容行业的发展。在全国医美市场的迅速扩张下，成都市的医疗美容产业也保持着快速稳定的发展态势。但成都市医疗美容产业由于发展速度过快，发展质量和发展速度之间出现不平衡，仍存在一些亟待解决的问题。医美人才储备中医务人员缺口较大、从业人员跳槽频率过高、缺乏高端运营管理人才、医美机构对人力资源管理认识不足、医美机构人员素质参差不齐等现象成为医美行业持续发展的一大阻碍。人才是医美行业发展的核心资源，在医美市场不断扩张、行业发展环境越来越复杂的情况下，如何寻找积极有效的应对策略，培养优秀的医美人才，防止医美人才流失，提升现有人才质量，成为当前成都市医美行业发展的重要举措。

（一）成都市医美人才储备的主要问题

1. 医美人才需求量大，人才供应不足

自提出建立“医美之都”以来，成都市医疗美容行业快速增长，医美机构和上游制造企业不断增多。截至 2018 年底，成都市医美机构数量增至 407 家，艾尔建、赛诺菲等国际知名企业相继入驻，人才需求量急剧增加。但就目前来看，成都市现有的医美人才储备十分有限，备案的医疗美容医生、护士的数量及行业相关人员规模与医美机构的数量相比仍然存在较大缺口，人才培养规模与市场需要不匹配。与此同时，由于各大高校的招生规模缩减，而医美人才培养周期过长，人才供给进一步减少。此外，各机构和企业为提高市场竞争力，对于专业人才的激烈争夺也在一定程度上增加了医美从业人员的流动性。人力资源储备的不足、人才培养规模的减少和行业间的人才争夺进一步加剧了医美行业从业者的供需矛盾。

2. 从业人员专业性差，高端人才缺失

目前成都市的医疗美容行业发展不够规范，部分生活美容机构从事医疗美容业务的现象依然存在，“黑医生”“黑培训”“黑诊所”等问题较为突出。虽然成都市医美市场发展态势良好，但非法医美机构的占比仍然较大，医生及相关从业人员的资质和水平参差不齐，医疗美容备案的医生更是十分稀少。部分非法医美机构由于资质和成本的限制，对于招聘人员学历和专业技术的要求均较低。调查显示，当前的从业人员中缺乏经过正规培训和高等教育的专业人才，从业者的学历和职称较医学行业偏低，甚至有许多从业者只经过了非正规的职业培训就开始从事相关工作，技术上存在不过关、操作上存在不规范的问题。随着医疗美容项目的拓展，服务水平的提高和高端技术的应用需要从业者掌握全面的医学知识和现代化的美容技能。目前从业人员专业知识缺乏、高端人才缺失、服务意识不强等问题已成为成都医美高质量发展中的瓶颈。

3. 市场就业环境较差，人才流动性大

调查显示，医美从业者的流动性较大，大部分人入职半年左右就会选择离职或者调岗，尤其是前台、护士、咨询师等职位的人员流动性非常大，导致医美机构的人才流失问题较为严重，主要原因有：第一，这些职位的从业者普遍年龄较小、学历水平偏低，职业稳定性相对较弱。第二，医美机构对部分职位的重视程度不够，导致其薪资水平较低或差异较大。第三，部分医美机构的准入门槛较低，随着职业教育的普及，很多职业院校的学生进入医美行业，但由于专业水平不符合医院标准，不得不面临被解雇或选择离职。第四，机构缺乏一定的职业规划和晋升渠道，导致从业人员没有归属感，从而缺少不断精进的动力。第五，医美市场迅速扩张，各机构为提高市场竞争力而展开人力资源的抢夺。因此，员工本身的流动特点以及医美行业的无序竞争使医美从业者的职位稳定性大幅降低，不仅对医美机构的人力成本造成影响，也影响了企业的业绩和发展战略。

4. 客服人员稀缺，人才结构失衡

随着医美行业的市场化，医美机构的人力资源配置变得越来越重要。完善的人员结构可以促进医美机构从运营到管理、从营销到服务各个层面工作的有效衔接。但就目前来看，大部分医美机构对于人力资源的重视程度不高，人才配置结构失衡。以企划人员为例，医美行业竞争激烈，精准的定位与策划是提高市场竞争力的关键。市场上的民营机构大多建立了营销组织，但从业人员要么懂医却不懂市场，要么懂市场却缺少专业医美知识，同时具备商业知识和医学知识的高层管理人员少之又少，往往导致营销工作缺乏一个明确的方向。咨询师是十分紧缺的职位之一，由于属于沟通性的职业，咨询师往往需要具备十分全面的知识结构和综合能力，掌握医学、心理学和市场营销等专业知识。目前医美咨询师缺乏专门的培养渠道，准入门槛较低，因此大多鱼龙混杂、专业能力不强，不仅出现频繁的人员跳槽现象，也降低了求美者对医美机构的信任度。

（二）成都市医美人才储备的政策建议

1. 健全医美学科建设，加强专科医生培养

加快医美学科建设，健全人才培训体系，加强对专科医生的大力培养，是确保医美行业持续发展、增加医美专业人才储备的根本措施。当前成都市医美人才供不应求的根本原因之一就是在教育领域缺乏学科支撑，未能形成规范化、系统化的医美教育体系。因此，要增加医美人才储备，提高人才培养质量，首先，要明确医美学科发展方向，制定学科建设发展规划与实施方案。着力打造重点学科，积极发展新兴交叉学科，并将其纳入科学化、规范化的建设轨道，在学历教育阶段就从专业知识、临床经验和核心技术方面全方位培养医美专业人员的诊疗技术，弥补医美专业教育的空白。其次，加强医美专科医师规范化培训，推动医美人才培训基地建设。参考住院医师规范化培训基地管理模式，统一制定监督考评办法，避免因培训水平不一致而导致医生水平参差不齐，确保在继续教育阶段为参加进修的医护人员提供规范统一的专业培训。最后，规范医美专科医生的执业资格，取缔非正规医师的不规范执业，逐步提高医美医生执业准入门槛，从根本上提升医美行业诊疗水平。

2. 搭建协作育人平台，建立人才培养机制

医美人才的培养离不开政府、协会、学校及企业的多方协作。为整合各

方优质资源，扩大人才培养途径，成都市可以充分利用外部资源，成立由政府部门、大学、协会、培训学校、重点企业等组成的联合人才培养基地或培训联盟。在人才培养过程中，鼓励科研机构、职业院校和培训机构依托各自特色学科，共同承担科研项目，互通教学团队，同时开展人才和科研项目的深度合作，聘请科研专家到校担任兼职教授，选派优秀学生到所进行访问学习，通过教学资源的共享提高医美人才的培养质量。鼓励学校与医美机构展开深度合作，以校企深度共建的形式开展教学，共同制定人才培养方案，使课程设置紧跟市场发展，教学设计紧跟岗位需求。借助医美企业高规格的硬件设备和师资力量，使学生在实践中实现综合素质的提升，强化人才培养与产业需求的契合度，以此形成以市场为导向、对接供需、精准服务的人才协作培育体系，形成资源共有、人才共育、合作共赢的长效人才培养机制。

3. 强化职工教育培训，提高从业人员素质

医疗美容行业十分强调实践性和实用性，对从业者的临床技能和服务操作都有着较为严格的规范要求。从人才供应的现状来看，当前医美从业者的专业水平整体较低，技术力量较为薄弱。在医美技术和产品不断更新升级的情况下，医美从业者将难以适应行业发展需要。因此，面对激烈的竞争市场，医美机构应将员工培训作为人力资源管理的核心手段，提升对管理者和医护人员职业教育的重视程度。首先，建立科学系统的员工培训体系，明确培训目标和具体措施，以岗位必备知识为基础，以提升岗位胜任能力和规范操作能力为重点，以解决实际问题为目标，针对不同的职位有针对性地设置培训内容。其次，开展多样灵活的培训活动，坚持实用性、应急性和有效性，以现代化的培训方式提高员工培训效果。再次，构建完善的培训考核机制，运用科学的评估方法，将评估体系深入培训过程中，通过量化考核对培训内容及效果进行验证与评估。最后，建立表彰激励机制，对培训良好的员工予以适当的薪酬奖励和职位提升，充分调动员工参与培训的积极性，达到自我管理和自我教育的目的，不断提升从业人员的知识和技能。

4. 提高医护人员待遇，有效减少人才流失

薪酬具有激励作用和保障作用，是员工自我价值的一种体现。一般来

讲，不合理的薪酬待遇往往是人才流失的主要原因之一。在成都医美市场迅速扩张的背景下，面对人才供给不足和从业人员快速流失的严峻形势，制定公平合理的现代薪酬分配制度，合理提升医美从业者待遇水平，是最大限度留住医美人才、防止人才流失的关键。当前医美机构的大部分收益用于市场营销，对管理和医护人员的薪酬造成了一定挤压，同时从业者待遇存在较大差距，部分职位如护士等的薪资水平较低，编外护士同工不同酬等问题普遍存在。因此，医美机构应公平合理地确定人才价格和福利，达到用薪留人。建立具备公平性、竞争性和激励性的薪酬制度，实现贡献分配和按劳分配的有效结合。将对产品的推销直接改为对技术和医生品牌的宣传，通过营销方式的改变大幅度提高医护人员的工资待遇。

5. 提高人才选拔质量，完善职业晋升机制

调查显示，不正确的招聘方法会导致接近50%的新员工在入职的半年内选择跳槽，主要原因就在于人员与职位的不匹配。因此，医美机构在进行招聘时应注重人才选拔的质量，在招聘时建立科学完善的录用机制，保证录用到高素质高水平的员工，通过严格的人才测评招募合乎机构实际需求的医美人才。另外，在从业者进入机构工作之后，为有效激发员工潜能，提高医护人员积极性，医美机构应按照实际情况建立公平灵活的职业晋升机制。一方面定时对各从业者的工作成果进行考核，根据贡献和成果大小，采取不同的激励方式对员工进行适当的奖励；另一方面实施技能认定机制，根据工作需要对员工的职位进行必要的调整，使具备晋升条件的从业人员通过竞争优先提升。职位的晋升是自我价值的体现，这种机制会产生较强的激励作用，促进医护人员的自我学习和技能提升，为医美人才提供一个良好的发展平台，从而有效保证医美人才的稳定性和高质量。

6. 实施人才吸引战略，引进外来医美人才

有效增加医美人才储备，不仅需要培养本地人才，还需要不断优化人才环境，积极引进外来优质人才。因此，成都市应以更加积极、开放、有效的人才政策，吸引来自全国甚至世界各地的医美人才，从层次、数量和结构上对成都市医美人才储备进行优化。在政策服务方面，探索建立良好的人力资

源服务政策保障环境，进一步优化人才服务流程，强化来蓉医美人才在落户、住房安置、资格评审、配偶就业、子女教育等方面的服务保障，推动人力资源服务政策一体化。完善从业人员职业技能评价标准，将符合条件的医美高端人才纳入奖励体系，对在医疗美容领域做出贡献的人才按一定标准进行补助与晋升。此外，进一步放宽外国人员来华签证和居留的条件，完善国际人才流动的综合配套服务政策和措施，重点吸引国际国内行业领军人才、杰出专家到成都创新创业。同时加强与美国、日本、韩国等世界领先医美国家的机构、企业或医学院校的合作，通过医美人才联合培养、引入国际师资队伍、促进国际人才流入等方式有效加强成都医美人才储备。

7. 搭建人才服务平台，提高人才利用效率

当前的医美人才市场尚未形成完善的人力资源服务管理体系，在政策服务、信息服务、人才输送等方面缺乏完善的服务平台。鉴于此，应建立医美人才服务平台，围绕成都市医美产业发展需要，整合医美人才个人档案、政策保障、技能鉴定、岗位招聘等人力资源服务信息，探索建立区域人力资源服务信息生态系统，推动人力资源服务信息一体化。在人才培养阶段，通过对产业动态、企业需求、技术更新等多方数据的采集和分析，有针对性地制订教育计划和培养方案。依托信息化平台进行信息发布和资源共享，精准对接医美企业，实现人才培养与医美市场的信息关联。在人才使用阶段，建立医美人才数据库，以信息技术为手段，通过招聘平台的搭建，汇聚医美行业人才供需信息。一方面实时跟踪收集企业信息和市场动态，正确把握市场用人需求；另一方面全方位公布人才信息，向医美机构和企业传递全面的求职信息，从而有效促进用人单位与产业技能人才间的准确评估和高效匹配。打造一体化零距离的信息平台，为医美产业人才的培养和输送搭建低成本、专业化、开放式、便利化的服务管理平台，实现人力资源的深度开发和高效配置。

ℝ.13

成都市医疗美容行业管理报告

叶飞轮*

摘　要： 行业管理在推进所属产业的健康快速发展中具有重要作用。本文梳理了成都医疗美容行业的发展历程，描述了当前行业管理的现状及存在的问题，并提出相应的建议以促进“医美之都”的建设。

关键词： 成都市　医美行业　行业管理

随着成都市“医美之都”建设的全方位深入推进，行业规范安全管理提上议事日程。一方面政府通过政策和执法引导、监督行业的发展，另一方面，行业协会积极肩负起推进行业自律、政企沟通平台搭建、“医美之都”产业发展、医美标准化建设、医美人才培训、医生职业发展、医美营销、互联网商业模式、供应链管理等方面的重任，共同推进“医美之都”的建设与发展。

一　政府出台行业监管政策

为加快构建行政监管、行业自律、政务服务、社会共治相结合的高水平医疗美容行业监管服务体系，促进医美产业高质量发展，2019 年 3 月，成都市政府出台《关于进一步加强成都医疗美容行业监管服务工作的意见（试行）》。该

* 叶飞轮，成都市第三人民医院医学美容部整形外科主任。

意见从三个方面强化了对行业的监管。

在医疗美容服务领域监管方面，要严把“准入关”，加强机构审批监管，对医疗美容机构（含内设医疗美容科室的医疗机构）的名称、诊疗科目、人员、设备等基本准入资质情况进行核查，对达不到基本标准条件的，要依法注销；要加强对执业人员的监管，对医疗美容医师和护士的执业范围及年限、工作经历、培训进修情况等进行审查，不符合条件者不予办理执业注册；要加强对医疗美容机构的执业行为、主诊医师执业情况、医疗质量等的监督检查，并将检查结果作为医疗美容机构校验和处罚的重要依据。

在医疗美容相关领域监管方面，对医美产品的监管一方面健全医疗美容所涉药品、医疗器械、化妆品的生产、经营、使用全链条监管体系，另一方面要求医疗美容机构必须建立落实药品、医疗器械、化妆品进货检查验收、保管、入库出库检查等制度。对广告发布的监管包括要求医疗美容所涉药品、医疗器械广告必须经药品监督管理部门审查批准并取得广告批准文件（文号），医疗美容机构的医疗美容服务广告必须经卫生行政管理部门审查并取得《医疗广告审查证明》。对职业培训的监管要求医疗美容培训必须由具备资质的医学院校、医疗机构等单位开展。对网络信息的监管主要包括对不良和不实信息传播的监管。对金融信贷的监管主要是督促其加强风险内控。

在优化政务服务和强化行业自律方面，要简化政务事项审批，增强行业服务能力，优化提升营商环境，健全监管执法机制，提升行业自律水平，充分发挥协会在行业自律和协助政府主管部门监管中的重要作用。

二　行业协会不断发展成熟

2018 年 5 月 29 日，成都市医疗美容产业协会正式成立。协会是由从事医疗美容产业相关的企事业单位及个人以自愿为原则组成的行业性、非营利性的社会组织；协会作为医疗美容产业联系政府的纽带与桥梁，积极推动成都市医疗美容产业的全球化，始终致力于加强行业自律，积极维护行业间公共利益。当前协会会员单位共计 177 家，领域覆盖了金融保险、医美投资、机构运营、产品研发、宣传推广、市场研究等。会员单位除成都地区知名医美机构外，还吸纳了平安保险、艾尔建、华熙生物、华东医药、新氧、美呗、美团、百度、阿里健康等围绕医美产业提供细分服务的知名企业。

经过一年的发展，协会在全面推动“医美之都”建设中的作用逐步凸显。为共同打造“医美之都”，协会发布了一系列行业公约，包括《依法执业公约》《联合抵制非法医疗美容公约》《会员机构用人公约》，并成立了“医美之都”正品联盟，公布正品查验、接受消费者监督。非法医疗美容机构及非法从业人员严重干扰了行业的经营秩序，更损害了消费者的合法权益，因此医美行业各机构要共同协作，促进行业规范化发展。协会通过制定公约，有利于促进行业规范，稳定行业经营秩序，保障合法医疗美容机构的正常经营发展。

三　医美行业管理全方位推进

在推动成都医美产业发展过程中，政府和行业要协同发力，共同推动产业的健康发展。

（一）严格市场准入机制，促进行业有序发展

成都作为西南地区中心，汇聚了众多资源，具有良好的产业基础与市场吸附力。政府严格实行市场准入机制，防止机构数量泛滥；加强对医疗美容机构、诊疗科目、从业人员、医疗设备等方面的审查，净化医疗美容市场，保障广大群众的健康权益和生命安全；进一步加强医疗美容相关领域监管，确保医疗美容行业的产品和服务全过程安全可靠，促进行业有序运行、市场有序竞争。

（二）加强机构安全督查，强化人员法律意识

政府部门重点针对“执业许可和项目备案”“执业人员资质”“医疗质

量管理”“麻醉药品管理”“抗菌药物使用情况”“消毒隔离制度落实情况”“广告许可宣传”等方面进行检查，对医疗美容医院、医疗美容门诊部或诊所等机构进行不定期医疗美容服务安全监督检查；强化从业人员的法律意识，就《执业医师法》《医疗机构管理条例》《医疗质量管理办法》《医疗废物管理条例》《抗菌药物临床应用管理办法》《医疗机构不良执业行为积分管理办法》《医疗美容服务管理办法》《医疗美容项目分级管理目录》《实行美容主诊医师公示制度的通知》等相关法律法规对从业人员进行培训，就医疗美容机构存在的主要问题和现状进行讲解，促进行业相关人员法律意识与规范意识的提高。

（三）严厉打击非法行为，保障行业运营合法

针对“是否未取得《医疗机构执业许可证》擅自从事医疗美容行为”“是否按照医疗美容核准科目开展美容行为”“从业人员健康证明是否有效”“检测报告是否合格”等内容，政府要积极开展非法医疗美容专项整治行动，依法查处违法生产、违法经营的医疗美容机构；对未经批准和篡改广告审查样本或证明文件内容发布违法医疗美容服务广告的医疗美容机构进行严肃查处；严厉打击走私肉毒毒素等违法行为，确保行业合法竞争；加强对职业技能培训机构的监督管理，严肃查处违规开展“微整形”等医疗美容培训行为。

（四）提升行业自律水平，促进共同规范引导

行业协会致力于引导行业机构依法经营、规范执业、诚信服务，为消费者提供优质服务，维护公平竞争，提升行业信誉，促进医疗美容行业高质量发展。根据中国整形美容协会颁布的《医疗美容机构评价标准（试行稿）》，四川省美容整形协会开展了2017年度成都医美“十强”医院（门诊部、诊所）评选活动。经过资料初审、现场评审、专家综合评价、征求相关监管部门意见以及面向社会大众进行公示等几个阶段，依据“医院管理”“患者安全”“医疗质量管理与持续改进”“医院服务”4个维度131项指标，最

终选出通过 JCI 国际认证的四川悦好、通过 5A 级医疗美容机构的四川华美紫馨、四川西婵等 10 家业内知名医院。[1] 2018 年，全市 407 家医美机构中评出 5A 级医美机构 4 家，是国内拥有 5A 级医美机构最多的城市。

四　成都医美行业管理存在的问题

我国医疗美容行业发展迅速，机构数量持续增加，成都医疗美容行业具有良好的发展态势与广阔的市场前景。截至目前，成都市医疗美容机构数量已超过 400 家，综合实力位居全国第三，基本形成了以医疗美容医院为主体，医疗美容门诊部与诊所、综合医院美容科室等为支撑的机构格局。但与此同时，快速发展的医美行业也产生了一系列的问题。

（一）监管力度不够，市场缺乏规范

卫生执业监督实行属地化管理以来，医疗美容机构由区（县）一级直接组织实施，执法监督人员配置不足，同时对医美行业的特殊性认识不够，形成监督执法仅停留在一般的证照检查上，造成医美机构中的深层次问题长期不能有效解决。比如，个别从业人员无证行医，非医务人员从事医疗行为现象仍然存在；部分医院诊所及医生擅自扩大行医范围和执业项目；个别美容主诊医师利用自身知名度和影响力，借医师多点执业政策在全国范围内流动行医，即“飞行医师”或“游医”等，严重影响了医美行业的规范化建设。

（二）管理与技术质量缺乏标准，机构内部运作不规范

目前国家尚未制定医疗美容机构管理与技术质量的相关标准，这些均由医疗美容机构自行制定，造成无法以统一的标准实施监督检查并确保医疗安全。比如，病历书写的标准均参照综合医院标准，缺少医美行业自身

---

① 《2017 成都医美“十强”名单出炉》，《川报观察》2018 年 5 月 17 日。

特殊性的标准；医院管理与服务、医疗质量管理、患者安全以及持续改进方面缺乏标准实施细则。目前，医疗美容机构除美容专科医院在管理与服务方面规范性较强外，美容门诊与诊所科室管理普遍存在问题，如专业技术人员不足、服务缺少规范、医疗纠纷频繁，因此加强医疗美容行业标准化建设势在必行。

（三）服务收费缺乏统一标准，个别机构随意增加收费项目

作为营利性医疗机构，医美机构可实行的自主定价、自主收费，但存在收费价格不透明、不公开等情况。医美机构存在通过生活美容院的推送接纳顾客并返回提成50%以上的不良现象，从而形成了天价收费；少数医疗美容机构通过收费送项目、送产品、送旅游和收费抽奖等方式吸引顾客；个别医疗美容机构甚至在消费者接受医疗美容服务后随意性增加收费项目，变相提高收费标准。

（四）部分医疗机构过度宣传，损害消费者合法权益

部分医疗美容机构未严格遵照《广告法》与《医疗广告管理办法》，医疗广告存在夸大宣传与诱导宣传的现象，并在一定程度上出现了宣传虚假广告的行为。伴随着网络、新媒体广告的兴起，部分机构存在进一步扩大宣传、误导消费者的现象。机构过度宣传，在一定程度上说明部分机构缺乏责任意识，严重损害了消费者的合法权益。

（五）非法机构大量损害消费者利益与健康

随着医疗美容需求的增长，居民小区、商业办公楼、宾馆等出现了大量非法医疗美容工作室，并且数量上超过国家批准的医疗美容机构。非法工作室不具备相关资质，从业人员无行医资格，仅通过机构培训速成注射方法后便进行微整形。非法工作室假冒伪劣产品泛滥，长期非法开展医疗美容手术和治疗项目，造成消费者损容、毁容甚至死亡等问题，扰乱了医疗美容市场，严重影响了医疗美容行业发展。另外，生活美容院为增加业务收入，聘

请流动医生在不具备医疗服务条件的工作环境中非法开展医疗美容服务，或聘用仅经过数天培训的非法卫生技术人员进行玻尿酸、肉毒毒素的注射治疗，由此产生事故与纠纷，给医疗美容行业造成了严重的负面影响。

（六）医美业务特殊，医疗纠纷量化困难

医疗美容市场规模不断扩大，服务主体技术标准差异性显著，因医疗美容行为引发人身财产受损而引发纠纷的案件频繁出现，这与医疗美容纠纷的特殊性有关。

医疗服务主体特殊性。公立医院在卫生事业管理中，是具有福利性质的社会公益事业，以输出卫生服务为目标，通常不具盈利性，而医疗美容服务属于非基本医疗服务范畴，具有特殊性，机构以民营专科医院为主，通常医院规模小，医疗技术薄弱，缺乏完整的医疗急救体系，出现诊疗意外后难以对患者进行有效救助。

医疗服务效果鉴定难。司法鉴定是医疗纠纷中明确医方是否存在过错与损害因果关系的主要手段。医疗美容纠纷中的部分情形系美容手术失败，造成患者精神上与肉体上的损害，使用司法鉴定手段尚能予以量化、认定，但基于手术实施后未达到理想效果，即患者的相貌、形体未达到医方所承诺、患者所预期的效果，该类效果评价倾向主观评价、审美评价，而司法技术类的鉴定，对美学角度上的损失进行准确有效的估算具有一定程度上的难度，导致人民法院在审理该类纠纷中对患者的定损诉求存在认定困境。

五　成都医疗美容行业管理建议

面对日益精细化、分流化的行业发展态势和多层次的消费趋势，医疗美容行业的监管工作将逐步由政府完全监管转变为“政府主导、社会参与”的监管模式，即由协会、社会组织、群众等多元主体采取灵活多样的方式实施监管。

（一）促进行业规范化，引导行业健康有序发展

成都医美行业需要全面融合产业上中下游企事业单位与个人，推动医美产业全球化发展。按成都市医美产业规划，突出发展医疗美容服务业，加快发展医疗美容制造业，延伸发展信息服务等关联产业，着力构建医疗美容产业生态圈。发挥协会在医疗美容产业中的服务功能，引导全市医疗美容产业从业者严格遵守国家法律、法规和政策，倡导和践行社会主义核心价值观、遵守社会道德风尚。医美机构要诚实守信、及时披露信息，遵守行业标准准则，遵守医疗流程规范化管理，加强行业自律，防范经营风险。

1. 加强行业规范，提高从业人员技术能力与法律意识

申请设立医疗美容机构，或医疗机构申请开设医疗美容科室，须按医疗机构审批程序办理或变更医疗机构执业许可证，在取得相应诊疗科目核定后方可开展执业活动。医疗美容机构应增强依法执业意识，加强人员培训，提高技术水平，严格按照相关法律、法规、规章、诊疗常规和技术操作规范提供医疗美容服务，确保医疗美容质量安全。医疗美容所涉药品、医疗器械、化妆品生产经营企业必须严格执行国家相关法律法规和质量管理规范，禁止生产、销售、使用假冒伪劣产品。

从事医疗美容诊疗服务的医生和护士必须按照相关规定办理执业注册手续，依据执业范围实施诊疗，并严格遵守医疗美容技术操作规程。医疗美容机构应在人才录用上设定门槛以保证医疗质量和患者安全，加强对从业人员的背景调查、资质检查，实行严格的考试制度，促进从业人员的精细化发展。

2. 严格查处违法行为，明确执法机构职责，强化行业监督

加强医疗美容违法行为查处，设立医疗美容违法违规行为举报热线，加强线索收集，落实网格化、属地化监管，严肃查处未取得相应资质而开展医疗美容服务的行为，严肃查处利用宾馆酒店、会所、居民住宅等场所违法开展医疗美容行为，严肃查处医师到非医疗机构开展医疗美容服务行为，严肃查处医疗美容机构及医师超范围执业行为，严厉打击非法行医等违法犯罪

活动。

进一步明确和细化各相关部门职责。卫生监督部门、市场监督管理部门、食品药品监督管理部门以及公安部门的管理责任细则应该予以明确，并加强部门之间的合作，建立联动机制，开展联合执法，形成常态化的监管。在全市范围内进行突击检查、开展专项打击，对不法分子构成一定的震慑，遏制非法医疗美容的增长态势，并严厉打击使用假药的非法医生以及生产者和流通者，净化医疗美容市场。

（二）完善相应体制机制，促进医疗纠纷的解决

从目前成都医疗美容行业发展来看，针对医疗美容存在的纠纷风险，成都医美行业应该完善相应的监管机制以降低纠纷产生的可能性，建立与完善相关的法律法规、机制体制，让医疗纠纷的解决有法可依。

1. 加强监管，减少医疗纠纷

加强对民营整容医院的监管，提高整容整形行业准入门槛。现行体制以事后监管与个案救济为主，民营整形医院具有盈利性，在一定程度上存在因利益驱动而引发医疗行为失范的风险，因此应加强行业准入标准，对于通过JCI认证或是其他专业认证的民营医院予以扶持，树立行业标杆，同时鼓励有技术优势的医院加强整容整形科室发展；强化审查力度，对不符合美容医院设置标准或诊疗资质的，无急救设施的机构坚决予以整治或取缔；加强分类管理与刑事打击力度，严厉处罚美容医生在执业范围外从事整容整形的医疗行为。

2. 促进信息传递，保障患者知情权

促进第三方介入以消除医患信息不对称现象。美容医院在整容手术前应完整充分地告知患者手术相关情况与风险，设置相关制度，充分保障患者知情权，并在此基础上引入第三方机构监督，如医疗纠纷调解委员会，为患者提供医学、法律的相关常识与建议，在纠纷发生后增大医患双方和解可能性，卫生行政主管部门在纠纷性质未明、存在美容医疗事故可能的纠纷中，应及早调查并公布调查结果，对医疗美容机构存在过错的，予以行政处罚。

3. 积极探索纠纷处理方法，建立健全消费者权益保护机制

积极探索医疗美容纠纷权益保护途径，医疗美容纠纷维权可以通过消费者权益保护来实现。首先，医疗美容行为相较于其他医疗行为，费用高，社会保障作用弱，更强调消费性，整容服务接受者应更倾向于作为消费者而非患者。其次，消费者权益保护法的举证责任对消费者更有利，侵权责任的成立需行为人主观过错、行为违法性、损害事实、损害与行为因果关系四个要件皆成立。对消费者而言，举证责任能力有限，举证责任过重，且除《侵权责任法》58 条规定的情形外，医方承担的是过错责任，而医疗鉴定结论对美学损失、患者心理预期与实际落差等均难以体现，从消费者权益保护法角度可降低举证难度。比如，民营美容医疗医院存在广告宣传与实际服务不符的情况，而广告本身是较易获得证据的材料，患者更容易证明医方存在欺诈、诚信缺失的行为；消费者权益保护路径的保护力度大，侵权责任相较违约责任，考虑以给予患方精神损失为补偿原则，而消费者权益保护法则在人身、精神损害赔偿的基础上，增加对欺诈行为的惩罚性赔偿，有利于加大对消费者的赔偿力度。最后，消费者权益保护路径有利于消费者协会介入，当前医疗美容纠纷多为医疗纠纷委员会介入，虽专业性强，但缺乏患方的信任，消费者协会作为维护消费者权利的第三方，从消费者利益角度出发介入纠纷，联动化解，更易平衡双方利益。

4. 严格落实痕迹化管理，强化行业机构与人员的责任意识

首先，机构要应严格管理顾客的病历。当前医疗行为实行严格的责任制度，出现纠纷由医疗单位承担举证责任，因此机构需保管好病历、美容方案，并且在纠纷发生时作为举证依据之一。其次，实行医疗美容人员或医护人员责任追究机制。医疗事故发生的主要原因在于医护人员的疏忽大意，对相关人员实行责任追究机制，在一定程度上会促使从业人员提高警惕，减小事故发生概率。再次，要杜绝机构进行虚假广告宣传。随着社会公众意识的觉醒，对广告不再是不加选择地相信，更倾向于理性思考与选择，过分夸大的宣传不仅不会提高机构的吸引力，还会因顾客对美容效果的不满意而将虚假广告作为索赔的依据。另外，机构需加强与媒体和社会的沟通，为医疗美

容机构创造一个良好的社会环境。最后，医疗美容机构要建立相应的保险机制，在发生医疗事故时，可选择向保险公司转移风险，降低机构损失。

（三）加强医疗美容科普教育，引导消费者理性求美

非法医疗美容之所以有市场，部分原因在于求美者对医疗美容与生活美容的区分不清晰，缺乏“医疗美容是医疗行为”这一意识，并且没有认识到必须在拥有合法资质和专业医生的医院整形美容科、专业整形美容医院或医疗美容门诊部或诊所等就医。部分消费者忽视医疗美容行为的风险，被不法分子哄骗而接受了本应在正规医疗美容机构施行的医疗行为，在并发症出现后难以维权。因此，卫生主管部门应与医疗美容专业学会、医疗机构、专科医师以及媒体协作，加强医疗美容科普教育，引导求美者做出正确的选择。

ℝ.14

成都市医疗美容产业政策配套分析

王海蓉*

摘　要： 产业配套政策对于促进产业发展至关重要。本文在分析成都医美产业配套政策的基础上，提出促进成都“医美之都”打造的政策配套建议。

关键词： 医美产业　配套政策　成都市

一　成都医美产业配套政策分析

通过对近几年支持成都医疗美容行业政策的梳理，可以看出政府对于医疗美容行业的支持方向逐渐明确，尤其是2018年以来，支持的范围包括产品生产、人才引进、产学研深度融合、项目引进、企业发展、产品营销、环境优化、政策监管等，涉及医疗美容产业发展的方方面面，对于促进医美产业健康、有序 、快速发展具有里程碑的意义。

根据本课题组对成都市合法医疗美容机构的调查，绝大多数医疗美容机构认为政府对医疗美容行业的支持力度较大（见图1）。一方面是因为成都打造了一系列关于医疗美容产业发展的宽松环境，制定了一系列医疗美容发展规划、扶持政策、营商环境和监督法规；另一方面得益于成都积极培育重点医美企业（机构），加快医疗美容重大项目的建设，加大对医疗美容的宣传力度，争取召开全国性医疗美容宣传的会议，让成都这块“医美之都”的牌子越来越亮。

* 王海蓉，四川省社会科学院社会学研究所助理研究员。

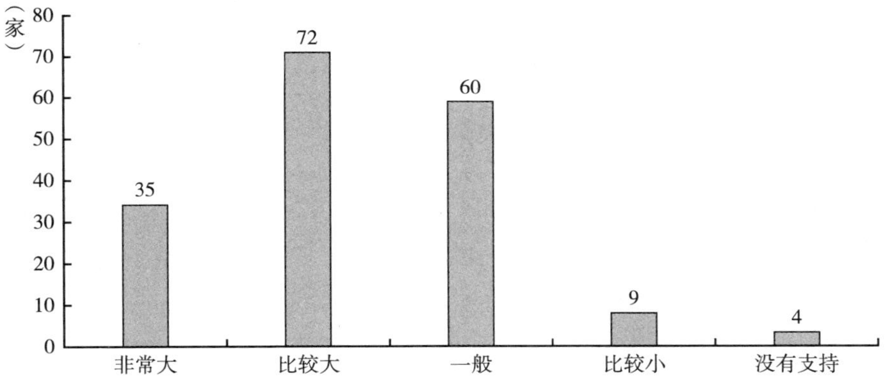

图1　“您认为政府对医疗美容行业的支持力度如何”

（一）支持医美企业创新政策

第一，支持产学研用协同创新。支持医美龙头企业（机构）联合高校、科研院所以及产业链上下游企业实施产业集群协同创新项目，开展重大关键技术联合攻关，给予最高1000万元资助。支持在成都高校院所、企业、机构创建国家级重大研发平台，对新获批建设的国家级企业技术中心、工程研究中心、技术创新中心、重点实验室、临床医学研究中心，给予最高300万元补助。

第二，提升创新创业服务能力。对新认定的国家级医美孵化器，给予一次性100万元资助。对新建的医美创业苗圃（众创空间）、孵化器、加速器分别给予30万元、50万元、100万元资助。支持利用闲置资源改（扩）建医美创新创业载体，给予最高500万元支持。鼓励高校院所和企业开放大中型科研设备仪器和研发平台，为医美企业（机构）提供技术研发、检验检测等服务，分别按服务总费用给予提供方不超过10%和使用方不超过20%的补助。

第三，支持医美产品研发生产。支持新药研发，对完成临床前研究并取得临床受理号的，给予最高80万元补助；取得临床批件并进入Ⅰ期、Ⅱ期、Ⅲ期临床试验研究的，分别给予最高100万元、200万元、300万元补助；获得《药品注册批件》且生产地址在成都市的企业，给予最高500万元奖励。支持医疗器械研发，对取得Ⅲ类医疗器械临床批件、进入临床试验且拥有自主知识产权的，给予最高200万元补助；获得医疗器械注册证书，拥有自主知识产权且生产地址在成都的企业，给予最高200万元奖励。

（二）支持医美企业发展政策

第一，支持租赁营业场地。对新引进注册的医美总部企业，在成都市无自有办公用房，且租用超甲级、甲级商务写字楼自用的，可给予连续三年租金补助，第一年补助年度租金的50%，第二年补助年度租金的30%，第三年补助年度租金的20%，每年补助金额最高不超过300万元。

第二，加强医美项目用地保障。对医美类工业项目用地，可采取弹性年期出让、租赁、先租后让等供地方式，弹性年期出让一般不超过20年，租赁年限一般不超过10年，到期后可续期出让或租赁；符合规定的医美类重大工业项目，经市政府批准，出让年限可按法定最高出让年限50年确定，可低于成都市工业用地出让指导价标准确定土地出让起始价；对医美类重大服务业项目用地，可按不低于宗地评估价的70%确定土地出让起始价。

第三，积极培育重点医美企业（机构）。对年主营业务收入首次突破100亿元、50亿元、30亿元、10亿元的医疗美容企业（机构），分别给予100万元、50万元、30万元、10万元奖励。

第四，支持利用资本市场发展。对拟在沪深交易所上市的医美企业，上市申请被证监会正式受理的，给予100万元奖励；对首发上市的医美企业，按融资额的1%给予最高350万元奖励。支持医美中小企业到全国中小企业股份转让系统挂牌融资，对成功挂牌企业给予最高50万元奖励。

第五，鼓励企业提高发展质量。对新获得JCI（国际医疗卫生机构认证联合委员会）国际认证的医美机构（企业），给予30万元奖励；对新获得中国整形美容协会5A级医疗整形美容机构等相关认证的医美机构（企业），给予最高20万元奖励。

（三）支持医美营销品牌化政策

品牌是企业发展的追求之一，也是产业效益的体现。成都要发展具有示范效应、带头效应的医疗美容机构，需要培育具有重要影响力的行业品牌，发展优质的本地行业品牌，推进形成辐射范围广泛的行业龙头效应，促进成都医疗美容行业品牌化、品质化发展。

《成都医疗美容产业发展规划（2018～2030年）》主要内容如下：一是培育医疗美容机构品牌。支持医疗美容机构实施品牌发展战略，以提升品牌价值为核心，通过并购、控股、参股等多种方式，推动医疗美容产业链垂直整合。支持医疗美容机构集团化发展，加快打造具有全国乃至全球影响力的大型连锁集团，进一步提升品牌知名度。按照专业化、规范化、差异化的发展方向，引导医疗美容门诊部和诊所做精细分领域，形成一批特色品牌。二是塑造医疗美容行业品牌。鼓励医疗美容机构积极参与行业标准制定、认证等工作，制定高水平的地方标准，提升成都医疗美容行业的品质和话语权。支持咨询、营销、培训、研发等医疗美容品牌服务机构发展，开展品牌管理咨询、市场推广等服务。建立医疗美容消费维权机制，推动行业合作，开展公益慈善活动，提升行业整体形象和品牌影响力。三是扩大城市医疗美容品牌知名度。加强城市品牌宣传推广，积极打造高端化、国际化、可信赖的医疗美容城市品牌，不断扩大医疗美容消费群体。支持举办国际性、全国性医疗美容行业会议、论坛、展会、选秀、选美等活动，提升成都医疗美容产业影响力。支持创办医疗美容杂志，加强学术交流，大力普及相关知识，营造良好的产业发展氛围。

《武侯区医疗美容产业发展规划（2018～2030年）》主要内容如下：一是依托技术领先优势，打造国内一流品牌，支持龙头医疗机构同医疗美容企业合作，高起点、高水平打造技术领先、社会公认的医疗美容新品牌。二是依托集团化发展，提升品牌影响力。支持医疗美容机构实施品牌发展战略。以提升品牌价值为核心，通过并购、控股、参股等多种方式，推动医疗美容产业链垂直整合。三是依托市场化营销，推广医疗美容品牌。引导医疗美容机构参加JCI等国际认证，以高质量带动国际化、可信赖的医美品牌塑造。支持医疗美容企业举办国际性、全国性医疗美容会议、论坛、展会、选秀、选美等活动，提升武侯区医疗美容产业影响力。支持咨询、营销、培训、研发等医疗美容品牌服务机构发展，开展品牌管理咨询、市场推广等服务。

（四）支持医美产业环境优化政策

第一，支持产业联动融合发展。鼓励发展“互联网＋医疗美容”，支持建设大数据共性技术平台、大数据开源社区技术创新平台等，对购买平台服务的企业，按服务费实际支出的20%给予最高100万元/年的补助，按租用的互联网带宽每Gbps每年20万元、每个企业每年最高100万元标准给予医美第三方数据中心补助，按租用的互联网带宽每100Mbps每年5万元、每个企业每年最高50万元标准给予医美互联网和大数据平台运营方补助。支持开发以医疗美容服务为主体的旅游休闲产品，可按当年项目建设经费的10%给予最高50万元补助。鼓励发展医美产品贸易，支持在成都设立全球性、全国性或区域性医美产品经销总代理。鼓励医美机构向生活美容领域延伸，为消费者提供医疗美容、生活美容等全流程服务。

第二，支持医美产业交流合作。支持引进、策划组织国际性、全国性、专业化的医美产业展会、峰会、论坛、学术交流等活动，可给予最高500万元补助。支持行业协会、产业服务机构等开展医美产业生态研究、行业数据收集、规划及标准制定、企业服务、产业对接、行业评选、项目路演等活动，给予最高50万元的活动补助。

（五）支持人力资源发展政策

人才是行业发展的核心，是城市发展的基础，争取高精尖人才到成都发展将从根本上促进医疗美容行业的高质量发展。政府高度重视专业人才引进，以高待遇、高福利等优厚条件吸引高端人才入驻，为高端人才提供便利的生活条件、工作环境，提供强有力的人才支撑政策，保障人才发展可续性，引领成都市医疗美容行业发展，助力产业发展提档升级。

《成都医疗美容产业发展规划（2018～2030年）》中提出了详细的人才引进和培养方案，实现“加强引智育智，夯实医美人才支撑”，通过与欧美及日本、韩国、巴西等国世界领先的医疗美容机构联系机制，吸引国内外领军人才、科学家到成都创新创业，并“完善柔性引才机制，结合产业发展特点和发展趋势，支持专业人才到成都短期执业，开展医疗美容研发、生产、服务合作”，支持国内外知名医美专家来蓉执教、访问和学术交流，鼓励高校根据产业和市场需要设立医疗美容学院、开办医疗美容专业，加强后备人才培养，充实专业人才队伍。大力推进校企合作，建立高校与医疗美容机构的人才双向合作交流机制，加强从业人员交流培训，不断提升医疗美容行业技术水平。优化人才环境。贯彻落实成都人才政策，进一步优化人才服务流程，强化人才住房、落户、配偶就业、子女教育、医疗、出入境和停居留便利等服务保障。将符合条件的医疗美容高端人才纳入奖励体系，完善从业人员评价标准，畅通民营医疗美容机构执业医生职称晋升通道。

（六）支持科研转化政策

产研融合发展是行业发展到一定高度的必然趋势，也是培育龙头企业的必经环节。在产业链日益丰富和精细化的趋势下，产研深度融合成为常态。提升医疗美容行业的发展水平必须以科研作为基础，大力支持科研成果转化，进行产研深度融合发展，大幅提升行业发展水平，深化医疗美容产业供给侧改革，从根本上优化产业供应链。为此，成都市政府出台相应的支持措施，助力产研融合。《成都医疗美容产业发展规划（2018～2030 年）》提出，“围绕医疗美容服务业发展需求，发挥全市生物医药产业优势，积极向医疗美容产业链上游拓展，重点发展医美产业相关的医美材料、药品和医疗器械，支持高校院所联合生物医药企业加强技术创新，突破干细胞生物技术、激光技术、填充材料等前沿技术，引进一批拥有核心技术的医疗美容制造企业”。积极提升科研成果转化率，形成医疗美容行业发展的核心后盾，发展有基础、有技术、有成果的医疗美容产业。2018 年出台的《成都市加快医疗美容产业发展支持政策》更是从资金、政策等方面大幅度支持产研结合、科研转化，鼓励医疗美容科技成果转化。鼓励医疗美容企业吸纳并转化高校院所科技成果，按照技术合同成交总额的 3%、3%、2%，分别给予高校院所研发团队（个人）每个项目合同最高 100 万元、企业单个技术合同最高 50 万元、技术交易服务机构单个技术合同最高 20 万元的补助。对围绕新产品开发和工艺改进等关键核心技术研发并实现产业化的医疗美容技术创新项目，按项目年度研发投入的15%给予最高200万元补助。

二　成都市医疗美容产业政策存在的问题

随着医疗技术发展和人民群众消费升级，以医疗美容为代表的美容消费需求持续增长，已成为除基本生活消费以外，继住房、汽车、旅游之后的第四大消费热点。近年来成都市医疗美容机构发展态势良好，集聚发展态势初步形成，在医疗美容产业快速发展的同时，也出现了一些问题。

（一）行业规范有待提高

医疗美容服务属高风险行业，同时也没有明确的效果标准，造成投诉多、社会影响大的情况；部分医疗美容机构制度不健全、管理不规范，医疗安全无法保证，个别机构甚至出现超范围行医，医用材料、设备三证不齐，医疗服务夸大效果，误导消费者等现象，给行业造成负面影响。

本课题组对成都市合法医疗美容机构的调查数据显示，成都市医疗美容行业最突出的问题是个别机构影响了整个美容机构的形象、缺乏行业规范、恶意低价竞争等（见图2）。

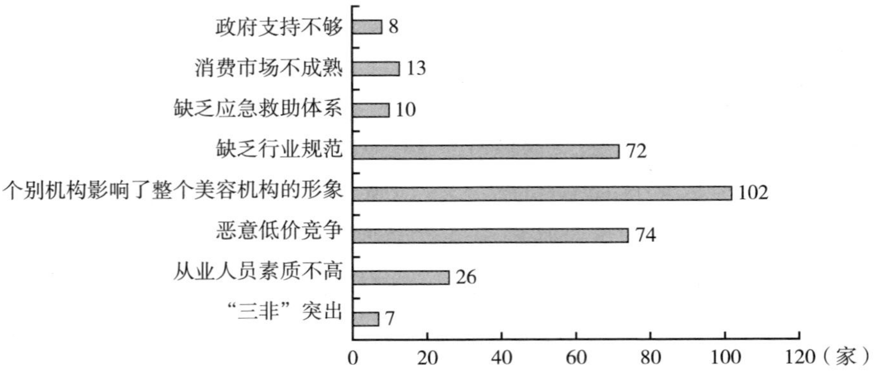

图2　“您认为当前成都医疗美容行业存在最突出的问题是什么”

（二）人才政策的积极效应不大

目前，医美产业发展很快，但是人才政策的效应不大，人才培养机制还未完善，特别是医学高等院校缺乏对医学美容人才的系统培训，导致行业后备人才不足，大多数民营医疗美容机构面临人才短缺的困境，经常出现高价外聘医生、机构互抢医生的状况。医疗美容机构对高端人才需求大、供给小的局面难以在短时间内解决。一方面，我国医学教育特别是医学高等院校对美容整形人才的系统培养缺乏，导致行业后备人才不足；另一方面，医美专业人才培训途径较窄、周期较长，民营美容机构常面临人才短缺的困境。

第一，卫生技术人员存在较大缺口。2014～2018 年成都医美机构数量呈现大幅上升趋势，卫生技术人员数量同步上升（见图 3）。2015～2016 年机构数量增长最快，与全国医美大环境有关。一方面，医美市场逐步扩大，外部资本入局，机构数量明显增加；另一方面，国内医疗政策放开，部分医生离开公立医院下海创业。2017～2018 年开始出现行业洗牌现象，机构增幅不大。卫生技术人员虽然 2014～2018 年一直保持增长，但实际存在较大缺口。这与国内医疗教育跟不上市场需求、医疗环境迫使大量医务人员转行有关，但也有一些医疗人才受医美市场大幅增长所激励，从其他科室转入医美。总体

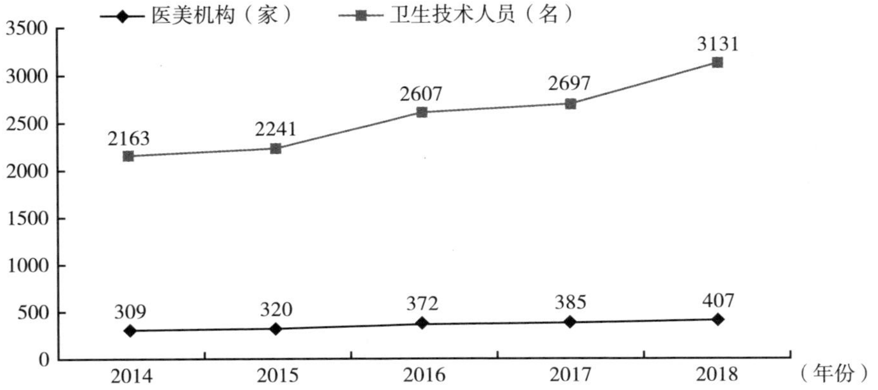

图 3　成都市医美机构与卫生技术人员数量

来说，目前成都市整体卫生技术人员人才缺口依然很大，预计超过6000名。[①]

第二，注册护士缺口较大。按照卫生部要求，我国医生和护士的比例是1∶2。从数据来看，2018年成都医美行业医护比例为1∶1.2，护士人才缺口也很大。从整个医美环境来说，护士薪资普遍较低，这是影响人才进入医美行业的重要因素。[②]

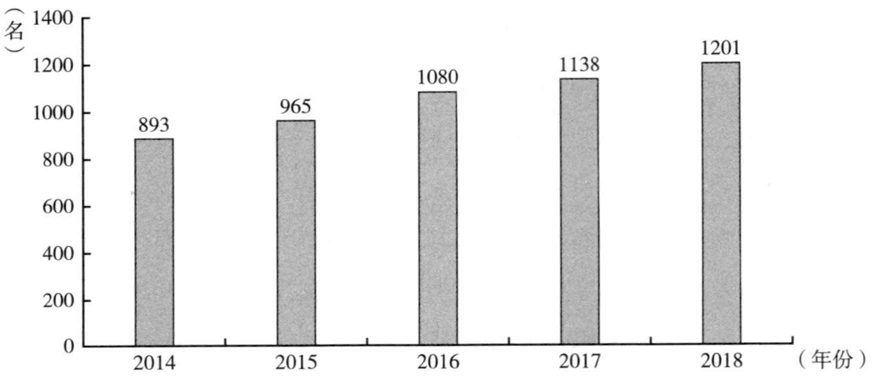

图4　成都市注册护士数量

（三）人才培训市场亟须规范

医疗美容培训属于医疗技术专业培训，必须由具备资质的医疗机构、医学院校开展，培训师资和培训对象应当符合《医疗美容服务管理办法》规定。目前有登记注册的正规医美培训机构，全市不超过10家，很难满足行业需求，这就促使"黑医美机构"大量滋生。从全国范围来看，"黑医美机构"超过2万家，各种"猪皮班"（在猪皮上练习打针）、"鸡腿班"野蛮生长，生活美容、医疗美容混合培训，一些没有执业证的人在这种非法"速成班"培训后上岗执业，给医美行业带来了极其恶劣的影响。

政府应加大对"黑医美机构"的打击力度。一是加强对生活美容机构

① 资料来源于《成都市医疗美容人才报告》（医聘网提供）。

② 资料来源于《成都市医疗美容人才报告》（医聘网提供）。

的监管，查处生活美容机构以及其他机构未取得相应资质开展医疗美容服务的行为；二是查处无医师资质的个人开展医疗美容服务的行为；三是查处医师到非医疗机构开展医疗美容服务的行为；四是以投诉举报为线索，查处利用宾馆酒店、会所、居民住宅等场所违法开展医疗美容的行为，严厉打击非法行医、危害药品安全等违法犯罪活动；五是加强美容医疗机构监管，以注射美容为重点，规范医疗美容服务行为。[①]

三 成都市医疗美容产业发展建议

成都作为西部重要战略高地，在国家“一带一路”、长江经济带等战略规划和新一轮西部大开发中具有举足轻重的作用。医疗美容行业作为“美丽经济”的重要组成部分，在成都建设“医美之都”的目标下，将成为新的经济增长点，为此建议从以下几个方面加快推进成都医疗美容产业发展。

（一）完善行业监管，优化医美产业生态

根据“成都市医疗美容产业发展报告”课题组对成都市合法医疗美容机构的调查，针对“您认为政府应该对医疗美容行业提供哪些方面的支持”，有 119 家医疗美容机构认为要加大医疗美容行业的规范管理，由此可以看出进一步完善医疗美容行业监管机制是推动成都医疗美容行业发展中最迫切的问题（见图 5）。

从课题组的调查情况来看，成都市民营和公立医疗美容机构均存在超出《医疗机构执业许可证》核准登记的诊疗科目范围开展医疗美容活动的情况。部分机构在获得许可后，出现了人员减少、科室布局改变、超诊疗范围执业等违法情况，因此加强对发证后医疗美容机构的监管尤为重要。民营机构的运营和发展受市场影响更大、自由度更高，因此在对其进行适当

① 资料来源于《成都市医疗美容人才报告》（医聘网提供）。

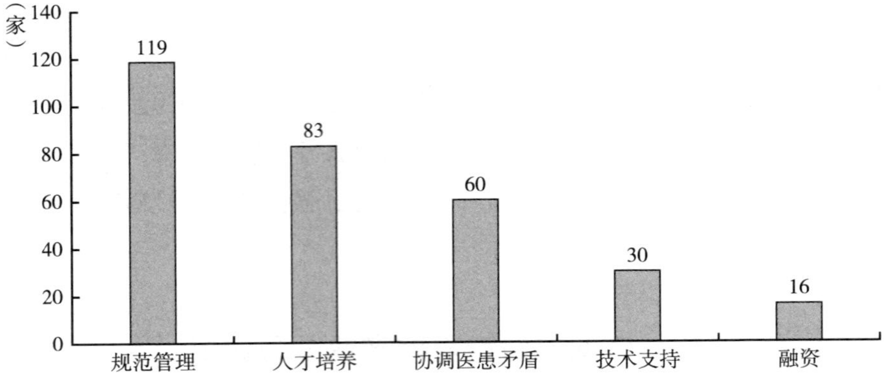

图 5　“您认为政府应当对医疗美容行业提供哪些方面的支持”

监管的同时不能忽视准入制度的完善。

成都医疗美容行业要遵守《成都市人民政府办公厅关于进一步加强成都医疗美容行业监管服务工作的意见》进一步加强医疗美容行业监管，提升政务服务和行业自律水平，营造良好市场环境，加快构建行政监管、行业自律、政务服务、社会共治相结合的高水平医疗美容行业监管服务体系，具体可以从以下几个方面着手：第一，完善针对医疗美容机构的设置标准，在从业人员准入、机构准入、技术准入上进行调整以适应和引导当前成都市医疗美容行业的良性发展。通过监管部门与行业协会合作，研究制定符合行业发展现状的分级管理制度和相应的退出机制，做到能进能出，根据不同等级对监管对象进行分类管理。第二，在目前数量优势的基础上，提高行业准入标准，营造更为明确的准入环境，促进医疗美容机构的服务质量提升。第三，针对频繁发生的医疗纠纷，应在成都市建立医疗美容机构风险评估机制，加强对民营等高风险类型的医疗美容机构的监督管理，以减少医疗纠纷，维护良好的市场秩序。① 第四，建立卫健、市场监管、人社、公安、网信等部门的常态化信息沟通、共享机制，设立非法医疗美容举报热线，加强

① 赵凯佳等：《成都市医疗美容机构现状分析与监管发展建议》，《现代预防医学》2018 年第 21 期。

医疗美容市场监管执法，依法查处违法违规行为。完善事中事后监管和违法处罚制度，规范医疗美容审批事项，简化审批流程，落实行业准入审批和诊疗规范。加强医疗美容广告监管，维护良好市场环境。充分发挥医美行业协会作用，切实推动行业自律。

（二）招才育人，充实医美人才队伍

根据“成都市医疗美容产业发展报告”课题组对成都市合法医疗美容机构的调查，针对“您认为政府应该对医疗美容行业提供哪些方面的支持”，除了上文迫切需要规范管理的问题外，人才培养也需要政府加大关注力度。

第一，引进培养医美人才。实施“医美人才引进计划”，瞄准国内外知名医美医师开展柔性引才，支持高级医美医师到成都短期执业。实施“医美人才创业计划”，重点吸引国际国内行业领军人才、杰出科学家到成都创新创业。实施“医美人才培育计划”，加强医美人才培养。

第二，强化人才培育机制。鼓励各公立医疗机构开设医疗美容专科，与成都市内重点医疗机构建立医疗美容专科医联体，采取“请进来、送出去”等方式，将基层医疗机构医务人员培养成医疗美容专业医生。

第三，组建医疗美容协会和专家委员会。强化行业自律，推动行业合作，开展从业人员交流培训，提升医疗美容技术水平。行业协会与专家委员会应积极协助政府机关开展成都市医疗美容产业发展课题研究，为政府及相关企业提供医美发展科学论证，进一步促进成都市医疗美容事业的不断发展。

（三）推动产业融合，构建“大医美”发展格局

在成都市大健康产业生态圈建设中，医疗美容产业是重点发展的细分产业之一。同时，医疗美容产业也有自身的产业生态圈，主要包括医美产业链、医美关联产业、配套保障服务三个层面。其中，医美产业链主要包括医疗美容服务业，即整形美容、皮肤美容、中医美容和牙齿美容等，以及上游

的医疗美容药品、医疗器械、耗材等医美产品研发业、制造业和商贸流通业。医美关联产业主要包括金融、旅游、会展、传媒、互联网、教育、地产等与医美融合发展形成的产业。配套保障服务主要包括能源、交通等基础设施，产业规划，发展政策，行业监管等。成都医疗美容要实现产业融合，构建“大医美”发展格局，需要从以下几个方面着手。

第一，推动医疗美容与文创旅游业融合。发挥成都作为中国历史文化名城和中国最佳旅游城市的优势，开发以医疗美容服务为主题的文创旅游产品，吸引国内外消费者来蓉接受医疗美容服务。鼓励开发以医美为题材的影视文化产品，探索建立“出入境—交通出行—休闲购物—医疗美容—旅游”的便捷化服务体系，促进医疗美容服务与文创旅游产业融合发展。

第二，推动医疗美容与互联网融合。支持发展医疗美容网站、App 等，培育“互联网 + 医疗美容”服务平台，促进医疗美容行业市场渠道变革。推动医疗美容产业和大数据、云计算、人工智能深度融合，为开展个性化医疗美容、医美金融服务等提供支撑。支持医疗美容机构运用信息技术优化业务流程，提升服务质量和效率。

第三，推动医疗美容与生活美容融合。鼓励医疗美容机构向生活美容领域延伸，进一步拓展业务范围，为消费者提供医疗美容、生活美容等全流程服务。支持生活美容机构依法与医疗美容机构建立合作共享机制，扩大医疗美容消费群体。探索创办集医疗美容、生活美容，以及高档化妆品、奢侈品、艺术品等于一体的大型医美综合体。

区 域 篇

Region Report

R.15 成都市医疗美容产业区域发展状况

刘宗英*

摘　要： 自《成都医疗美容产业发展规划（2018～2030年）》出台以来，成都市相关区县结合自身优势，奋力抢抓机遇，纷纷出台区域发展规划。本文主要介绍成都市规划的“三区两城多点”的医美产业发展成效、主要规划及产业布局。

关键词： “三区两城多点”　成都市　医疗美容产业

作为国家中心城市，成都医药健康产业增速全国领先，规模位居全国第二梯队，已形成了以医药为支撑、服务为特色的产业集群，为医疗美容产业

* 刘宗英，四川省社会科学院社会学研究所助理研究员。

的发展奠定了坚实的基础；同时，成都具有强大的辐射能力，市场腹地涵盖云南、贵州、重庆等西部地区近3.8亿人口，医疗美容消费需求旺盛。为抓住全球“美丽经济”上行态势，成都市提出打造全国领先、全球知名的“医美之都”，并出台了《成都医疗美容产业发展规划（2018～2030年）》，提出构建“三区两城多点”的医疗美容产业空间布局体系。其中“三区”指武侯区、高新区、天府新区，“两城”指成都医学城、天府国际生物城，“多点”指青羊区、金牛区、锦江区、成华区。这一规划出台的时间不长，个别区域在规划实施上刚刚起步，故本文仅介绍目前有实质性进展的区域。

一　武侯区医美产业发展情况

（一）发展成效

作为成都市的“三区”之一，武侯区充分利用区内大健康产业资源丰厚这一优势，将医疗美容产业纳入全区大健康产业生态圈建设中，共享健康产业的扶持政策，具体包括共享机构或企业的引进扶持政策、招大引强的扶持政策、做大做强的扶持政策、产业集聚发展的扶持政策、创新发展的扶持政策、融资发展的扶持政策、人才引进的扶持政策。这些政策吸引众多医疗美容龙头企业入驻。截至目前，武侯区共有大健康企业（机构）3370余家，其中医疗美容机构124家（包含医疗美容医院10家、门诊部50家、诊所51家），约占全市机构总数的1/3，是成都市医疗美容机构数量最多、分布最集中的区域。

（二）发展规划

为促进医美产业持续健康发展，武侯区出台了《武侯区医疗美容产业发展规划（2018～2030年）》。该规划提出，武侯区力争用十余年时间，推动医疗美容产业不断壮大规模、提升发展质量，形成高端集聚、结构合理、优势突出的产业新格局，到2025年，医疗美容产业营业收入达到100亿元，到 2030 年，完成医疗美容服务、医美产品研发及关联产业融合发展的产业生态圈打造，形成国际一流的产业竞争力、影响力、辐射带动力，医疗美容产业营业收入达到 200 亿元，成为全国领先、全球知名的“医美之都”核心区和“美丽经济”典范区。

作为武侯区大健康产业重点发展的细分产业之一，武侯区将着力打造包括医美产业链、医美关联产业、配套保障服务三个层面的医疗美容产业生态圈。其中，医美产业链主要包括医疗美容服务业，即整形美容、皮肤美容、中医美容和牙齿美容等，以及上游的医疗美容药品、医疗器械、耗材等医美产品研发业、制造业和商贸流通业。医美关联产业主要包括金融、旅游、会展、传媒、互联网、教育、地产等与医美融合发展形成的产业。配套保障服务主要包括能源、交通等基础设施，产业规划，发展政策，行业监管等（见图 1）。

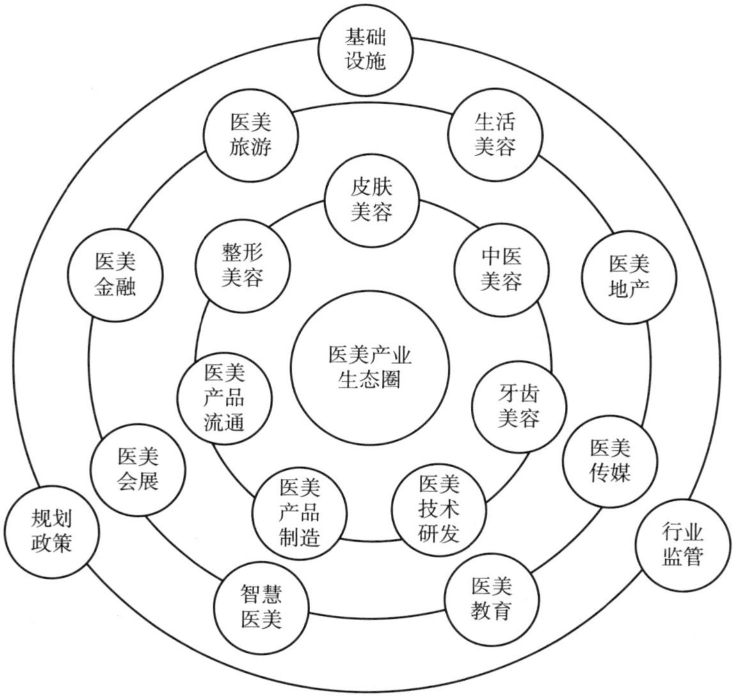

图 1　武侯区将打造的医疗美容产业生态圈

（三）产业布局

武侯区将通过科学布局，领先发展医疗美容服务业，创新发展医疗美容研发制造业，融合发展医疗美容关联产业。

集聚发展区域：以人民南路商圈、红牌楼商圈内交通便利、商业成熟、配套完善的区域为重点，打造人民南路四段、桐梓林、新南路、科华路、武侯大道双楠段等医美街区，进一步促进医疗美容服务机构、研发机构、医美关联企业集聚发展，把现有医美机构做大做强，培育和引进一批引领成都、国内一流、国际知名的医美标杆机构。

分散发展区域：在集聚发展区域以外的晋阳、双楠等辖区，结合各个辖区的基础和条件，促进医疗美容服务机构提升层次，突出特色化发展；武侯新城、簇锦等区域重点引进医美产品研发制造和流通企业，有效利用土地资源、楼宇资源，打造集医美服务、产品研发、教育培训等多业态为一体的医美综合项目。

二　高新区医美产业发展状况

（一）发展成效

截至 2018 年底，成都高新区集聚医美机构 76 家。其中，医美整形机构 79 家，含八大处等整形美容医院 9 家（专科医院 5 家，设有整形科室的综合型医院 4 家）、美极等门诊部 28 家、澳丽等诊所 42 家，成都四维齿科等生产型企业 15 家，艾尔建等服务流通类企业 9 家，营业收入逾 20 亿元。

发展势头强劲。高新区医美整形机构数量较 2017 年新增 40 家，增长 103%。引进国际医美产业巨头、世界 500 强企业艾尔建公司，设立艾尔建中国创新中心、中国首个医美人才培训中心及首个医美产品体验中心；吸引“中国整形国家队”中国医学科学院整形外科医院 · 西南中心——成都八大处医疗美容医院落户高新区。

产业软环境强势营造。一是联合举办第一届中国国际医美产业大会暨“医美之都”高峰论坛、第一届成都“医美之都”学术大会暨四川省医学会第十二次医学美学与美容学术会议等多个国际医美会议；二是举办2018年中美韩医美产业国际创新合作高端对接会；三是成立成都高新区医学美容医师联合会，区域和行业影响力显著提高。

（二）存在主要问题

产业形态单一。当前成都高新区虽然聚集了部分医美医院、诊所等机构，但产业形态较为单一，延展性（黏性）不足，医美产业链上游如研发、制造及医美关联产业（包括医美商贸、医美文旅等）布局不够，产业生态圈和创新链较为薄弱。

产业组织者缺乏。成都高新区目前仅有79家医疗美容服务机构，在数量上和规模上都与发达国家、知名地区有较大差距。一方面，规模普遍偏小，无法吸引更多上下游企业及相关配套机构集聚；另一方面，医疗美容顶尖人才、专业化人才偏少，从业人员能力参差不齐。

医疗美容品牌影响力弱。成都高新区医疗美容产业虽然处于快速发展期，但缺乏知名品牌、知名街区及知名团队，导致在行业中知名度和影响力不高。（韩国仅狎鸥亭一条街就集聚了400多家医疗美容机构，行业影响力大。）

行业自律和监管体系不健全。缺乏健全的行业自律和监管体系，不同程度存在产品、服务标准不一，信息、价格不透明，夸大宣传，监管力度不足，消费者维权难度较大等问题。

三　成都医学城医美产业发展状况

（一）发展现状

温江区医疗美容产业已形成医疗美容产品研发制造、医疗美容服务机构及关联产业全链式发展格局。截至目前，温江区已集聚医疗美容产品制造类企业 21 家，年总产值约 2 亿元，涵盖医疗美容药品、医疗美容设备、医疗美容材料等类别。制造类企业集中落户在成都医学城 A 区，产品主要有手术用耗材、义齿、消炎用药品、修复类面膜等；医美研发类企业 8 家，集中落户在成都医学城 B 区，研究涉及细胞技术、再生医学材料研发、化妆品研发、美容仪器研发等领域。成都医学城有医疗美容机构 7 家，主要集中为美容外科、美容皮肤科和美容牙科等领域，总用地面积约 3600 平方米，年诊疗量约 2000 人次，年营业收入约 3000 万元。2018 年新签约引进中健生物、尚诚怡美、赛尔托马斯干细胞中心、风之火医美可降解材料研发与生产基地、尚橙口腔等一批高端优质医美项目，协议投资额超过 40 亿元。

（二）主要举措

完善产业发展环境。积极加快各类功能平台建设，支持企业创新研发能力提升，新建市级以上创新研发平台 11 个、累计 186 个，新建院士（专家）创新工作站 2 个、累计 10 个。特别是成都市第五人民医院、温江区人民医院两家医疗机构的器械临床试验中心已顺利通过了国家药监局备案，创新药物研究与转台建成投运，基因治疗公共技术平台正在加快建设。

完善政策支撑体系。一是编制出台《成都市温江区医疗美容产业发展规划（2018～2035 年）》，提出实施“三步走”战略。二是抓住成都国际化营商环境年建设机遇，结合成都健康产业功能区“三医”项目集聚发展所需，编制出台《温江区关于民营经济健康发展的实施意见》，近期将编制出台相关实施细则。

提升产业发展氛围。率先指导成立温江区医疗美容产业协会，搭建政企携手纽带、企企沟通合作平台，在进一步促进区内医美企业协作配套、抱团发展的同时，组团参加中韩、中日医美机构交流活动，进一步促进医美产业生态圈加速形成。

（三）存在问题和短板

医美产业规模总体偏小。全区医疗美容产业总营业收入不到 3 亿元，医美产业规模总体偏小。在医美制造业方面，缺乏龙头牵引型项目；在医美服务业方面，区内缺乏具有品牌知名度和国际影响力的医疗美容服务机构。

医美产业统计指标缺乏。医美产业涉及门类多，涉及部门广，对于目前的数据统计指标体系来说，尚没有健全的统计指标体系能涵盖医美全产业链，现有的传统统计指标和统计方式不能全面体现医美产业的发展现状。

四　青羊区医美产业发展状况

（一）青羊区医疗美容产业的发展现状

青羊区作为成都市的中心城区之一，全市70%以上的历史文化遗存和30%以上的金融业位于青羊区，在形成生活美容、信息服务、旅游、会展、金融等关联产业的“大医美”发展格局方面有着得天独厚的优势。

1. 青羊区医疗美容机构情况

2017年底，青羊区有医疗美容机构37家，其中医疗美容医院4家，设有医疗美容科的综合医院5家，医疗美容门诊部11家，医疗美容诊所17家，美容机构总量在中心城区排名第二（见表1）。四川省人民医院整形美容科、四川省皮研所、四川省第二中医医院、成都市第二人民医院皮肤病医院和成都市第三人民医院整形美容科均在青羊区，对青羊区医疗美容机构发展起到了技术、设备、科研的指导作用，促进了青羊区医疗美容机构的不断发展。

表1　中心城区医疗美容机构情况

单位：家

美容机构	青羊区	武侯区	锦江区	金牛区	成华区	高新区
医疗美容医院	4	9	1	1	0	3
综合医院美容科	5	5	3	4	2	3
医疗美容门诊部	11	42	7	8	1	16
医疗美容诊所	17	32	25	7	6	14
合计	37	88	36	20	9	36

2. 青羊区医疗美容机构卫计人员基本情况

全区医疗美容机构卫生技术人员665名，其中高级职称68名、中级职称57名。注册执业医师已取得医疗美容主诊资格人员142名，其中美容外科40名、美容皮肤科60名、美容中医科25名、美容牙科17名。护理人员515名，其中高级职称77名、中级职称156名。其他医技人员8名。从业人员总数居全市第二位。

3. 青羊区5家医疗美容专科机构产值及纳税情况

近两年，区内医疗美容机构无论是诊疗量、总产值还是上缴税收均呈快速上升趋势。2017年，仅美莱、晶肤等5家大型医疗美容专科机构的诊疗数量就超过21万人次，产值超4亿元，上缴税收900余万元，分别同比增长53%、46%和89%。

（二）存在的问题

1. 缺乏龙头企业，影响力不足

虽然青羊区的医疗美容机构数量居全市第二，但是普遍存在规模小、层次低、社会影响力弱的状况。区内公立医疗机构除省人民医院、成都市第二人民医院和成都市第三人民医院外，其他综合性医院均未设医疗美容科。民营医疗美容机构中76%以上为门诊部和诊所，开设的科室以外科和皮肤科为主，服务类别单一，还未形成品牌效应，行业认可度低、引领作用小。

2. 布局分散，缺乏集聚效应

全区37家医疗美容机构散布于全区11个街道办事处内，没有形成集聚效应，机构获客成本高，难以形成区域影响力（见图2）。加之医美产业的经济贡献较小，各街道招商意愿不强，还停留在听之任之的阶段。

3. 行业规范有待提高

医疗美容服务属高风险行业，同时也没有明确的效果标准，造成投诉多、社会影响大等情况。部分医疗美容机构制度不健全，管理不规范，医疗安全无法保证，甚至个别机构出现超范围行医，医用材料、设备三证不齐，

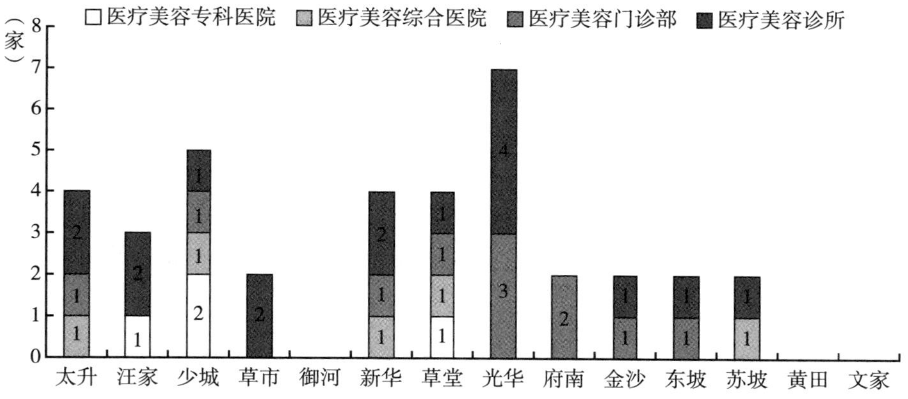

图 2　青羊区医疗美容机构分布情况

医疗服务夸大效果，误导消费者等给社会带来严重影响，医疗事故时有发生。

4. 人才培养有待加强

目前，医美产业发展很快，但是人才培养机制还不完善，特别是医学高等院校缺乏对医学美容人才的系统培训，导致行业后备人才不足。目前，大多数民营医疗美容机构面临人才短缺困境，经常出现高价外聘医生、机构互抢医生的状况。

（三）促进青羊区医美产业发展的建议

成都作为西部重要战略高地，在国家“一带一路”、长江经济带等战略规划和新一轮西部大开发中，具有举足轻重的作用。习近平总书记来川视察重要讲话中也明确提出，支持成都加快建设全面体现新发展理念的城市。在新一轮城市总体规划修编时，成都明确提出建设“美丽宜居公园城市”。医疗美容行业作为健康产业“美丽经济”的重要组成部分，在实施“医美之都”的目标中，将成为青羊区新的经济增长点，为此建议从以下几个方面加快推进青羊区医疗美容产业发展。

1. 合理布局，形成产业集聚效应

一是完善规划设置。在源城区域充分发挥省皮研所、省第二中医医院、艺星医美、美莱美容等大中型机构的带动作用，培育各类中小医美诊所，形成集聚效应；结合产业集聚区建设，将拥有大型医美机构或医美机构相对集中的街区打造为医美产业特色街区。在新城区域依托成都市妇女儿童中心医院和温江医学城，整体规划一个集医疗美容服务、医疗美容休闲、医美文化技术交流等于一体的医美产业园区，重点培育高端医美产业集群。按照专业化、规范化和差异化的发展方向，推动医疗美容上中下游产业链的整合，形成医美生态圈。

二是创新政策支持。按照党的十九大对实施健康中国战略、发展健康产业的总体要求，将成都市《关于加快成都医疗美容产业发展的支持政策》加以落实，出台有利于医美产业发展的人才、土地、税收和金融等优惠政策，支持医美人才加快集聚，医美企业创新发展，医美项目引进建设，医美药械研发设计，让更多的医美机构和上下游产业落地青羊区，不断优化产业投资环境，促进青羊区医美产业的健康发展，形成青羊区医美产业发展的新动力。

2. 招大引强，提升区域产业影响力

一是实施品牌战略。支持现有医疗美容机构提档升级，通过并购、控股、重组和参股等多种模式，推动医疗美容产业大整合，进行优势互补，充分利用有效的资源，着力打造具有一定知名度和影响力的连锁集团。

二是建立生态圈招商机制。加快引进一批国内外领先的医疗美容机构，以此为核心，引入相关配套企业；支持与医疗美容相关的论坛、会议、展会、选美等活动落地青羊区，提高知名度和影响力；积极创新与医美相关的信息服务和金融服务，增强服务配套能力。

三是塑造特色品牌。扶持青羊区现有的中小医美机构发展，形成“各院有专长、医美有专科、专科有品牌”的格局，实现医美技术精准、设备精良、服务优质的个性化和量身订制化服务；积极推动“互联网 + 医疗美容”平台新发展模式，为中小医美机构发展营造良好氛围，构建“小、特、专”的微整形服务圈。

3. 产业融合，构建“大医美”格局

一是推进“医疗美容 + 旅游”。青羊区拥有丰富的文博旅游资源，为医疗旅游的发展提供了强大支撑。建议以"宽窄巷子""文殊坊""杜甫草堂"等历史旅游文化为主题，大力开发医疗美容服务＋旅游休闲的模式，让国内外消费者游玩在青羊、美丽在青羊。

二是推进"医疗美容＋中医养生"。四川作为中医药大省，应积极开发中医药文创产品，青羊区应依托成都中医药大学在科研、技术、人才方面的优势，帮助医疗美容机构积极开展中医医疗美容服务，发挥中医在美容，特别是抗衰老、年轻化治疗方面的积极作用。并以青羊区中医馆、中医角为载体，普及"医美＋中医药养生"理念，推动相关产业深度融合。

三是推进"医疗美容＋金融"。未来，消费金融将主要集中在教育、旅游、医疗、汽车等领域。近五年，医疗美容潜在用户金融信贷额年均增长30%，60%的受访者想做医疗美容，但经济实力不足，金融消费成为最佳选择。青羊区可以充分利用大数据平台，做好潜在用户获客转化，搭建医美消费金融平台，做好风控评估，出台相关政策，鼓励医疗美容金融消费。

四是推进"医疗美容＋互联网"。利用互联网大数据平台，定制医疗美容、生活美容 App 或网站，形成具有青羊特色的医疗美容云端服务，定期牵头举办一些医疗美容、生活美容及相关产业的技术交流会、品鉴会和展会，加大青羊区品牌机构的宣传力度。

4. 招才育人，充实医美人才队伍

一是建立人才引进机制。建立与国内外领先医疗美容机构的联系机制，吸引行业高端人才落户青羊。支持医美专业人才通过多点执业的方式在青羊开展研发、生产和服务合作。

二是强化人才培育机制。鼓励各公立医疗机构开设医疗美容专科，与四川大学华西医院、四川省人民医院成都市第二人民医院皮肤病医院等重点医疗机构建立医疗美容专科医联体，采取"请进来、送出去"等方式，将基层医疗机构医务人员培养为医疗美容专业医生。

三是优化人才服务机制。贯彻落实青羊区人才政策，为引进的高端人才提供住房、落户、配偶就业、子女教育、医疗卫生、出入境等服务保障。畅通民营医疗美容机构执业医生职称晋升通道。

四是组建青羊区医疗美容协会和专家委员会。强化行业自律，推动行业合作，开展从业人员交流培训，提升医疗美容技术水平。行业协会与专家委员会应积极协助政府机关开展医美产业发展的课题研究，为政府及相关企业提供医美发展科学论证，进一步促进青羊区医疗美容产业的不断发展。

五　金牛区医美产业发展状况

（一）发展现状

1. 医美机构发展态势良好

金牛区医疗美容机构基本形成了以医疗美容医院为主体，医疗美容门诊部、医疗美容诊所和综合医院美容科室等为支撑的发展格局。全区现有医疗美容机构 27 家，其中医疗美容医院 1 家、医疗美容门诊部 12 家、医疗美容诊所 14 家；有 6 家综合性医疗机构开设医疗美容特色科室。医美机构数量仅次于武侯区、青羊区和高新区，位居全市第四。民营医疗美容机构占比超过 95%，主要开展美容外科、美容皮肤科等业务。截至 2018 年，全区医疗美容消费服务量约 8 万人次、营收近 1 亿元。

2. 科技创新资源优势突出

金牛区在医疗美容领域集聚了众多的创新资源。以成都中医药大学、西南交通大学、成都医学院等为代表的高等院校，集聚了一批国内外顶尖的医疗美容领军人才，具有医疗美容科技服务研发创新的人才基础，在眼美容、口腔美容、中医美容等领域处于全市前列，具有较强竞争优势。

3. 集聚发展态势初步形成

截至 2018 年，全区医疗美容机构主要聚集在交通便利、配套完善、商业繁华的羊西线沿线，并多点分布于区内其他地方，具有医美产业聚集发展的基础。

4. 医美关联产业支撑扎实

金牛区旅游产业具有一定实力，能够为医疗美容产业提供有力支撑。金牛区区域位置优势明显，宜业宜居、环境优美，旅游资源丰富。截至2018年，全区旅游接待过夜游客量达850万人次，能够为医疗美容产业提供必要的人流要素支撑。

（二）发展机遇

1. 医美生美产业融合发展的市场前景广阔

政府支持为“双美”（生活美容和医疗美容）产业发展提供了良好的环境。2018年，成都荣获“医美之都”称号，制定发布《关于成都市加快医疗美容产业发展支持政策的通知》，金牛区积极建成成都“医美之芯”，大力培育“双美”消费新经济下新的应用场景。在悦好医学美容医院等龙头效应的引领下，金牛区“双美”产业的集聚效应逐渐显现。同时，随着人民群众物质生活水平的不断提高和对美好生活的向往，人民的消费能力快速提升，这进一步带动了“双美”消费观念的转变。未来金牛区“双美”消费市场作为医药健康产业新的经济增长点，将快速拉动全区经济的飞速增长，金牛区医美生美产业融合发展的前景可期。

2. 医美生美产业融合发展迎来高速成长期

金牛区“双美”产业现阶段还处于高速成长初期，全产业链发展态势仍集中在产业下游。随着社会办医的全面放开，更多民营优质资本进入“双美”领域，并且人才培养、科技研发、生产制造、仓储物流、品牌推广等领域还具有巨大的发展空间。未来更多具有品牌效应、规模效应的“双美”行业标杆、龙头企业积极参与金牛区“双美”产业融合发展将成为趋势，产业发展集聚度有望逐步提升，产业规模化发展态势将逐步形成。

3. 金牛“双美”产业融合发展潜力巨大

金牛区具有良好的资源禀赋和产业载体资源优势，成都旅游黄金通道横贯金牛区，永陵博物馆、一品天下美食一条街、金沙遗址博物馆、青羊宫等全国知名景点位于或毗邻金牛区。仅2018年，全区旅游接待过夜游客量就达850万人次。金牛区作为成都市中心城区，具有强大的周边区域辐射能力，涵盖人口近500万，成都医美市场向西发展的需求迫切、消费旺盛、空间巨大。在成都全面推进建设“医美之都”的大好形势下，金牛区在医美人才、服务、科技、资本、市场等产业要素集聚以及吸引高端消费人群等方面拥有较强的竞争优势。

（三）发展目标和空间布局

金牛区结合医美生美产业发展现状和未来“双美”融合发展趋势，坚持集约发展，加快构建金牛“一街一芯多点”、“双美”产业融合发展空间。同时，着力提升医美生美产业融合发展的质量和规模，加快集聚国内外知名医美生美企业、机构和人才，不断增强产业竞争力、影响力和辐射带动力。预计到2025年，金牛区“双美”产业营业收入达到500亿元，2030年达到1000亿元，成为全国领先、全球知名的成都“医美之芯”。

（四）发展重点

抓住“双美”消费升级机遇，瞄准产业发展趋势，突出发展服务业，加快发展制造业，延伸发展信息服务业等关联产业，着力构建“双美”融合发展产业生态圈。

1. 突出发展医美生美服务业

顺应“双美”服务微创、安全、精细、养生等发展趋势，重点发展外科美容、皮肤美容和面部美容，积极培育中医美容、干细胞美容等新兴业态，加快引进培育一批知名机构（企业），提升行业服务水平和影响力，完善全区医美生美服务体系。

2. 加快发展医美生美流通业

围绕“双美”服务业发展需求，积极向产业链上游拓展，重点推动“双美”产业相关的医美药品、耗材、器械、药妆和美容护肤消费产品的销售。积极引进医美生美龙头销售企业入驻金牛区，支持企业开展线上线下销售，促进企业做大做强。

3. 延伸发展医美生美关联产业

以“双美”服务业和相关流通销售企业为依托，延伸发展信息服务、文创、旅游、贸易、会展、金融等关联产业，推动“双美”产业与关联产业良性互动、互利共生，形成集聚发展大格局。

（五）主要举措

1. 实施品牌战略，借力“医美之都”名片打造金牛区品牌

一是培育医疗美容机构品牌。支持医疗美容机构实施品牌发展战略，以提升品牌价值为核心，通过并购、控股、参股等多种方式，推动医疗美容产业链垂直整合。支持医疗美容机构集团化发展，加快打造具有全国乃至全球影响力的大型连锁集团，进一步提升品牌知名度。按照专业化、规范化、差异化的发展方向，引导医疗美容门诊部和诊所做精细分领域，形成一批特色品牌。

二是塑造医疗美容行业品牌。鼓励医疗美容机构积极参与行业标准制定、认证等工作，制定高水平的地方标准，提升成都医疗美容行业的品质和话语权。支持咨询、营销、培训、研发等医疗美容品牌服务机构发展，开展品牌管理咨询、市场推广等服务。建立医疗美容消费维权机制，推动行业合作，开展公益慈善活动，提升行业整体形象和品牌影响力。

三是扩大城市医疗美容品牌知名度。加强城市品牌宣传推广，积极打造高端化、国际化、可信赖的医疗美容城市品牌，不断扩大医疗美容消费群体。支持举办国际性、全国性医疗美容行业会议、论坛、展会、选秀、选美等活动，提升成都医疗美容产业影响力。支持创办医美杂志，加强学术交流，大力普及相关知识，营造良好的产业发展氛围。

2. 强化项目招引，提升医美产业能级

一是实施生态圈招商。围绕医疗美容产业生态圈，瞄准产业关键缺失环节，实施强链补链，加快引进一批国内外领先的医疗美容机构（企业）。

二是转变招商引资方式。实施选商选资，强化项目准入，确保引进项目的先进性。

3. 加强引智育智，夯实医美人才支撑

一是积极引进人才。建立与美国、韩国、日本、巴西、瑞士等国的世界

领先医疗美容机构（企业）的联系机制，重点吸引国际国内行业领军人才、杰出科学家到成都创新创业。完善柔性引才机制，结合产业发展特点和发展趋势，支持专业人才到成都短期执业，开展医疗美容研发、生产、服务合作。

二是加强人才培育。支持国内外知名医美专家来金牛区执教、访问、学术交流，鼓励高校根据产业和市场需要设立医疗美容学院、开办医疗美容专业，加强后备人才培养，充实专业人才队伍。大力推进校企合作，建立高校与医疗美容机构的人才双向合作交流机制，加强从业人员交流培训，不断提升医疗美容行业技术水平。

三是优化人才环境。贯彻落实成都人才政策，进一步优化人才服务流程，强化人才住房、落户、配偶就业、子女教育、医疗、出入境和停居留便利等服务保障。将符合条件的医疗美容高端人才纳入奖励体系，完善从业人员评价标准，畅通民营医疗美容机构执业医生职称晋升通道。

4. 推动产业融合，构建“大医美”发展格局

一是推动医疗美容与文创旅游业融合。积极挖掘金牛文化内涵，主动对接金牛区文化创意和旅游项目，开发以医疗美容服务为主题的文创旅游产品，吸引国内外消费者来金牛区接受医疗美容服务。结合成都市医美产业总体规划和产业布局，探索建立“出入境—交通出行—休闲购物—医疗美容—旅游”的便捷化服务体系，促进医疗美容服务与文创旅游产业融合发展。

二是推动医疗美容与互联网融合。支持发展医疗美容网站、App 等，培育“互联网 + 医疗美容”服务平台，促进医疗美容行业市场渠道变革。推动医疗美容产业和大数据、云计算、人工智能深度融合，为开展个性化医疗美容、医美金融服务等提供支撑。支持医疗美容机构运用信息技术优化业务流程，提升服务质量和效率。

三是推动医疗美容与生活美容融合。鼓励医疗美容机构向生活美容领域延伸，进一步拓展业务范围，为消费者提供医疗美容、生活美容等全流程服务。支持生活美容机构依法与医疗美容机构建立合作共享机制，扩大医疗美容消费群体。探索创办集医疗美容、生活美容，以及高档化妆品、奢侈品、艺术品鉴等于一体的大型医美综合体。

5. 加快载体建设，促进医美要素集聚

一是完善基础设施配套。坚持“先公建后产业”原则，加快医疗美容产业园区道路、信息、能源等基础设施建设，超前配套建设教育、文化、市政等公共服务设施。加强医美街区的规划建设，采用新建医美综合体、现有楼宇改造升级等方式，加快打造一批具有成都特色的医美产业聚集区。

二是支持建设创新创业载体。鼓励高校院所、医疗美容机构、龙头企业建设重点实验室、企业技术中心、产业技术研究院等创新载体，加强关键核心技术、前沿技术研发。支持建设创业苗圃、孵化器、加速器、众创空间等医美创业载体，组建医美创新联盟，搭建创业服务平台，为医疗美容人才创业发展提供优质高效服务。

三是创新载体建设管理模式。坚持政企合作、市场化运作，以政府为主导，强化发展载体规划；以企业为主体，多渠道吸引社会资金参与载体开发建设。引进培育市场化产业园区运营商，打造园区标准化管理体系，提升医疗美容园区专业化服务水平。

6. 创新体制机制，优化医美产业生态

一是完善行业监管机制。建立卫健、市场监管、人社、公安、网信等部门的常态化信息沟通、共享机制，设立非法医疗美容举报热线，加强医疗美容市场监管执法，依法查处违法违规行为。完善事中事后监管和违法处罚制度，规范医疗美容审批事项，简化审批流程，落实行业准入审批和诊疗规范。加强医疗美容广告监管，维护良好市场环境。充分发挥医美行业协会作用，切实推动行业自律。

二是加大政策支持力度。加快制定医疗美容产业发展专项政策，重点在高端项目引进建设、人才引进培育、产品研发、企业发展、载体建设等方面给予支持，促进国内外知名医疗美容企业（机构）及要素资源快速集聚，不断提升医疗美容产业质量和规模，加快形成结构合理、优势突出的产业发展新格局。

三是推进先行先试。积极争取国家和省级部门的支持，促进成都在医疗美容药品和医疗器械进口等领域先行先试。鼓励公立医院与民营医疗美容机构建立人才、技术、服务等合作关系，支持社会力量办好多层次、多样化医疗美容机构。建立医疗美容手术风险治疗绿色通道，鼓励开展医疗美容保险业务，加强执业风险培训，提升行业抗风险意识和处理能力。适当放宽公立医院医疗美容科室开展特需服务的限制，鼓励公立医院医疗美容医师开展多机构执业。探索医生个体与医疗机构签约服务或组建医生集团，开展共享医疗美容服务。

六　锦江区医美产业发展状况

为满足人民日益增长的美好生活需要，要推动锦江区医疗美容产业发展，助力我市“医美之都”的建设。锦江区以《医疗机构管理条例》《执业医师法》《医疗服务质量标准》等法规、条例为准绳，严格规范锦江区医疗美容行业服务行为，提高医美服务质量，切实保障人民群众身体健康和生命安全。

截至目前，锦江区医疗美容机构基本形成了以医疗美容门诊部为主体，诊所、综合医院美容科室等为支撑的发展格局。现有医疗美容机构 48 家。其中，开设美容项目的综合医院 6 家，医疗美容门诊部 10 家，美容诊所 32 家。集聚了一批国内外顶尖的医疗美容领军人才。在皮肤美容、中医美容、口腔美容、创面修复等方面特色明显。

下一步，锦江区将着力提升医疗美容产业的质量和规模，加快集聚国内外知名医疗美容机构和人才，不断增强产业竞争力、影响力和辐射带动力，为成都打造全国领先、全球知名的“医美之都”贡献锦江力量。

七　成华区医美产业发展状况

（一）成华区医美产业的基本情况

成华区以推动现有医疗美容机构转型升级为重点，不断提升医疗美容服务水平，打造各具特色的医疗美容产业支撑点。同时，根据“东进”区域未来发展需求，以东客站为重点区域，引进医疗美容机构（企业），打造医疗美容产业新支撑点。通过政府大力引导和培育扶持，成华区医美产业从2014年的1家医美诊所逐步发展为2016年的3家医美诊所，2017年的6家医美诊所、1家医美门诊部，2018年的10家医美诊所、1家门诊部、1家医美医院，2019年的13家医美诊所、5家医美门诊部、2家医美医院。2019年1~7月，医美产业收入达到3246.67万元，医美产业服务人数27348人（见图3、图4）。

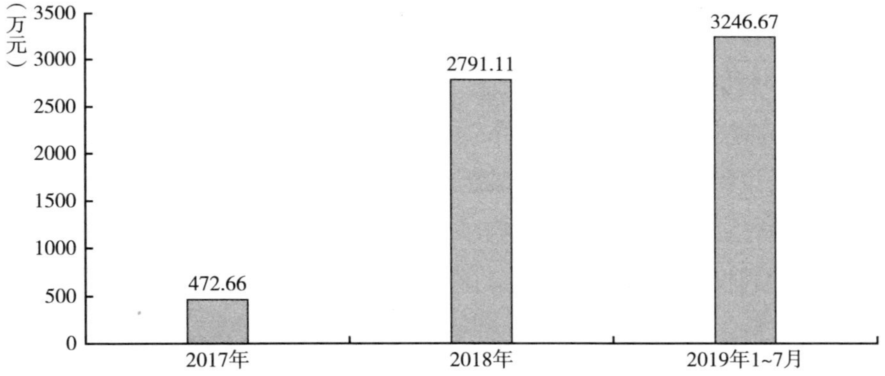

图3　成华区医美产业收入

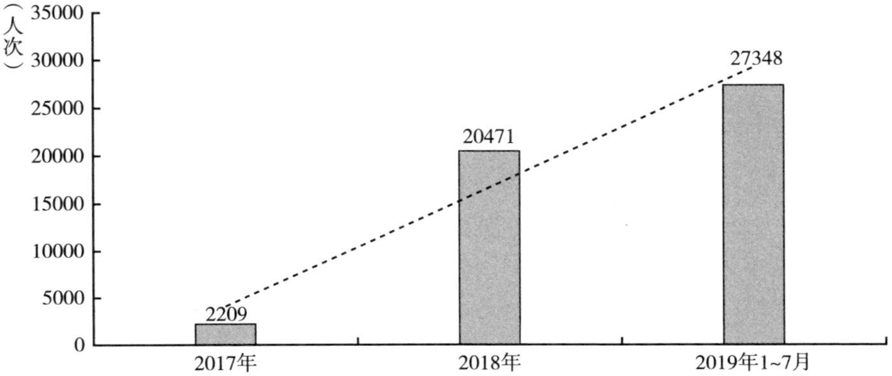

图4　成华区医美产业服务人次

（二）下一步举措

1. 努力挖掘行业招商资源

成华区政府大力推进医美产业发展，成立了由区领导牵头的医美招商引资班子，区卫健局将积极挖掘医疗行业资源，主动对接省市卫健委、各级医疗行业协会、成都医投集团及行业领军医美机构，了解医美产业投资信息，寻找产业项目合作机会，重点针对企业形成“一企一策”招商专案，努力招引符合成华区医美产业布局的项目。大力招引国际医学整形美容技术的高端医美企业入驻成华区，以高起点占领并细分市场，与传统医院形成优势互补，完善医疗服务体系，创造更好的区域经济效益和发挥更大的社会效益，全方位服务成华区老百姓。

2. 全力抓好招商全程服务

在招商过程中，成华区将主动为企业出谋划策，在合法合规的前提下，寻找到最快速、最便捷的审批路径，为它们提供最优质的服务，确保项目快速落地、顺利投运。

借 鉴 篇

Reference Reports

R.16 国内其他城市医美产业发展经验*

钟子艺**

摘 要： 北京、上海、深圳是我国老牌一线城市，也是医美产业发展的先行城市。本文将从医美产业发展概况和医美产业发展特点两个方面，梳理这三个城市的发展经验，以为促进成都市医美产业的发展提供参考借鉴。

关键词： 医美产业 北京 上海 深圳

一 北京市医美产业发展状况

北京市作为全国政治中心、文化中心、国际交往中心、科技创新中心，

---

* 本部分主要参考清科《2019 中国医疗美容行业发展白皮书》，在此致谢。

** 钟子艺，四川省社会科学院社会学专业研究生。

是世界著名古都和现代化国际城市，北京市医疗美容行业对全国医疗美容行业起着重要的表率作用。

（一）北京市医美产业发展历程

1. 行业相关机构发展概况

1949 年，北京大学第三医院整形外科成立，成为中国首个医疗美容行业的机构，实现了我国医疗美容行业从无到有的突破。目前机构从业人员 61 名，其中正高职称 7 名、副高职称 7 名、中级 14 名、初级及其他人员 32 名；博士生导师 4 名、硕士生导师 2 名、博士毕业 14 名；出版我国第一部整形外科专著《成形外科概要》以及《实用成形外科学》《中国医学百科全书（整形外科学）》等专著，并在国内外杂志上发表学术论文数百篇。

1957 年，中国医学科学院整形外科医院成立。医院现有职工 499 名，其中具有中级以上职称的专业技术人员 300 余名；医院占地面积达 10 余万平方米、设有病床 320 张，医疗资源充足，平均每年完成各种整形美容手术 3 万余例；医院具有丰厚的学术科研成果，2006 年以来承担国家、省部级科研项目 129 项；申请国家专利 91 项，发表 SCI 论文 500 余篇，核心期刊 1000 余篇，举行大型国际学术会议 19 次。

1984 年，北京中日友好医院整形外科成立，机构共有 18 名医师，其中医学博士 11 名，硕士 3 名；住院病床共 12 张，设有整形外科手术室 3 间，激光治疗室 2 间；曾承担国家自然及“863”、“973”、“十三五”等多项重大科研项目，与日本东京大学、美国西南医学中心、德国哥廷根大学均有密切合作关系。

2004 年 3 月，北京医疗整形美容业协会正式成立，成员为各大医院整形外科教授。协会为北京市医疗美容行业的规范发展、技术进步等提供了强有力的支持。

2012 年以来，北京市诞生了大批与医美相关企业或平台，从上游的医美器械公司、药品及化妆品公司，到下游的医美互联网平台，促进了北京医疗美容行业产业链的完善，使北京成为中国医疗美容行业的龙头城市。

2. 相关政策规范性文件概况

2012 年 8 月，北京市卫生局发布《北京市医疗美容的服务管理办法实施细则（2012 年版）》，规定开展医疗美容项目的医疗机构，对项目范围进行扩张与调整时需向相关部门报备；针对医疗美容主诊医师资格认定与管理制定了一系列方案。

2016 年 12 月，北京市发展改革委员会发布《关于放开北京市公立医疗机构特需医疗服务价格的通知》，对"公立医院中的特需医疗服务""医学技术发展产生的新增医疗服务项目""市场竞争比较充分、个性化需求比较强的项目，包括整形美容、足底按摩等项目"放开价格管制，由医院自主定价，增强了医美相关业务的市场竞争。

2017 年 10 月，北京市先后发布《开展医疗美容主诊医师专业备案管理工作》《北京市中医管理局关于开展医疗美容主诊医师专业备案管理工作的通知》，规定医疗美容主诊医师的基本条件、相关的备案专业与备案程序，并加强对从业人员的再教育，强化相关部门对行业的监管。

2018 年 5 月，北京市卫生健康委发布《关于印发各医疗质量控制和改进中心 2018 年度工作要点的通知》，针对北京市医疗整形美容质量控制和改进中心，对机构业务信息实行规范化管理，并制定相应的医疗质量管理指标，如"'知情同意书签署率'70%""'病历书写合格率'70%"等，促使机构规范化运作；同年 11 月发布《关于开展打击无证行医专项行动的通知》，对各类无证行医违法行为实施严厉打击和依法取缔，严防非法行医事件发生。

2019 年 3 月，北京市卫生监督所发布《重视舆论监督　严查美容院非法行医》，将美容行业作为重点巡查单位，鼓励群众和媒体收集与提供违法线索，加强行业监管。

（二）北京市民的医美消费需求

北京市居民人均可支配收入呈持续增长趋势，2018 年达到 62361 元；人均消费支出逐年增长，2018 年达到 39843 元，即将突破 4 万元。2008 ~

2018 年北京市居民人均可支配收入的平均复合增长率达到 8.5%。在医疗保健的消费支出方面，北京市居民的医疗保健支出占总支出的比例逐年增长，从 2010 年的 6.7% 增长到 2018 年的 8.22%，并呈现持续上升的趋势。北京市居民人均可支配收入、居民人均消费支出和医疗保健项目的人均消费支出在全国处于较为领先的水平，北京医疗美容行业市场需求较高，且处于持续上升的状态。

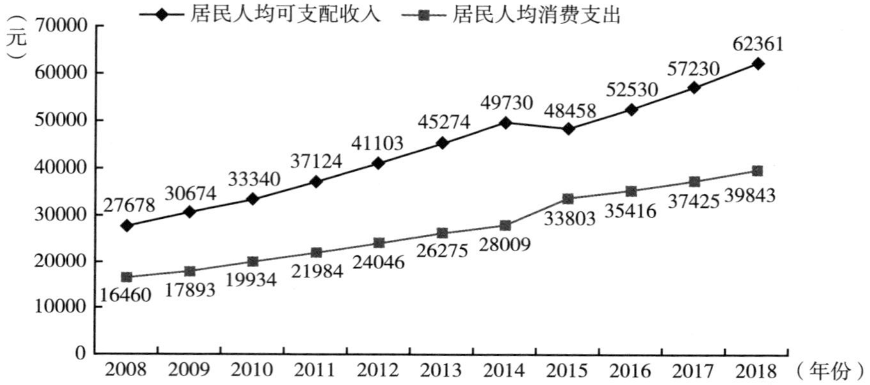

图 1　2008～2018 年北京市居民人均可支配收入与人均消费支出

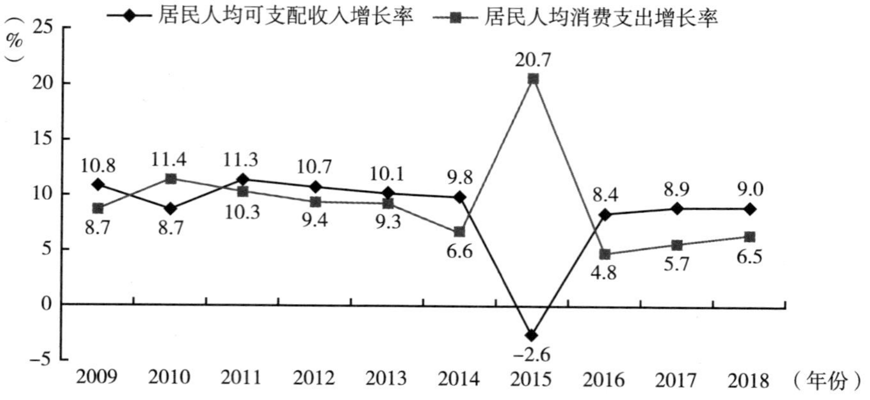

图 2　2009～2018 年北京市居民人均可支配收入与人均消费支出增长率

（三）北京市医美产业的特点

1. 率先出台市级医美产业相关政策，为其他城市树立表率

北京市制定的医疗美容政策在全国范围内起着带头作用，对医疗美容产业的规范化发展起着重要的表率作用。2012 年，北京市卫生局发布《北京市医疗美容服务管理办法实施细则（2012 年版）》，对北京市医师资格认证、医疗美容项目分级管理和医疗美容专业机构培训做出了具体规范要求，是我国首个地方针对医疗美容行业制定的标准规范政策，为其他城市医疗美容行业发展做出了表率。

2. 公立医院整形外科技术水平全国领先，具有良好的口碑与形象

北京市公立医院的整形外科成立时间早，属于中国第一批开展医疗美容业务的机构。经过长期的发展，机构在医疗技术、教学方式与内容、科研成果等方面享有较高的声誉，积累了雄厚的技术力量和大批优秀的高级专业技术人员，对全国范围内的其他医疗美容机构具有重要的指导与引领作用。北京市公立医院特别是三甲医院的整容科室具有高的安全保障与品质保证，从业医师拥有正规的从业资格，机构拥有自身的科研系统，北京市部分三甲医院中的整形科室不仅有较高技术水平，也为全国培养了优秀的整形外科医师。

3. 拥有领先的医美器材企业、高水平医美机构与完善的医美平台

北京市医疗美容行业产业链完备，从上游的医美器材公司到中游的医美机构，再到下游的医美平台，各个环节都有在行业中领先的公司。

目前北京拥有医疗美容器材制造厂商 4 家，是品牌美容仪器设备厂商数量最多的城市，促使北京上游市场处于优势状态，并减少了跨区域的运输成本，有利于北京医疗美容中下游机构的发展。在医美产业链的中游，北京拥有八大处、北京大学第三医院整形外科等全国领先的公立综合医院整形科，还具备美莱医疗美容医院、北京圣嘉新医疗美容医院等民营医美机构，部分民营医美机构拥有 20 余年的历史，并在全国其他城市开设了多家连锁店，促进了自身的品牌化与规模化建设；在医美产业链的下游，北京拥有众多

O2O 医疗美容服务平台，如“新氧”“更美”“悦美网”医美平台及“猫爪”“真优美”“医美汇”等平台先后于 2014 ~ 2016 年在北京创立。总体上，北京医美 O2O 服务平台分布集中、竞争激烈，形成了一定的规模，有利于促进市场融资。

4. 高等学府汇集，众多人才推进行业的创新与发展

作为全国的人才中心，北京会集了全国医疗健康行业的顶尖人才。北京拥有数量众多的高等教育水平院校，北京协和医学院、北京大学、首都医科大学、北京中医药大学等具有全国领先的学术水平；北京市公立医院中的医师数量与技术水平在全国均处于前列，其中整形外科、皮肤修复科、口腔科均位于全国顶尖行列，公立医院有科研团队致力于推进科技创新。另外，医院与高校合作提供的基础研究，促进了北京医美产业领域的发展与临床技术创新，并具备了针对各种疑难杂症提出相应对策的能力。

二　上海市医美产业发展状况

上海市作为我国华东地区的国际大都市，长期以来在经济方面处于全国领先水平，在金融、国际贸易、对外经济等方面具有显著优势，是我国金融、贸易、航运、科技创新的中心。华东地区凭借着对全球整形技术革新与常态化趋势的敏锐感知力，吸引了众多的国际整形医生，逐渐形成了以上海为中心，南京、杭州、苏州为支点的医美产业集群，拥有良好的产业基础与浓厚的学术交流氛围。

（一）上海市医美产业发展历程

1961 年，上海市第九人民医院整形科成立，为上海市医疗整形美容行业开创了新的篇章，促使各综合医院陆续创办整形外科；1986 年，经国务院批准，上海虹桥经济技术开发区荣升为国家级经济技术开发区；2001 年，上海合作组织成立，进一步促进了上海的经济发展，也促使上海市医疗美容

行业进入高速发展时期，包括“美莱医疗美容医院”“上海伊莱美医疗美容医院”等在内的民营美容医院数量急剧增加；2010 年，上海举办了世界博览会，促使上海市医疗美容行业进一步拓宽了国际视野，并为其创造了更广阔的平台。

（二）上海市民的医美消费需求

上海市居民人均可支配收入全国排名第一，并在近几年来一直保持连续的增长趋势，2018 年达到 68034 元，2008 ~ 2018 年平均复合增长率为 9.8%。高收入有利于推动消费水平提升，上海市城镇居民人均消费支出水平持续较高，2018 年达到 46015 元，并且医疗保健支出逐渐成为消费支出中的重要部分，2008 年上海市人均医疗保健支出占人均总支出的比例不到 4%，但 2016 年人均医疗保健支出占人均总消费支出的比例上升为 7.1%，显示出上海市居民的医疗美容消费需求逐年增加，且消费能力持续增强。

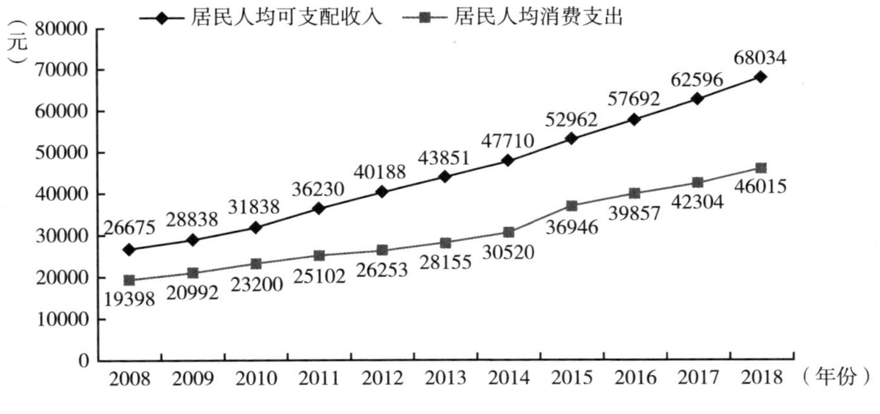

图 3　2008 ~ 2018 年上海市居民人均可支配收入与人均消费支出

根据“新氧”2018 年“双 11”美容消费榜单，上海市医美消费能力排名第三。上海市最受欢迎的微整形项目为抗衰老类，包括超声刀、童颜针、射频紧肤、皮秒激光等，其次热门的项目是玻尿酸注射和水光针；

上海最受欢迎的手术项目为埋线提升，约占全国埋线提升项目消费总额的7%，双眼皮手术位居第二，其后依次为吸脂、自体脂肪填充与隆鼻。

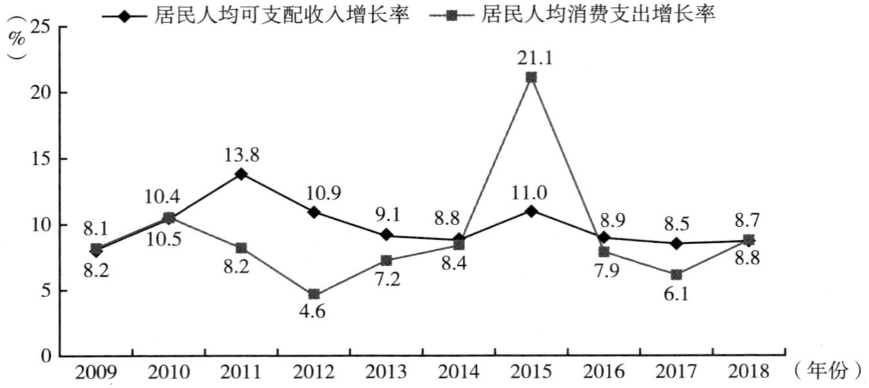

图4　2009～2018年上海市居民人均可支配收入与人均消费支出增长率

（三）上海市医美产业特点

1. 民营机构众多，数量排名全国靠前，促进了市场辐射范围的扩展

上海市医疗美容机构数量众多，全国排第二，仅次于北京，其中综合医院整形科71家，美容门诊部217家，综合医院整形科与美容门诊部数量排名全国第一。上海市有以上海第九人民医院整形科为首的公立综合医院整形科，还具有数量众多的上海伊莱美医疗美容等民营美容医院，上海美莱医疗美容医院、上海百达丽医疗美容门诊部等美容门诊部，美诗沁医疗美容等美容诊所。在整个华东地区以上海天大、上海仁爱、上海时光、南京友谊医院、南京康美、江苏施尔美、杭州华山、杭州时光等为龙头的一大批实力雄厚的整形机构，促进了华东整形市场的发展与繁荣。

2. 上海市与华东其他地区协同发展，市场渗透率全国第一

上海市民营医疗美容医院的发展聚焦品牌与连锁，通过品牌建设与商业

宣传刺激市场需求。华东地区的发展有利于带动上海市医疗美容行业的发展，民营机构在江苏、浙江等邻省与收入水平相对较高的城市以连锁机构的方式进行市场扩展，并逐步扩张至北京、深圳、成都等城市，上海市与华东其他地区医美产业协同发展，并且带动了杭州、南京、宁波等城市医美产业的快速发展。

Questmobile 数据显示，华东地区的医美 App 渗透率远高于国内其他地区。主流医美 App 数据显示，华东地区的渗透率超过 1/3，而其他地区的最高渗透率仅 18%。因此华东地区的医疗美容消费需求量大，有力地促进了医疗美容产业链的完善，推动了包括上海市在内的华东地区医疗美容行业的发展。

3. 长期开展国际医疗美容与整形设备展览会，有效促进了行业进步

上海国际医疗美容及整形设备展览会是中国最具规模及影响力的医疗美容整形领域年度盛会，主办单位邀请韩国、日本、美国、中国台湾等 20 多个国家和地区的客户阅览及采购相关医疗美容整形设备，展品涵盖医美手术器械、美容美体设备、多功能护理设备等。上海国际医疗美容及整形设备展览会自 2010 年创办以来规模持续扩大，总展出面积从 2010 年的 5700 平方米增加至 2018 年的 13000 平方米，观众数量从 2010 年的 27532 人次增加至 2018 年的 31572 人次，参展商数量从 2010 年的 216 家扩展至 2018 年的 405 家，持续刷新纪录。上海市作为展会承办地点，吸引了全世界的医疗美容专业人士参展，这有利于展商开拓市场，促进医美产业新资讯与新技术的交流，有效促进了上海市医美产业的发展。

三　深圳市医美产业发展状况

深圳市医疗美容市场经过近 30 年的发展，逐步成为中国医美市场的重要组成部分。深圳市是国家设立的第一个经济特区，地处珠三角地带，是粤港澳大湾区的四大中心城市之一，在金融、对外贸易、科技创新等领域处于全国领先水平，深圳市外贸出口额连续 24 年居全国首位。深圳居民对新事

物的接受程度高，有利于深圳医美产业的快速发展。深圳市医疗美容产业成为广东省重要的支柱产业之一。

（一）深圳市医美产业发展历程

1. 机构发展概况

深圳市医疗美容行业的起步时间晚于北京、上海等地，1992 年，深圳南方门诊整形激光美容中心的成立标志着深圳市医疗美容行业开始起步。之后一系列医疗美容医院在深圳成立，如深圳鹏程医院医疗美容科、深圳阳光医院、深圳鹏爱医疗美容医院等。当前，深圳正规美容整形机构约 380 家，在深圳最受欢迎的医美项目有鼻部综合、隆胸、面部脂肪填充、下颌角整形等。

2. 相关政策规范性文件概况

2016 年 12 月，深圳市罗湖区委（政府）办发布《罗湖区国际消费中心建设“十三五”规划》，提出借鉴韩国经验，继续引进知名高端整形美容机构，打造医学整形美容特色主题街区，加强行业监管，推动整形美容机构规范化发展。

2017 年 6 月，深圳市罗湖区人民政府发布《罗湖区卫生计生局审批监督科 2017 年下半年工作计划》，提出要加强对辖区健康产业、民营社会力量办医业界业态（特别是医疗美容等）高端特需人群医疗服务消费需求的调研。

2017 年 10 月，深圳市市场监督管理局发布《深圳市市场监督管理局违法广告公告》，对两家发布违法医疗美容广告的医疗美容医院进行了通报批评，并实施经济处罚，为促进行业机构严格参照法律法规进行合理商业宣传起到了重要的警示作用。

2018 年 7 月，深圳市卫健委发布《深圳市诊所设置标准（试行）》，对诊所的诊疗科目、人员配置、场所条件、相关设施与设备进行了规范，并明确指出“设置医疗美容科应当配备美容床”“医疗美容诊所每增加 3 张美容床应至少增加 1 名注册护士”。

2018 年 8 月，深圳市罗湖区经济促进局发布《深圳市罗湖区人民政府办公室关于推进消费型经济综合改革促进“全域旅游”发展的若干意见》，提出加强“人民南医疗美容”特色产业集聚区向现代文化旅游休闲区转型；发展特色消费，鼓励医疗美容企业、婚纱摄影行业与旅游业联合，设计特色旅游路线，推动特色优势行业进一步发展。

2018 年 10 月，深圳市工业和信息化局公布《深圳国际消费中心城市建设行动计划（2019～2021 年）（征求意见稿）》，提出充分发挥人民南片区美容整形产业优势，继续引进知名高端整形美容机构，打造整形美容一条街，完善健康服务消费链。

2019 年 3 月，深圳市卫生健康委员会发布《深圳市 2019 年卫生健康工作要点》，明确指出着力整顿规范医疗服务市场秩序，对群众投诉举报多、不良执业行为记分多、问题突出的包括医疗美容在内的医疗机构实行巡查监督。

（二）深圳市民的医美消费需求

深圳市居民人均可支配收入数据显示，深圳市居民的收入水平在全国居前列，除 2014 年外，深圳市居民人均可支配收入保持较高的增长率，并呈现出良好的趋势。深圳市居民人均消费支出数据显示，消费支出与人均可支配收入具有一致性，除 2014 年外，深圳市居民人均消费支出持续增长，在一

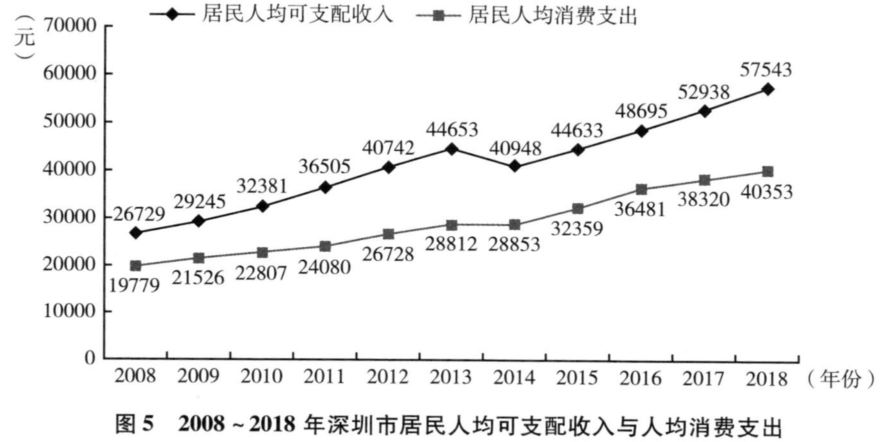

图 5　2008～2018 年深圳市居民人均可支配收入与人均消费支出

定程度上表现出深圳市居民消费能力增强，从而医疗美容消费需求增加，这有利于深圳市医美产业市场的稳定增长，促进医美产业的进一步发展。

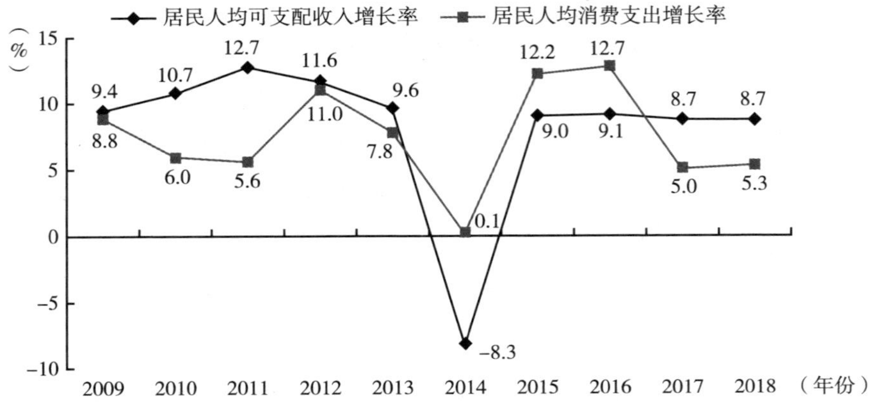

图 6　2009～2018 年深圳市居民人均可支配收入与人均消费支出增长率

（三）深圳市医美产业特点

1. 推进医美产业国际化发展，打造罗湖区医美特色主题街

自 2013 年以来，深圳市政府重视医疗美容行业在带动经济发展、促进居民医疗健康等方面的重要作用，积极发展医疗美容产业。深圳市政府充分利用地理条件优势和对外贸易优势，积极促进医疗美容产业与国际化接轨，创办国际医美服务集群，重点打造罗湖区医美特色主题街，在形成规模效应后，再促进全市的医疗美容行业发展。

2016 年底，罗湖区政府发布《罗湖区国际消费中心建设“十三五”规划》，指出借鉴韩国经验，引进知名高端整形美容机构，在罗湖区打造医美整形美容特色主题街；2018 年，罗湖区人民南医疗美容特色主题街初见成效，罗湖区政府进一步推出政策，加快医疗美容产业转型，以推动罗湖区医疗美容产业进一步发展。深圳为港澳独资在深开办医疗机构创造了宽松条件，并设置了专门的办理窗口。在人才交流方面，深圳市政府充分利用粤港澳大湾区的区域间合作，与香港大学、香港中文大学等世界一流名校加强合作，开展各项学术研讨活动，促进地区行业之间的交流。

2. 民营医美机构数量急剧增加，行业监管力度需要加强

深圳市医疗美容机构数量在全国排名靠前，深圳市卫生监督局数据显示，截至2019年3月，深圳市具有合法资质的民营整形美容机构约380家，相比2018年12月增加24家，医美机构主要分布在罗湖区、福田区和南山区，其中受深圳市卫健委管辖的有18家，相对更具规范化的管理和高标准的卫生条件。另外，为顺应粤港澳大湾区的发展，深圳市推动建立港资独资医疗机构，发展区域医疗联合体与区域性医疗中心，其中“思莉医疗美容门诊部”是深圳首家港资医疗美容机构，并已初具规模。

深圳市的外资医疗机构成立时间较晚，但具备与国际接轨的优势，具有良好的发展潜力。另外，当前深圳市部分机构处于规范期，需加强对其监管和严格落实整改。2018年上半年，深圳市罗湖区消费委员会接到关于医疗美容行业方面的投诉共计157例，同比2017年上半年增长142%。消费者对医疗美容行业的消费需求量上升，消费者基数大，从而促使行业乱象不易掩饰，投诉数量增多。另外，深圳市政府缺乏对医疗美容行业的监管，因此造成医疗美容机构投诉率上升。目前对医疗美容行业的投诉集中在“商家资质”、“手术风险”与“贷款消费”等方面，相关部门应强化监管，取缔无证经营、非法经营的医疗美容机构；畅通消费者投诉渠道，设立专业机构，以及时对损伤进行鉴定与术后修正；针对消费者频繁投诉的医疗美容机构，应及时实施相应的惩罚机制或依法取缔，促进医美产业的规范化发展。

ℝ.17

成都医美上游企业发展经验

钟子艺　程淑玲*

摘　要： 医美上游企业主要包括医疗耗材、器械、药品等生产商和经销商。基于上游行业的高技术与高市场准入壁垒，行业集中度相对较高，大部分处于供方市场，其发展影响着整个医美产业。本文以华熙生物科技股份有限公司和昊海生物科技有限公司两家上游企业为例，介绍企业的发展历程及未来规划，以期为相关企业的发展提供借鉴。

关键词： 医美产业　上游企业　华熙生物　昊海生物

一　华熙生物：中国医美产业国际化品牌

华熙生物1999年由华熙国际投资集团收购，是集团旗下全球领先的、以透明质酸微生物发酵生产技术为核心的高新技术企业。公司凭借微生物发酵和交联两大技术平台，开发有助于人类生命健康的生物活性材料，建立了从原料到医疗终端产品、功能性护肤品及功能性食品的全产业链业务体系，服务全球的医药、化妆品、食品制造企业、医疗机构及终端用户。2018年业务收入共计125996.98万元，其中，原料产品收入65137.77万元（占比51.70%），医疗终端产品收入31270.31万

* 钟子艺，四川省社会科学院社会学专业研究生；程淑玲，四川省社会科学院社会学专业研究生。

元（占比 24.82%），功能性护肤产品收入 29029.39 万元（占比 23.04%）。

（一）企业发展历程与现状

1990 年华熙生物实现了中国首创发酵法 HA 产业化；1992 年创造出中国首款眼科 HA 粘弹剂；1996 年创造出中国首款 HA 骨科注射液；2006 年华熙生物建成全球最大的 HA 研发生产企业，为华熙生物第一个玻尿酸生产工厂，产能达每年 50 万吨，在国内所占份额为 80%，在全球所占份额为 40%；2008 年在香港上市并于 2017 年退出；2011 年成为全球首家实现酶切法生产寡聚透明质酸钠（纳诺 HA™）产业化的企业，并取得国际专利；2012 年"润百颜"获 CFDA 批准，至今已生产出 1600000 支第一个中国自主知识产权 HA 填充剂，位居中国第一，打破了国外填充剂在中国市场中的垄断；2014 年全球最大的 HA 基地投产，为华熙生物下的第二个玻尿酸生产工厂；2018 年 12 月 10 日华熙生物与故宫博物院合作推出外观设计融入了故宫典藏国宝精美元素的产品，让中国文化走近年轻消费群；2019 年"润百颜"医美产品在国内全线升级上市。

截至 2018 年 12 月 31 日，华熙生物员工总数为 1235 人，其中境内员工 1212 人，境外员工 23 人；研发人员数量持续增加，2016 年末、2017 年末、2018 年末分别为 126 人、149 人、185 人；累计投入与研发相关的支出 2.38 亿元，占累计销售收入的 8.46%。华熙生物实现了全球领先的"微生物发酵技术""酶切技术和分子量精准控制技术""透明质酸梯度 3D 交联技术""玻璃酸钠注射液终端湿热灭菌技术"四大技术突破，拥有"透明质酸原料及其他生物活性物质""医疗终端产品""功能性护肤品"三大主营业务，覆盖了透明质酸原料及相关终端产品的完整产业链，旗下有润百颜（BIOHYALUX）、BIO-MESO、丝丽（CYTOCARE）、米蓓尔（MEDREPAIR）、润月雅（PLUMOON）、夸迪（QUADHA）、德玛润等品牌，产品种类包括次抛原液、各类膏霜水乳、面膜、手膜、喷雾等。企业申请95项国内外专利，其中80%（79项）为发明专利，已获授权专利46项（中国发明专利30项，国外发明专利4项，实用新型专利10项，外观设计专利2项），正在审查中的专利49项，核心技术人员在国内外核心期刊发表论文70余篇。同时，公司成立华熙学院，建立了专业的医学市场支持团队。

（二）企业发展经验

1. 技术与品质是企业成长的重要支撑

1990年，华熙生物实现了中国首创发酵法HA产业化，正是这一重大突破，使透明质酸的应用在化妆品、医药、保健食品等领域得以普及，改变了透明质酸在世界领域的使用格局，并解决了因透明质酸短缺导致的各种疾病，对人类生命健康做出了巨大贡献。另外，公司先后通过美国FDA、韩国KFDA、中国GMP现场检查。为保证产品质量，公司建立了符合行业规范的全面质量管理体系，还通过了ISO质量管理体系、ISO13485医疗器械质量管理体系、ISO22000食品安全管理体系认证。公司拥有符合美国cGMP、中国GMP、ICHQ7要求的高标准生产线。

2. 产品市场潜力的挖掘是企业成长的重要依托

2008年，玻尿酸市场规模很小，尤其是在2000年，玻尿酸主要用于保湿，功能非常有限，且存在甘油等替代产品，因此玻尿酸被认为市场潜力很小，但随后事实证明玻尿酸在美容领域的市场潜力巨大。2006年，华熙生物第一个生产玻尿酸的工厂产能约50万吨，公司相关人员认为产能过高，从全球范围来看需求量达不到50万吨，有供过于求的风险，但实际上工厂建立的第一年市场需求量就达到80万吨。2014年华熙生物第二个工厂开始投产后，全球的产能为300万吨，华熙生物的产能达到250万吨，但仍不能完全满足全球市场的需求。目前华熙生物正在建设第四个工厂。玻尿酸最初未被预料到有如此巨大的市场潜力，而华熙生物挖掘了该产品的市场潜力，改变了医美行业格局。

（三）企业的优势劣势及机遇挑战分析

1. 优势

技术优势：依托微生物发酵和交联两大科技平台，公司打破了国外透明质酸填充剂产品的垄断，丰富了透明质酸的物理学、生物学特性，实现了四大技术突破，极大地提高了透明质酸的产量、质量和生产规模，显著降低了透明质酸的生产成本，直接推动了透明质酸的广泛应用，涉及骨科、眼科、普外科、泌尿外科、整形外科、皮肤科等在内的医药和医疗器械领域以及化妆品和保健食品等领域，并逐渐扩展至口腔科、胃肠科、耳鼻喉科、组织工程、药物载体等医疗应用领域。

全产业链优势：拥有医药、化妆品及保健食品三大应用领域的原料产品，以及骨科、眼科、整形外科等多领域、多管线的医疗终端产品及功能性护肤品，打通了上游原料产品到下游终端产品的全产业链。

原料销售渠道优势：原料销售模式采用经销商和直接销售两种渠道，公司在全球 40 多个国家和地区拥有医药、化妆品、食品等行业的经销渠道，客户超过 1000 家，在部分国家和地区与客户合作时间已超过 15 年。同时，建立了专业的医学市场支持团队，成立华熙学院，定期对临床医生和患者进行学术研讨、培训等，协助进行市场拓展。

2. 劣势

产能接近瓶颈：至 2018 年底，公司业务规模快速扩张，各类产品的产能利用率持续提升。2018 年，透明质酸原料、针剂类医疗终端产品、次抛原液的产能利用率分别达到 87.75%、94.78% 和 80.43%，已接近饱和状态，难以满足公司未来的业务发展需求。公司面临的瓶颈问题如不能及时解决，将削弱产品交付能力，进而对公司持续盈利能力及成长性产生不利影响。

产品营销多元化渠道需加强：华熙生物在一线消费群体中的知名度较低。润捷、欧莱雅、雅诗兰黛等知名品牌的产品原料玻尿酸均由华熙生物提供，这些品牌在得到华熙生物的原料供应后再将原料进行加工，形成了各自的品牌产品。华熙生物以 B2B 为主要商业模式，这一模式未直接面向广大消费者群体，导致其知名度在一线消费群体中相对较低。因此华熙生物当前需拓宽销售渠道，大力发展自身品牌，研发直接面向一线消费者群体的产品，形成 B2B、B2C 的多元化销售渠道。

3. 机遇与挑战

2018 年成都市提出建立“医美之都”概念，这为华熙生物的发展带来机遇。首先，有利于降低企业的宣传成本。“医美之都”的提出促进了医美行业的官方宣传，有利于降低公司的商业宣传成本。其次，促进了产业链的延伸，促使客户数量的增加与产品的多元化，并使该行业向新的增长点扩展。医美行业的第一个增长点为原料，第二个增长点为医疗用品，第三个增长点为个人护理的药妆类等。该行业自 2012 年起迅速发展，此前社会群体对该行业具有一定程度的抵触心理，因此社会接受度较低。但社会群体接受度逐步提高及政府的重视，将有利于该行业市场的扩张与渗透率的提高。

成都打造“医美之都”目标的提出也使该企业面临一定程度的挑战，表现在：行业的发展必然伴随着实体机构数量与产品数量的增加，存在由规模扩张与行业规范性不足所导致的矛盾发生的可能性，增加假货扰乱市场秩序的可能性，使企业在市场竞争中受到负面影响。

（四）企业未来发展战略规划与举措

1. 持续进行技术创新

公司将继续坚持研发驱动的发展理念，取得更多创新技术的突破，形成产品的科学支撑，持续引领行业发展。引进国内外知名的实验室、科研院所、高等院校及支持生物科技创新的合作伙伴，打造全球顶尖的生物技术研发平台，加大对基础研究的投入，进一步升级高产基因工程菌构建、微生物发酵代谢调控、活性物高效绿色分离纯化等一整套上下游生物工程技术体系，从上中下游全面推进微生物发酵的产业化技术水平；全面构建透明质酸等高分子聚合技术体系、生物医用材料的研制及产业化体系，通过大数据和智能控制手段，全面提升产品质量管理水平，通过精准化、多样化的交联技术，实现不同生物活性物质之间的交联聚合，丰富其应用领域。

2. 拓展临床应用

重视研发创新、产品储备和产业转化，坚持自主核心技术的创新与研究，并迅速转化成产品。积极支持核心原料产品在医药、化妆品、食品等领域的资质申报，并将新原料产品逐步投入终端产品的研发中，开发多种药械产品、功能性护肤品、功能性食品，及时进行上市前临床研究和注册工作，继续扩大生物医药产品种类临床应用范围。

3. 积极进行多元化产品线的布局

充分利用自有核心技术，持续拓展透明质酸的应用场景，实现多领域、多品牌、多渠道产品线的战略布局。原料产品由透明质酸单一产品拓展至γ-氨基丁酸、银耳多糖等多元生物活性物质产品，引导其在医药、化妆品等多个领域的应用。持续研制开发终端产品至多应用领域。在整形外科及皮肤科领域，开发用于不同注射层次和注射部位的多种型号交联透明质酸软组织填充剂、面部提升产品、面部术后修复护理产品等；基于对人体皮肤生理学研究及功效性成分的作用机理等方面的基础研究，利用制药技术、制药标准研制开发出针对不同年龄段人群、不同皮肤问题的安全、有效的功能性护肤品。

4. 国际化发展战略

根据战略布局，进一步推进全球化合作及产业并购整合，丰富公司产品线。积极寻找生物医药、生物医用材料等领域的全球并购机会，实现外延式增长，实现全球范围内优质创新资源和公司核心技术与生产工艺的有效协同，提升公司研发实力和新产品迭代能力，实现全球化的技术整合及产品的市场开拓。

5. 提升公司综合管理水平

进一步完善质量管理体系，从原料采购入库到生产加工再到售后服务，实行产品生命周期全过程的质量管理，建立符合公司产品和管理体系要求的人员架构，坚持全面质量管理理念，确保产品质量，扩大产能、提升生产效率，继续巩固公司在细分领域的领先地位。

完善销售管理及销售服务体系，以现有的境内外销售体系为基础，进一步优化销售体系，持续推进经销商和自有销售团队协同模式，并加强销售信息系统的建设，及时、全面、精准地把握客户需求，提升销售服务的响应速度，结合目前国内外市场销售情况与未来市场潜力，升级营销服务体系。

优化人力资源管理体系，高度重视人才队伍建设，坚持以内部培养为主、外部引进为辅的人才发展策略。持续拓宽人才招聘渠道，聚焦引进高、精、尖及市场紧缺型人才，通过高端人才的示范效应带动整体员工队伍素质的提高；完善职业发展通道，升级人才培养体系，加速人才库的建设，为战略扩张储备充足的人才。

优化信息技术管理系统，在现有信息技术管理系统的基础上不断进行整合、优化，促进生产信息系统与管理信息系统不断融合，实现系统整合，不断提升生产效率与运营效率。继续推进工艺自动化控制与智能化生产，实现信息系统与生产设备的同步升级，加强管理信息系统对产品质量的实时跟踪监控，提升产品质量。

6. 加强品牌管理

结合公司总体发展战略和企业文化，完善公司科技性、独特性和创新性的品牌战略，优化资源配置，促进品牌建设与业务协同发展。加强品牌管理，建立健全品牌管理组织架构，优化品牌管理流程，构建规范的品牌管理体系，并将品牌制度和流程渗透研发、生产、市场、销售等各个环节，形成协同效应。积极提升民族品牌形象，推动品牌走向国际化。通过国际媒体资源、全球有影响力的活动等，不断提升品牌的全球知名度，把“自主品牌是企业的核心竞争力”等重要理念作为企业文化建设的重要内容，增强全员品牌意识，丰富品牌文化内涵。

二　昊海生科：中国医用生物材料的知名企业

上海昊海生物科技有限公司是一家应用生物医用材料技术和基因工程技术进行医疗器械和药品研发、生产和销售的科技创新型企业，致力于通过技术创新及转化、国内外资源整合及规模化生产，为市场提供创新型医疗产品，逐步实现医疗美容医药产品的进口替代。经过十余年的发展，公司完成了以医用透明质酸钠/玻璃酸钠（Sodium Hyaluronate，HA）和医用几丁糖为代表的可吸收生物医用材料的行业重组，实现了创新基因工程药物重组人表皮生长因子的产业化，进而在眼科、整形美容，以及创面护理、骨科、防粘连、止血四个主要业务领域取得了行业领先优势，2016～2018 年企业产品销售年均复合增长率为34.60%，2018 年业务收入达到155569.54 万元。

（一）企业发展历程和现状

公司于2007 年成立，通过承继上海松江生物药品有限公司、上海其胜生物制剂有限公司及建华生物的业务，收购上海利康瑞生物工程有限公司，成为专注于眼科、整形美容，以及创面修复、骨科、止血、防粘连四大治疗领域的生物医用材料产品研发、生产和销售的高新技术企业。2015 年以来，公司开始以白内障手术核心医疗器械人工晶状体为突破口，通过收购、整合国内外具有成熟产品、高端技术及优质市场资源的目标企业，逐步进入高附加值的眼科耗材领域，并与公司已有的眼科粘弹剂产品形成协同效应。

凭借强大的研发实力，公司陆续实现医用几丁糖和医用透明质酸钠、玻璃酸钠在各医学领域的专业应用，包括治疗退行性骨关节炎，以及整形美容、白内障手术及其他类型的普外科和专科手术等，并于行业领先。

在整形美容与创面修复领域，公司是国内第二大外用重组人表皮生长因子生产商以及知名国产玻尿酸生产商之一。公司利用基因工程技术研发生产的重组人表皮生长因子（rhEGF）是国内唯一与人体天然EGF 拥有完全相同的氨基酸数量、序列以及空间结构的表皮生长因子产品，亦是国际第一个获得注册的重组人表皮生长因子产品。公司依托透明质酸钠技术平台，先后向市场推出国内首个面部皮肤填充用单相交联玻尿酸——“海薇”以及拥有独家专利的低温二次交联玻尿酸“姣兰”，并成为该领域国内知名的生产企业。

公司现有231 名研发人员，其中拥有硕士研究生及以上学历研发人员

126 名，占员工总人数的近 10%。公司拥有国家级企业技术中心、国家级博士后科研工作站，以及 2 个国家级研发平台、4 个省部级技术及研发转化平台和 1 个上海市院士专家工作站，并已在中国、美国、英国建立一体化的联动研发体系，初步形成国际、国内一体化的研发布局。

公司依托新型人工晶状体及高端眼科植入材料研发平台（获选为“十三五”国家重点研发计划）、医用几丁糖技术平台（获选为国家高技术研究发展计划“863 计划”及“十二五”国家科技重大专项）、医用透明质酸钠和玻璃酸钠技术平台、重组人表皮生长因子技术平台，开展了多项前沿技术、创新产品的研究和开发，并先后参与了多项国家级和省部级科研课题及 7 项医药行业标准的制定，已获得医学相关发明专利 40 余项。同时，公司先后被认定为“国家知识产权优势企业”（2016）、“国家级企业技术中心”（2017）、“国家知识产权示范企业”（2018）。

（二）企业发展经验

1. 科技创新与品质保障是企业的发展之本

公司拥有国际化研发团队，同时与国家和省部级研发平台合作，牢牢把握行业发展趋势，以市场为导向进行开发。公司在一系列发病率高、市场空间广阔的治疗领域自主搭建生物医用材料研发架构，持续改良生物材料特性，拓展产品应用领域，通过公司的科研创新能力和转化实力，持续推出新产品。同时，公司基于多年自主研发经验的积累，完善研发管控体系的组织架构和运营管理，将研发质量管理纳入企业质量管理，有效提升了公司研发效率。

公司药品和医疗器械分别按《药品生产质量管理规范》（GMP）和《医疗器械生产质量管理规范》（ISO13485 和 ISO19001）等相关的法规组织生产和销售。并按照 ISO13485 及 ISO9001 建立质量管理体系，公司医药产品的质量管理覆盖了医药产品设计与开发、生产、贮存、销售和售后服务的整个生命周期，公司及下属各子公司均参照严格标准，并提供了必要的资源以确保质量管理体系有效运行。

严格的质量控制和跟踪获得各级用户对公司产品品质的认同，公司在医用可吸收生物材料领域树立了良好的口碑。

2. 产业整合是快速发展的重要手段

公司通过多年的自主研发及外延并购，实现了从上游原材料到产品研发、生产及下游市场销售的产业链整合，充分发挥公司的产品优势、研发优势、营销优势及管理优势，为公司未来的业务发展打下了坚实基础。公司积极拓展组织工程材料在整形修复重建产业的发展和应用，计划与多个相关领域的研究单位展开深度合作，为整形修复重建外科提供更多组织相容性优异且具有特殊生物学效应的材料。

3. 市场细分和产品规划相结合提供企业发展方向

公司经过充分调研，认为对亚洲人来说，面部塑形和轮廓重建为首要需求，精细填充和抗衰老等为进阶需求。基于调查，公司把具有出色塑形能力的单相交联玻尿酸产品“海薇”首先推向市场，其独特的交联工艺赋予了“海薇”优秀的塑形能力，深受医生和消费者喜爱，2017 年产品被新浪医美评选为“最受欢迎的国产透明质酸填充剂”。在此基础上，公司研发了第二代软组织填充剂产品“姣兰”。“姣兰”具有高动力黏度和柔软的特性，更适合面部精细部位的调整和打造，满足了广大求美者的进阶需求。

2019 年，公司自主研发的第三代无颗粒线性交联透明质酸钠产品进入申报生产阶段。该产品在多项性能指标上超越了进口产品，为中国医美消费者提供了更好的选择。

（三）企业的优势、劣势及机遇挑战分析

1. 产业链整合优势

公司自成立以来，基于相关专利技术优势，开发的一系列产品几乎涵盖了各类医学功能，包括眼科、整形美容、骨科及外科。通过全产业链布局，公司降低了生产成本，确保了原材料供应的稳定，从而保证了产品质量；通过在产业链下游的渗入，公司能更好地了解终端市场需求及变化趋势，从而有针对性地进行产品乃至上游原材料的一体化研发，进一步提升公司产品的市场竞争力。

2. 产品优势

（1）医用透明质酸钠、玻璃酸钠

公司现已掌握“鸡冠提取法”和“细菌发酵法”两种国际市场主流的医用透明质酸钠原料生产工艺，两种方法制备的 HA 原料在澄清度和颜色、吸光度、内毒素、蛋白含量等指标的内控标准上均优于或等同于国家药品标准和行业标准的要求。同时，公司也是国内少数几家取得玻璃酸钠原料药国药准字号药品批文的公司之一，是国内该生产领域的领先企业。

公司是国内最早拥有单相交联技术的企业之一，采用该技术生产的注射用交联透明质酸钠凝胶（海薇）于 2013 年获得国家药监局批准上市，是中国首个单相交联的玻尿酸产品。

通过 10 多年透明质酸钠交联技术的研究，公司同时还拥有双相交联技术、线性交联技术和无毒交联技术等系统且全面的交联技术平台。

公司对传统的双相交联技术进行革新和创造，创新性地提出了低温二次交联技术。该技术减少了 BDDE（1，4－丁二醇二缩水甘油醚）交联剂的加入量，有效提高了交联剂的利用效率和产品的安全性能。公司利用低温二次交联技术研发生产的注射用修饰透明质酸钠凝胶产品（姣兰）于 2016 年获得国家药监局批准上市。

此外，公司还开创性地开发了线性交联技术和无毒交联技术，并在国内进行技术转化，引领国内交联技术的发展。其中线性交联技术制备的无颗粒化产品大大提高了产品的生物相容性，减小了颗粒化产品长期植入引起肉芽肿等不良反应的发生率，同时线性交联制备的产品具有良好的内聚性，赋予了产品更优异的性能；无毒交联技术可以从源头上避免化学交联剂长期植入后引起的潜在毒性，提高产品长期植入后的生物安全性。

（2）重组人表皮生长因子

公司利用基因工程技术，生产研发的重组人表皮生长因子产品获国家药监局批准，为国家一类新药。该产品是国际上第一个获批的重组人表皮生长因子产品，并获得“国家科学技术进步二等奖”和“中国科学院科技进步二等奖”。该产品是国内唯一与人体天然氨基酸架构相同的表皮生长因子产品，与其他表皮生长因子类产品相比，理化性质稳定性、生物活性保持时间、纯度等技术指标均具有显著优势。

公司在国际上率先利用原核生物基因工程技术实现了工业化分泌表达多肽药物。公司所掌握的分子伴侣技术，实现了在大肠杆菌表达系统中产物的高效分泌表达，目标产物被直接分泌到培养基中。由于活性蛋白的完整空间结构在细胞膜上自然加工形成，公司重组人表皮生长因子产品的比生物活性①均超过 1×10^6 IU/mg，为中国药典标准（0.5×10^6 IU/mg）的 2 倍以上，有效提升了产品的临床有效性（见表 1）。

表 1　重组人表皮生长因子产品的比生物活性实测值

单位：IU/mg

产品批号	公司产品实测值	《中国药典标准》(2015 版)
20190415	1.4×10^6	0.5×10^6
20190416	1.5×10^6	
20190417	1.3×10^6	

资料来源：《中国药典标准》（2015 版）、公司产品实测值。

3. 研发人才优势

公司应注重加强与国内知名高校、研究机构的合作，进行新产品研发。公司与中国科学院上海硅酸盐研究所、上海交通大学、上海长征医院、四川大学、第二军医大学（现海军军医大学）、第三军医大学（现陆军军医大学）、中山大学和温州医科大学进行合作研发，共同参与承担了多个国家级和省部级重点科研项目。

由于具备较强的研发力量和技术实力，公司受国家药监局委托先后参与起草了多项行业标准，为相关行业的准入设立了较高的技术和产品质量门槛，对行业生产及经营进行规范，提高行业标准并形成有序竞争，同时也提高公司在行业内的知名度和市场信誉。

① 比生物活性为药品生物学活性与蛋白质含量之比，是衡量生物药品质量的关键指标之一。

4. 营销优势

（1）领先的市场管理理念和销售团队

公司下设商务部，负责经销商的管理工作。公司通过逐步在各地建立办事处对将直销人员和经销商进行协调管理，实现资源信息共享，以更好地服务医院及患者。多年来贯彻和推行经销商制度的经验，使公司具备较强的管理经销商网络的能力，并形成一套有效的经销商激励机制，能够充分利用外部力量，保证公司销售的持续增长。公司还组织医学部和市场部专员定期、不定期对经销商进行培训，实现产品信息共享，提高经销商销售人员的专业素养，保持整体销售队伍的专业性。

此外，该公司针对玻尿酸“海薇”和“姣兰”品牌建立了独立的专业化营销团队，通过医院直销及与经销商相结合的模式，做到重点区域和旗舰医院的精耕细作，实现了销售渠道的快速铺设和目标市场的广泛覆盖。该公司营销团队通过针对医疗机构、医生、消费者的多维度服务，努力提升消费体验、打造品牌特质，引领消费群体生活方式，以提升产品的用户黏性和生命力。

公司的专业化营销模式可控性强、风险小，随着公司更多新产品投放市场，这一模式将持续产生叠加、放大效应，推动新产品的销售增长并带来稳定的利润回报。

（2）完善的营销网络

公司采用区域市场经销商和直销队伍相结合的销售模式，在渠道开拓与市场运营上相互配合，开展协同运作，形成高效、持续的销售能力。目前，本公司的经销网络包含约 2000 家经销商，借助该网络将产品销往各个省、直辖市及自治区。

除经销网络外，公司设有市场部、医学部、公共事务部、销售部、商务部和销售支持部，分别负责制定统一的招投标和政府事务管理、市场推广及销售政策等相关标准，以确保公司产品的专业化推广和品牌建设，有效掌握市场需求动向。该公司对医院和其他医疗机构的广泛覆盖使得公司能够有效推进产品进入目标市场，为加强公司产品知名度、扩大市场份额及增加销量打下坚实基础。

5. 管理优势

公司自设立以来，持续完善法人治理结构，促进公司经营管理水平升级。公司加快引进高科技人才的速度，提升管理人员素质，目前公司已拥有一支高素质的管理、技术团队。公司管理层均具有丰富的企业管理经验，行业经验丰富，市场敏感性强，管理层能力互补且凝聚力强，结合公司实际情况和行业发展特点制定项目管理、财务管理、绩效管理等相应管理制度，初步建立了层次合理的现代化公司管理体系。

6. 国际化优势

公司积极实施“走出去、引进来”的国际化战略，先后在英国、美国、法国等地完成多笔并购投资，在英国艾塞克斯、美国加州和法国 Ploermel 建立了研发及生产基地。公司充分整合国内外资源和优势，在对外投资的同时，积极引进、消化和吸收海外先进技术与管理经验，促进国内技术升级超越，同时借力境外子公司的销售网络，积极推动产品在国际市场的销售。

公司国际化战略的实施，为实现进口产品替代、打破进口产品市场垄断做出了积极贡献。公司通过逐步推进国内技术的升级超越，助力中国人医疗健康产业全面崛起。

7. 公司面临挑战

产品研发到投入市场周期较长。对于美容整形产业而言，优秀的产品从研发到推出需要经历 3 ~5 年基础研发、2 ~3 年临床试验以及 1 ~2 年申报注册三个阶段。自主研发的产品需要耗时 6 ~10 年时间，最终通过国家药品监督管理局的批准才能投放市场。而在某些医美产业较为发达的国家，产品研发申报注册周期只需要 2 ~3 年时间。国内医疗整形美容行业的发展亟待顶层设计创新，提升产品研发效率，促进高品质产品进入市场，服务广大的医疗机构、医生和求美者。

产品临床普及率仍然较低。公司部分产品属于创新生物医药产品，临床应用时间较短，患者对相关治疗方案的知晓度及认可度较低。此外，虽然公司产品具有疗效显著、临床不良反应少的特点，但由于研发生产投入大，产品售价相对较高，消费者接受难。上述因素导致短期内产品受制于产品临床普及率较低的现状。

市场对国产品牌认可度较低。以注射用玻尿酸产品为代表的生物医用材料市场长期被进口产品垄断，大多数医生和患者容易接受国外产品。即使相同技术水平和相同质量的国内产品价格更低，但市场认可度仍有可能低于同类进口产品，导致国产品牌市场占有率及国产替代率上升较为缓慢。

（四）企业医美产业的未来发展定位与举措

1. 综合打造全方位的医美产业链

公司将在未来几年内开发新型高端医美产品，以自主研发和产业并购相结合的方式，将公司快速发展为医疗美容上游产品的知名企业。

2. 技术创新平台的整合和交叉应用

公司将依托现有技术和平台发展透明质酸技术、海洋多糖技术、高分子材料技术、基因工程药物技术、生物 3D 打印技术，并注重自主研发和已有技术的交叉运用，为医疗整形美容产业提供全方位、高质量的产品组合。

3. 国际化的合作与技术引进

公司与 AMWC 国际抗衰老大会、IMCAS 国际抗衰老大会、ASPS 美国整形外科医师协会、ISAPS 国际整形外科协会保持长期的紧密交流合作，充分借助多样丰富的国际合作和国际交流机会，力争在产品规划和先进医学服务领域走在国际前列。

ℝ.18

成都医美中游企业发展经验

裴书盈　钟子艺*

摘　要： 医美中游企业主要是指直接提供医疗美容服务的机构。作为面向消费者开展业务的一线医疗美容机构，其运营的规范性、医疗技术水平将会直接影响消费者对医美的体验及接受程度。本文将介绍华美紫馨、米兰柏羽、成都八大处、悦好四家各有特色的医疗美容机构，以期为促进业内医美机构的良好发展提供借鉴。

关键词： 医美产业　悦好　华美紫馨　米兰柏羽　成都八大处

一　华美紫馨医学美容医院：中国首家5A级及德国莱茵TÜV-SQ双认证民营医美机构

四川华美紫馨医学美容医院是一家集医疗与教学为一体，获得德国莱茵TÜV-SQS服务质量认证的中国5A级专业医美机构。作为医学美容行业的"领头羊"，华美紫馨为其他机构提供了先进经验，也对中国医疗美容领域的整体发展起到了推动作用。

（一）企业发展历程与现状

华美紫馨于1998年在成都成立；2003年挑起医美界中韩"联姻"大

* 裴书盈，四川省社会科学院社会学专业研究生；钟子艺，四川省社会科学院社会学专业研究生。

梁，成立了华美中韩学术交流中心，将先进的医美技术和理念引入中国；2005 年，艾玉峰教授正式加入华美紫馨并出任医院院长，使医院的技术体系得到质的飞跃；2006 年，华美紫馨被中国医师协会美容与整形医师分会官方指定为四川“美容与整形修复援助中心”；同年，华美紫馨医学美容医院国际医师部正式挂牌；2007 年荣获医美奖项——“白天鹅奖”，并在此后五年连续斩获该奖项；2008 年，正式升级为四川华美紫馨医学美容医院，由此成为拥有星级标准的医学美容机构；2009 年，代表中国医学美容界成功申办第十八届世界美容医学大会的主办权，让成都作为中国医学美容行业的学术代表正式走进国际舞台；2010 年，作为四川地区医疗美容机构，参与医学美容教科书《整形外科学》及《中国整形美容外科学全书》的编撰工作，为广大医美从业者提供医美专业著作；2011 年，成功协办第十八届世界美容医学大会，将医美盛会带到中国，再次搭建与世界医美对接的桥梁；2012 年，携手中国医师协会美容与整形医师分会打造“医学美容华美盛典暨 2012 成都医学美容成果展”，在成都上演了一场对话医美专家的美容盛会；2013 年，荣膺第十二届世界华商大会指定医学美容机构；2014 年，艾玉峰院长再获国家发明专利——颧骨定位固定器，推进行业技术领域的进一步发展；2015 年，“维纳斯公益援助计划”盛大启幕，世界冠军莅临现场，倾情加盟此次公益活动，号召全社会力量共同关爱、呵护美丽受损女性，以美影响中国；2016 年，华美紫馨进行硬件升级，总面积 1.8 万平方米的新院正式建成；2017 年，顺利通过三、四级整形美容手术项目评审，成为西南通过高标准服务质量认证体系——TÜV-SQS 认证的医美机构，并被中整协评为 2017 年 5A 级医美机构；2018 年正式开启公认的医疗服务标准 JCI 认证流程，与先进医疗标准接轨。

目前，华美紫馨拥有 1.8 万平方米的诊疗空间、11 层专业医学分区、17 间标准层流净化手术室、1 个独立专业麻醉科室、19 间星级酒店式病房。设有美容外科、美容皮肤科、医美中医科、美容微创科、美容口腔科和麻醉科六大中心，并在这六大传统科室的基础上构建了近 18 个亚学科中心。在医生团队方面，华美紫馨拥有 16 位国家正副高级主任医师，90 余位国家注册医师，包含 1 名博士后、8 名博士、24 名硕士。同时，华美紫馨也承担着为行业培养尖端人才的任务，与遵义医学院、大同医学院等高校合作成立医学教育实习基地，用五年时间为近 40 名实习医生提供了实践学习的机会，并且不断联合国内外学术组织，成立了“美国科医人非手术美容临床基地”“泛亚太鼻部整形美容培训基地”等 10 余个医美交流培训基地。

（二）企业发展经验

在医美行业多年的磨砺中，华美紫馨的发展经验主要如下。

第一，品牌打造。华美紫馨是成都市内为数不多的一家 5A 级医美机构，在当前较为混乱的医美市场中，医美机构层出不穷，但质量和安全性参差不齐，消费者出于安全考量仍然将会锁定一些口碑良好的医院。而华美紫馨在 21 年的稳定发展中，积累了成熟的经验和稳定的客源，打造了一块响当当的“金字招牌”，即使新型医美医院和机构在短期内暴增，华美紫馨的品牌效应仍然能发挥重要作用从而保障市场占有份额。

第二，经营理念，具体体现在学科建设、规范化建设以及以顾客为中心的服务理念这几个方面。在经历了相当长时间的发展后，华美紫馨已经脱离“为了生存而生存”的阶段，而步入了长远的发展道路。华美紫馨不仅立足现在，更放眼未来。因此，华美紫馨的经营理念也不同于新生的医美机构，消费者在体验到了人性化服务以及综合性的管理后自然会形成一定程度的心理和行业标准认知。

第三，专家资源。华美紫馨的专家团队规模庞大，包括艾玉峰、杨力、徐翠霞等知名专家，不仅为医疗操作提供安全有效的技术支持，也为美容医疗专业提供研发力量。

面对未来的不确定性和行业内部的快速变化，华美紫馨仍然保持着谨慎的自我审视。首先，相比于传统的公立医院，华美紫馨的医生虽然具有丰富的临床经验，但在专业学术上的研究仍然偏弱，例如在专业领域的论文发表上就无法与公立医院相提并论。同时，公立医院具有成熟的学术知识体系和丰富的知识网络，研究成果基于一代又一代的专业医生不断完善从而实现突破，是连续的、传承的、成体系的学科系统，而类似于华美紫馨的民营机构的学科建设则更多地停留在出色的个别医生在医美学科方面的研发突破和个人经验传播上。其次，民营机构对人才的吸引力不强，当前人才的培养需要巨大的成本，市场导向的民营医院在此方面则需要承担更多的风险，因此，相关的技术型、管理型人才都属于稀缺资源，如何吸纳更多的人才是华美紫馨发展中必须面对的问题。

（三）企业未来发展战略规划与举措

华美紫馨的发展重点是学科建设，以培养高素质人才为首要目标。作为一家医疗美容机构，医生无疑是核心竞争力，所以在未来华美紫馨将致力于打造一个更加优秀和规范化的医生团队。首先，通过引进全国范围内最优秀的专家，传授先进的学科理念和技术，提高医院整体的专业技术水平，促进团队内部的学习和合作，从而构建系统的学科体系；其次，举办更多的学术交流活动，为医生之间的专业交流提供积极开放的平台；最后，通过奖金奖励和职位升级等措施鼓励医生发表论文，以此提高医生团队的学术研究水平，从而使得机构在学科建设上更具有专业性和前沿性。

除了构建学科系统、打造医生团队以外，华美紫馨还将进一步升级医院的服务系统。与公立医院不同，服务水平一直是消费者选择医疗美容机构的重要标准之一，因此，华美紫馨将继续增加在服务方面的投入。通过升级服务理念、增加服务人员、完善服务板块的人员架构等来减少消费者的等候时间，提高效率，同时为消费者提供更优质的咨询服务，帮助消费者用最少的预算达到最好的效果。

二　米兰柏羽医学美容医院：中国首家A股上市民营医美机构

四川米兰柏羽医学美容医院是国内首家并入A股上市公司体系的医学美容医院，经过与上市公司的资源对接与全面整合，是国内在医院管理经营、医疗体系建设、专业人才培养、财税法律规范等方面较为健全的品牌医疗美容机构。

（一）企业发展历程与现状

四川米兰柏羽前身为米兰美容外科医院，成立于2005年，位于文青最热衷的打卡之地——宽窄巷子；2013年更名为“米兰柏羽”，并迁址成都市人民南路四段21号，成为人南美学地标；2013年8月，米兰柏羽联合国家相关主管部门、学会、协会共同主办了“成都国际医疗美容大会”，会聚国内外专家和嘉宾数百人，参会人数近4000人，创造了当时行业中的最高纪录；2013年与2014年连续两年与成都市锦江区人民政府、成都传媒集团共同承办《亚洲风尚盛典》，引领成都时尚与美容新风尚；2014年，米兰柏羽与导演陈可辛合作，制作了以医疗美容为主题、以米兰柏羽为主要场景的大电影《整容日记》，累计票房8400万元人民币。2016年6月13日，四川米兰柏羽成功并入A股上市公司，推动了行业的规范化；在机构发展过程中，始终履行好社会责任，截至目前，四川米兰柏羽已累计为200余位小朋友共完成近400只公益外耳再造，与四川电视台、四川各大媒体联合主办多次爱心公益援助活动，已累计成功为30余万求美者完成蝶变心愿，获得了20项国家级奖项以及100余项学术荣誉。

四川米兰柏羽创立之初便建立了一支技术过硬、服务意识强、综合素质高的专业技术人才团队。公司聘请了长庚医院原决策委员会主任委员陈昱瑞教授、国际整形美容外科界泰斗富士森良辅教授、中华医学会医学美容与美学分会原委员刘健民教授三位亚洲权威整形专家和医院管理专家为名誉院长，拥有外籍（韩国）注册医生 8 名、主任医师 2 名、副主任医师 5 名，博士研究生学历 1 人、硕士研究生学历 15 人。公司在世界整形外科领域顶级杂志 PRS 发表论文 1 篇，在国际美容整形外科学会的杂志 APS 上发表论文 1 篇，在国家级核心刊物发表学术论文 20 余篇，为社会先后培养进修生 100 余名，获得过国家实用新型专利 4 项（双眼皮效果设计器、一种间距可调节的双眼皮设计器、一种一次性使用无菌注射器、一种一次性使用无菌限速注射器），2 项专利正在申请中（一种易把持的手术刀、一种乳房测量器）。

米兰柏羽设有美容整形外科、美容牙科、美容皮肤、麻醉科、医学影像科等，拥有 7 间层流净化手术室（其中千级 2 间、万级 4 间、十万级 1 间）、22 张病床、5 张口腔治疗椅。医院占地面积约 10000 平方米，员工数量超过 400 人。公司每年上缴各种税费逾千万元，被列为“武侯重点税源单位”，各项指标均有优异表现。米兰柏羽还获得了多项行业荣誉，其中包括成都医美十强、中国 5A 级医美机构认证等。

（二）企业发展经验

1. 医疗安全与质量保证是机构发展的生命线，技术进步与人才培养是机构前进的动力源

米兰柏羽高度重视医疗安全与医疗质量。从高层到基层，将医疗安全的贯彻与落实作为机构的第一要务。该机构在医疗安全与医疗质量上没有出现过负面舆论与大的问题事故，这是在医美行业随着机构时间积累与规模化扩大发展的过程中罕见的优良记录，打造了米兰柏羽的良好形象；在服务与客户上，米兰柏羽客户回头率超过 60%，而回头客带来的新客户占比超过 20%，客户的认可与信任为米兰柏羽提供了强大的支持，因此对医疗安全与医疗质量的重视所获得的口碑与品牌影响力是业务发展最重要的基石。

机构重视在专业技术上持续的投入，大力支持机构内专业人才的深造，并建立有效机制以提高机构对行业人才的吸引力，尊重专业人才，注重对其培养，具有完善机制以支持鼓励科研技术创新、学术论文发表与专利成果申

请。自搬迁以来，机构内美容外科每周二所开展的读书报告会持续坚持至现在，且增加了年轻医生所做的英文文献分享的环节，拓宽了该行业学术视角上的国际化，坚持每月进行相应的病理分析，促进了机构内形成浓厚的学术氛围与良好的医疗作风，

2. 稳中求进是持续成长的重要依托，统筹兼顾是均衡发展的重要保障

米兰柏羽始终坚持稳中求进的总体战略，注重控制发展节奏，在发展定位与发展规划中循序渐进，根据市场的实际情况与需求状况，适当调整自身节奏，促进自身持续稳定增长。另外，米兰柏羽在自身的经营、管理、医疗、服务、人员方面，重视机构内部多维度协同并进、均衡发展。在当前医美行业中，部分机构经营能力强，业绩优良，但医疗与人才方面缺乏稳定性，这在一定程度上限制了机构更高层次的发展，而米兰柏羽的均衡发展战略在最大限度上避免造成短板效应，形成稳定的团队，且适当进行组织架构相应的升级与调整，以不断适应行业变革。米兰柏羽不断完善管理机制，有效地满足了发展需要。

（三）企业的优势与劣势、机遇与挑战

米兰柏羽在行业中的优势体现在规范化方面。米兰柏羽具有规范的团队和管理，是国内首家并入 A 股上市公司体系的医学美容医院。米兰柏羽注重医疗与管理方面的相应规范和基础建设，医疗质量稳定、管理方式清晰、发展方式稳健，尊重市场规律，配备有相应的医疗人才、管理人才、技术人才、科研人才，将人才的培育、医疗技术的提升、医疗安全的保障作为医院管理的重心，推动了医美行业的规范化与透明化发展，成为行业新标杆。集中度较低是行业的普遍现象，区域市场内所占份额最高的不到5%，低集中度会导致资源分散，不利于行业的发展和品牌的建设。

2018 年成都市提出建设“医美之都”，为医美机构的发展带来了新机遇。“医美之都”的提出代表了政府对医美行业的认可，有利于增进社会群体对该行业的认知。政府出台相应的政策，从前期来说也是一种指

引，有利于行业的规范与持续发展，是一个重要驱动力。医美在过去是一个负面化的标签，而“医美之都”的提出在产业发展过程中发挥着正视听的重要作用；另外，“医美之都”的提出从侧面说明了医美行业是一个具有巨大发展潜力的行业。但当前在经济形势不明朗的情况下，行业整体的经营会有压力，并且随着机构规模的扩大，机构数量的增加，在一定程度上会引起无序竞争，增加管理成本与管理压力，同时部分机构滥竽充数，质量参差不齐，这可能破坏行业口碑，从而导致米兰柏羽遭受连带影响。

（四）企业未来发展战略规划与举措

医疗美容行业的竞争加剧，“优质服务”与“价格透明”成为发展重点。市场的持续规范化，促进医美行业的价格进一步探底，信息倾向于隐匿的机构会逐步被市场淘汰。

根据朗姿股份的战略部署，米兰柏羽在未来发展中对自身提出了更高的要求，设定了更高远的目标。米兰柏羽将以成都和四川为核心，采取“区域品牌沉淀”与“全国连锁经营”并行的业务扩张策略，将服务扩展至三、四线城市，打开医美行业的新缺口，在成为行业标杆的同时，逐步完善自身产业链，规范市场秩序，进一步打造多区域、多层次的立体化医美服务品牌体系，树立行业威信、扩大品牌张力与影响力。

1. 从区域头部下沉到三、四线城市，扩展市场辐射面，逐步形成“1 + N”的产业布局

目前米兰柏羽已经与西安美立方达成战略合作意向，未来米兰柏羽将继续通过并购等形式开设医学美容医院，并在四川地州市场布局综合性医美门诊，打开三、四线城市轻医美市场，在特定区域构建一家大型整形医院与多家小型连锁门诊或诊所并存的医疗美容机构体系，通过体验店的形式不断升级服务，逐步形成“1 + N”的产业布局，进一步整合资源，加强旗下医疗机构的区域竞争力，加快推进医美产业发展。

2. 打造行业标杆，促进品质医美建设与完善

中国医美产业仍有巨大的增长空间与渗透空间，正在逐步从“单靠市场投放营销驱动和信息不对称发展”向“与美业服务和美业消费品紧密融合发展”的趋势转变。根据朗姿股份在医疗投资领域的整体战略规划，米兰柏羽将继续深挖国内优质医美资源，加强区域性优势，将品牌优势从西南地区向外辐射，并形成规模效应，以“横向整合”“纵向优化”“前台统一”“后台共享”的方式，打造医美行业标准化管理与服务，促使“品质医美”成为米兰柏羽的显著性竞争优势。

3. 整合产业链，扩大“颜值经济”

当前产业竞争以“产业整合效率”与“精细化管理能力”为主，米兰柏羽聚焦投后管理平台的搭建、产业整合、精细化管理的实现。依托四川朗姿医疗管理有限公司，未来米兰柏羽将作为其旗下唯一医疗投资管理平台，通过“技术沉淀升级”“品牌区域下沉”“标准化规模扩张”等战略战术的结合，促进产业链的完善，建立先发优势壁垒，促使品牌优势的持续增强，规范化、品牌化、连锁化、区域化的经营模式逐渐成为行业良性发展的主旋律。

三　成都八大处医疗美容医院：中国唯一国有股份主导的混合所有制医美专科医院

成都八大处医疗美容医院是由北京协和医学院和中国医学科学院按照“加强临床医院分院建设”的布局，由中国公立三甲医院中唯一的整形外科医院——中国医学科学院整形外科医院发起，在中国“医美之都”——成都建立的第一家异地直属分院，于 2018 年 10 月 13 日正式开院运营，是中国首家国有股份主导的混合所有制整形美容专科医院，被称为“整形国家队”。

（一）机构的发展历程与现状

1957 年，中国人民解放军总后勤部和平医院与北京协和医院整形外

科合并成立中国人民解放军整形外科医院，朱德总司令为医院亲笔题名；1958 年，国务院决定将院所移交中央卫生部，隶属中国医学科学院，并更名为中国医学科学院整形外科医院，因地处北京西山八大处路被老百姓称为“八大处整形医院”；1957～1969 年实现了一次性手术完成器官再造，多项技术开创了整形外科手术的先河；1978 年，经国务院五位副总理批示，恢复重建整形外科医院，并成立整形外科研究所；1981 年，举办了中美整形外科学术交流会，至此蜚声国际，形成全球整形界的中国力量；2006 年至今承担了国家、省部级科研项目 129 项；2018 年，在“医美之都”——成都建立中国医学科学院整形外科医院（西南中心），并成立分院——成都八大处医疗美容医院（简称“成都八大处”）。

成都八大处地处成都高新区天府大道中段 688 号（地铁一号线天府三街站 A 口）大源国际中心，建筑面积 7000 平方米，设置有美容外科、美容皮肤科、美容中医科、美容牙科，并根据医院发展战略设置有瘢痕综合治疗中心、私密健康综合治疗中心等跨科室诊疗平台。在实际运行中，成都八大处坚持“直达医生、医助协诊、价格透明”三大策略，形成了与成都本地医疗美容机构截然不同的运行风格。

1. 充分利用深厚的医疗资源优势，让就医者直达主诊医生进行诊断并确定治疗方案

截至 2019 年 9 月，八大处备案注册美容主诊医生 25 名。其中，正高职称 14 名（常驻 5 名）、副高职称 6 名（常驻 3 名）、中级职称 5 名（常驻 5 名）。就医者在线上或者是线下完成挂号之后，凭号到医生诊室直接与主诊医生就医疗需求、美学诊断、治疗方案等事项进行专业沟通，尽量确保就医者需求、医学诊断和可实现效果三者之间的统一，达成让就医者满意的目标。这能够有效避免其他医美机构采用咨询师进行美学诊断和方案设计所产生的误诊误治、过度治疗和夸大治疗效果等“沉疴痼疾”。到目前为止，成都八大处是成都地区第一家，也是唯一收取挂号费的医疗美容医院。

2. 设置医生助理，将主诊医生从烦琐的细节沟通中脱离出来，突出医生在诊疗方面的核心价值

主诊医生确定并开具治疗方案之后，其助理根据医疗团队审定的协诊手册，进行项目相关细节问题的卫教、治疗前准备宣教，以及针对其他常规问题进行解答，并协助主诊医生将相关方案和信息录入医院信息系统，根据系统定价分项汇总价格。

3. 全院所有项目均分细项计价，并将价格在院内进行公示

医院坚持为所有就医者提供均质化的诊疗服务，故相同项目的定价保持一致，且院内不接受议价。以手术项目为例，摒弃了绝大部分医美机构采用的打包定价且可议价的方式。分项列明医师费、术式费、材料费、检查费、麻醉费、输液费、住院费（若需要）等明细费用。让就医者能够实现明明白白的消费。这三项策略实施以来，得到了政府主管部门、行业和就医者的高度评价，为成都医美机构的运行提供了一个全新的可参考样板。成都八大处在坚持“直达医生、医助协诊、价格透明”三大策略的基础上进行持续的优化和改进，为更多就医者提供专业的医疗服务。伴随着行业主管部门执法力度的加强、行业协会对行业发展的正确引导、就医者的不断成熟，以就医者为中心、医疗专业为根本的诊疗服务体系势必成为医院长远发展的重点。

（二）机构发展经验

八大处的差异首先体现在收挂号费上。作为成都唯一收取挂号费的医疗美容医院，它代表着医疗业务的程序性与医疗机制的规范性。同时它是一种以坚持诊疗服务为核心的差异化，从而形成了自身的特色，正是因为这种特色提高了成都八大处的吸引力。

成都八大处高度重视机构内人才及代际传递，高效配备人才。当前行业内医生稀缺，应大力发挥医生的价值，过去部分民营机构将技术操作性工作如隆鼻手术、双眼皮手术等，作为医生最有价值的工作，而其他工作由他人取代，尤其在诊断方面。但在八大处，诊断与操作必须由医生完成，其他事

务由医务助理完成，以在最大程度上发挥主治医生的价值，同时促进机构在诊疗业务上的精细化，使机构持续健康发展。

（三）成都八大处的优势劣势及机遇挑战

1. 优势与劣势

八大处在医美行业中的优势集中体现在品牌与人才方面。在品牌方面，八大处具有行业中其他机构所不具有的名号，如中国第一家整形外科医院、三甲医院中的唯一整形医院、国字号的唯一整形医院。在人才方面，当前医美行业高速发展，出现了专业人员与行业整体规模扩张不匹配的现象，而八大处作为院校一体式机构，包括了麻醉学、整形外科等学科分支的硕博培养点，接受了八大处教育的高学历人才倾向于继续留在八大处，而未留下来的同样也与八大处保持着联系，因此八大处具有其他机构不具备的成规模的人才。

另外，八大处具有其他机构很难具备的一代又一代师承关系的积累。在大部分机构中，医生之间或各个科室之间呈现一定程度的原子式堆积，在行业中所积累的经验是医生个人在职业生涯中所积累的工作经验，是一种具有排他性的个体经验，而在八大处，经验的积累是一种代际积累，是在一代又一代的人才在行业中所积累的集体经验，而不仅是某一个医生职业生涯的积累，上一代人走过的弯路在下一代人中就会避免，这是八大处一脉相承的显著特点。北京八大处的专家前往成都做手术，不会有任何陌生感，因为八大处在机构人员间建立了一种共通性，所培养的人才具有一代又一代的传承，在这种传承之下形成了一种能够促使人员快速进入状态、不断磨合的模式，因此八大处掌握了最核心的资源——人，这促使八大处快速稳定且高质量发展。

八大处的劣势体现为认知差异。民营机构处于整个市场的核心，经营模式集中为顾客导向型，但八大处的顾客导向型力度相对较弱。如民营机构在节日时向顾客发送问候信息，在顾客生日当天发送祝福信息，但八大处认为这并非机构的中心环节。另外，民营机构采用顾客供给导向，如顾客前往民营机构寻求医美，机构会为之提供相关诊疗建议，在当前顾客的容貌上还可以如何修饰得更美观。但八大处是一种需求导向，机构不会为顾客提供建议，而是根据顾客自身已确定的需求进行诊疗，因此总体上会促使习惯上对服务的认知不同，造成就医者一定程度上的不适应。在实际运行中，八大处收取挂号费，并且是该行业中唯一收取挂号费的机构。

2. 机遇与挑战

政府部门对医美行业重视程度的提高，有利于营商环境的优化，使行业不断向规范化方向发展。机构的不断规范、服务的不断优化，使成都的医美行业更具吸引力，市场辐射范围扩大。另外，“医美之都”的建设会加速行业的洗牌。为了建设“医美之都”，成都简化行政审批，机构数量快速增加，但同时也会加速机构的淘汰。现阶段在市场未充分开发的情况下，机构数量增加会引发市场失衡，机构市场平均分割量会相对减少，在短期内会加速行业的出清，基础薄弱的机构会被淘汰。各个机构在业务结构方面，运作方式几乎一样，大部分科室业务重叠，品牌识别度低，相关的营销推广几乎相同，随着机构数量增加，行业中易出现负面舆论，其出现越频繁，对行业的规范需求就会越多，消费者会更倾向于寻求可靠的机构。而八大处所具有的品牌与人才的优势将为其带来发展机遇，但负面舆论若超出了整个行业的承受限度，会造成医美行业塌陷，八大处也会遭受连带负面影响。

（四）机构未来发展战略规划与举措

八大处将继续践行“把中国人的美丽留在中国”的历史使命，实现在各大地区中心城市的布局，推进医院辐射式发展；加快与地方中心医院“整形美容学科共建”项目的推进，提升成都周边区域的整形美容技术水平；在努力培养内部住院医师转向主诊医师的同时，利用带教、进修等手段提升其他医疗机构整形美容医师的整形美容技术；并且把就医者的术后康复作为新的重点研究方向，力求为就医者提供全周期的专业照护。

四　悦好医学美容医院：四川省唯一通过JCI国际认证的医美机构

四川悦好医学美容医院是成都市十大医美医院之一，是四川省唯一获得JCI国际认证的医学美容医院。自2010年建院起，悦好一直致力于探求医美的创新与发展，坚守医疗安全底线，倡导品牌理念，在政府及行业协会的支持和引导下实现自身发展，为消费者提供安全优质的医美服务，推动医美行业的良性发展。

（一）企业发展历程与现状

2010年，悦好医院在成都市正式成立。

2011年，悦好通过在医美领域的精耕细作，在眼部手术方面获得“10双电眼7双看悦好”的口碑，在眼部整形专科领域取得了令人瞩目的成就。同年参加“中华医美人”大赛，囊括中国眼部整形金奖以及中国皮肤美容金奖2项至高荣誉。

2012年，国家卫生部授权悦好为中国整形美容机构服务质量试点评价全国先进医院。

2013年，悦好成为亚洲首个获得“博鳌奖”的医美品牌，并荣膺博鳌亚洲论坛“博鳌奖”最具价值品牌十强，成为中国乃至亚洲整形美容医院首个也是唯一的博鳌奖获得者。

2014年，悦好作为四川仅有的三家整形美容医院，参加中国首部《医疗美容机构评价标准》试点，与全国17家著名整形医院共同制定行业标准。

2015年，由于发展战略需要，悦好整形成为华韩整形美容医院控股有限公司西南旗舰医院，其身份正式转变为上市公司，从而使得医院的管理水平、医疗技术水平得到进一步发展和规范，为接轨国际一流医美水平奠定了深厚的技术及人文基础。

2016 年 11 月 12 日，悦好正式成为中国首家通过 JCI 国际认证的医学美容医院，是四川省唯一获得 JCI 国际认证的医学美容医院。JCI 国际医院管理标准是世界卫生组织认可的权威医疗管理标准，按照 JCI“患者安全源于管理细节”的核心理念，从药品安全管理、医疗设备管理、手术安全管理以及医生技术保障等八个方面制定了 304 个医美标准、1218 个要素，保障求美者的医疗安全。历时 335 天，通过了各项专业测评和考察，悦好获得全球公认的、代表世界医院服务管理最高水平的 JCI 认证，不仅保障了医院服务质量及患者安全，也全面提升了医院的核心竞争力。

2017 年，悦好助力成都市打造“医美之都”，并积极响应国家七部委打击“三非医美”号召，保障医疗品质，开创“S + 国际品牌”战略。

2018 年，悦好荣获成都“医美十强”荣誉称号，同年成为“医美之都”高峰论坛面部整形手术直播示教医院。

目前，悦好医院全机构包含 200 多名成员，实行董事会领导下的院长负责制，由一个总院长总领，下有医务院长、运营院长、营销院长、行政院长、人事院长、财务院长、采购院长所管理的不同部门，医疗部分又包括了整形科、皮肤科、注射科、中医科和牙科几大科室，成为四川地区广受求美者欢迎的综合医美机构。

（二）企业发展经验

悦好医院通过近十年市场与消费者的检验，在行业内部逐渐站稳脚跟，而品牌的树立和维系毫无疑问来源于悦好自身所拥有的几大优势，使得其能从众多医美机构中脱颖而出。

第一，最重要的是，悦好是四川省唯一获得 JCI 国际认证的医学美容医院，这意味着悦好医院的管理系统和安全体系是有一定保障的。消费者在消费行为过程中必然会把安全性和有效性划为个人考量因素，在类似于“王贝事件”这样的整容医疗事故爆发后，无疑会加大消费者对医疗安全和医疗品质的关注度，而 JCI 的认证就像一份提供给消费者的保险，增强了悦好的竞争力。

第二，悦好医院内部有全日制韩国专家坐诊，让顾客在国内就能体验到国外的医美技术。众所周知，韩国作为“整容大国”，整容技术一直被国内医美消费者所青睐，然而由于成本过高以及中韩在语言和文化上的差异，消费者无法对韩国医美行业有清晰的认知，风险性和未知性仍然存在。在此种前提下，悦好医院聘请具有外国专家执业证的韩国医生全日制坐诊的策略就成为吸引消费者的一大亮点，在降低了消费者出国的高昂成本的同时，消费者仍然能够享受到先进的国际整容技术。

第三，悦好医院成为华韩整形美容医院控股有限公司西南旗舰医院，从而转型为上市公司。相较于那些没有上市的民营机构，悦好则在资金运作、资源管理、制度建设等方面具有更多优势，华韩公司能为悦好提供更完善的管理规范，以及成熟的组织架构和制度体系，在遇到一些医疗冲突或事故时，能及时采取高效的应急处理方式，从而降低负面效应。总而言之，作为上市公司的子公司，悦好在机构运营、医疗管理上都有更加规范化的要求。

第四，悦好医院以眼部手术为核心竞争优势，“10 双电眼 7 双看悦好”的标语受到了消费者和业界的一致认可。与一般的大型综合性医院不同，专科医院以专项的高质量技术吸引顾客，长板突出，因此即使面对激烈的竞争环境也能够生存下去。但专科医院通常以小型机构为主，人员和硬件配备等相较于大型医院来说有所欠缺。悦好集“大型”和“专科”为一体，能够发挥专科建设的优势，弥补小型机构设施不完备等不足，既具有个体特色，又拥有综合医院的牢固基础。

第五，悦好成立 10 年，无一起医疗事故，并且在 2018 年成为“医美之都”高峰论坛面部整形手术直播示教医院，这些经历使其不仅在消费者群体间能够获得正面评价，也能在医美同行间起到模范作用。

悦好也存在需要再改进的部分。作为一个老牌医美机构，悦好医院在成都市蜀汉路的场地和新兴机构与已翻新的大型机构相比较陈旧，外部建筑和硬件设备急需新一轮的升级，更大的医疗场所和更人性化的基础设施无疑会带来更多的客源，因此，当前的缺陷对于悦好来说可以看作新的机遇。

（三）企业未来发展战略规划与举措

在未来，悦好医院会持续注重医疗质量方面的建设，达到认证体系更新的标准。第一，面对越来越严格的市场要求和行业规范，医疗质量无疑是医美机构面临的最重要的也是最基本的要素；第二，悦好将会加强重点学科建设，通过集团系统的支撑能力来提升医疗队伍的能力水平，打造核心竞争力；第三，通过向发展成熟的酒店等服务业学习，借鉴其在服务和管理上的成功经验，从而提升自身的服务水平；第四，借助于新媒体的发展，通过微博、微信以及相关手机软件等媒介平台进行宣传，进一步扩大悦好的品牌影响力。

同时，悦好也会加大对自身软硬件设施的投入。一方面，扩大当前的经营面积、重新装修，打造舒适的医疗环境；另一方面，引入前沿的医疗设备和高精尖医疗人才来为消费者提供更加专业和规范的技术服务。当然，在保证自身稳定发展的基础上，悦好也会把目光延展到周边区域或城市，在温江或者天府新区成立悦好分支机构，从而辐射到更大范围的消费者群体，让更多求美者不出国门，就能享受到“安心整形，终生无忧”的医美服务。

R.19

成都医美下游企业发展经验

钟子艺*

摘　要： 医美 App 扮演了医美机构和消费者之间的中介平台的角色，通过案例分享、医生机构过滤、治疗方案推荐等方式，将价格、医师机构资格、效果评价等信息公开，一方面降低了机构的获客成本，另一方面提高了信息透明度，是医美下游环节值得关注的。本文以美呗医美 App 为例，介绍这一新兴医美平台的发展历程与走势。

关键词： 医美产业　下游企业　美呗

美呗整形咨询服务平台以 PC、App 为立体式通道，为用户在线提供专业、正规的医学美容咨询服务，为中国求美者定制安全高效的医学美容解决方案。

一　企业发展历程与现状

2011 年，创始人兼 CEO 龚连胜与另外两位共同创立了美呗（美尔贝），将自身的目标定位于为中国用户打造完善的医美生态系统；2011 年 3 月，美尔贝前身三元整形网上线，首创医美平台咨询模式，为求美者提供医疗美容服务；2012 年，公司全方位整合医美行业资源，业务扩展至多个省、自

* 钟子艺，四川省社会科学院社会学专业研究生。

治区、直辖市；2013 年，重庆分公司成立，团队突破 100 人；2014 年，成立北京分公司，并组建韩国事业部与运营中心，加大 App 开发力度；2015 年，业务拓展至全国 34 个省、自治区、直辖市，团队突破 300 人，注册会员突破 100 万名，年营业额突破 5000 万元；2016 年，平台医生资源超过 1 万名，医美咨询团队成员超过 300 名，高端医美外科手术达 4 万台，平台交易额 2.5 亿元；2017 年，平台交易额 4 亿元，成都市场份额达 60%，吸引入驻机构 200 多家，团队成员突破 600 人；2018 年 6 月，获得深创投领投的 1 亿元人民币 B 轮融资，全年平台交易额突破 8 亿元人民币，是西南乃至全国最受用户信赖的第三方医美平台，平台 PV30 万次，咨询量超 3000 万次，高端医美手术超过 11 万台；2019 年 3 月，美呗获得四川省电子商务产业股权投资基金、四川省健康养老产业股权投资基金数千万元 B + 轮融资，团队人数突破 700 人。

当前，美呗业务覆盖了全国 34 个省、自治区、直辖市，共有 5 个分公司，业内超过 1 万名顶级医生和美呗建立合作关系，同时与全国 3500 个以上证件齐全的医疗美容机构签约合作，仅在成都，美呗就吸引了 200 多家医美机构入驻，所占市场份额达 60%，以高品质的业界资源打造最高端的医美服务。美呗始终致力于以互联网工具深化医美服务，向用户提供更优质的医美体验与效果，拥有超过 350 人的专业咨询团队，一对一为用户量身定制个性化的医美方案。

二　企业发展中的重大事件与经验

2014 年美呗试水电商但没有取得想象中的成绩，在当时没有留住用户，使团队的信心大受打击，团队的规模也变得更小，CEO 龚连胜与剩下的团队成员一起深入研究用户的决策方式，反复翻阅用户的评论。随着对用户的洞察和医美深入的市场教育，龚连胜发现用户需要贴近生活的医美科普，同时用户对于漂亮的诉求是一个具有综合性的问题，并非简单的项目介绍就可以满足，因此需要以深度咨询和美学设计来定制复合方案。

从高风险型整形手术切入，涉及双眼皮、隆鼻、自体脂肪等手术服务，该类深度用户对服务的要求高，但同时具有较高的消费性，因此易形成高壁垒。为此美呗组建了一支规模达 300 人的专业咨询团队，为用户提供一对一术前答疑，详细了解用户状况与需求，提供最符合用户自身实际条件的医美建议，并全面告知其手术风险，为用户量身定制最切合实际的医美方案，同时为用户提供手术过程中的接送服务、术后的温馨信息提醒，在术后进行跟踪服务，提供保险保障服务等，并对服务满意度进行评估。

而在医美机构一端，咨询团队全面了解各个医生所长，帮助其解决与求美者沟通的诸多琐碎环节，因此，医生可以全力集中于手术工作，将医生的优势发挥至最大。对于所有的美容医院、医生的详细信息，美呗均按照卫生部门的相关规定进行严格的审核，只与同时具备营业执照和医疗机构执业许可证的机构合作，与具备医师执业证书和医师资格证书的医生合作，力求为消费者提供医疗专业、过程安全、结果有效的三重保障。由于医美中大部分手术需要麻醉，部分不规范的机构为了减少成本而使用没有麻醉师资质的医生，或者不聘请全职麻醉师，这非常容易导致意外事故发生。为此，2017 年美呗启动开展麻醉准入认证，使项目、医院、医生等信息公开透明化，同时项目原理、风险、副作用、恢复周期，以及医院的擅长项目、累计销量、网友口碑等信息都在平台上公开透明化，由此促使用户更可放心选择与体验。

优质的咨询服务需要优质专业的咨询师队伍提供支撑。美呗一方面要求咨询师团队通过专业知识和工作流程的考试，并考核团队成员对医院医生的熟悉程度；另一方面，咨询顾问要体验相关的医美项目，从而增进对医美各个项目的了解。然而，硬性条件的严格审核并不足以完全监控平台中医院的服务，部分机构也存在暗度陈仓、私下操作的情况。因此，美呗团队也像其他服务行业一样，对患者进行“神秘客”回访，让患者从术前设计环节、术中服务流程等方面对其所接受医疗的医美机构进行评价，为平台在消费者心中建立强有力的信任保障。

美呗将用户体验作为核心战略，为增进用户的安全保障，美呗在为用户提供保险的同时也设置了相应的保障基金，针对整形失败的用户，美呗将提供先行赔付服务，对于情节严重的用户平台会积极为其提供法律支持。通过把控平台机构的质量和保险、保障基金等，为消费者建立信任保障。CEO龚连胜认为，医美和其他医疗一样，是靠口碑驱动，而不是靠广告与资金驱动，信息不透明是行业的痛点，消除信息不对称问题，降低用户决策门槛，通过口碑使优质的医院和医生进入大众的视野，让用户快速、安心地找到适合自己的医院和医生，满足用户对美的需求是大势所趋。

三　企业在行业中的优势

美呗的优势主要体现为其作为医美行业中的沟通角色。经研究表明，实施医美行为前与求美者进行充分的沟通是极为重要的，有利于大幅提高求美者对服务的满意度，降低医美纠纷发生的概率。美呗有效地充当求美者与医生之间沟通的桥梁，作为医生的助手，平台中优质的咨询师可以快速洞察求美者的生理、心理情况和内容目标与诊疗需求，促使医生能够专注于手术过程本身。同时，美呗作为求美者的顾问，为求美者详细介绍各种医美业务的特点与局限性，以及潜在的风险，纠正求美者不合理的求美需求与过高期望。

当前，美呗专门构建了一支超过350人的专业咨询团队来为医美消费者提供专业的指导意见。结合医疗美容的相关知识以及对每位专家技术水平、风格和特点的了解，向求美者推荐最合适的医生和医美方案；通过术后咨询和回访，帮助求美者快速恢复心理状态并建立积极的心理暗示；通过优质的咨询服务帮助机构促进营销并带动复购。

另外，美呗作为一个互联网信息平台，在服务海量用户的过程中会形成丰富的数据资产。这些数据资产经过合理的开发与利用又可以促进对行业发展状况的了解与把握，加深对求美者需求的洞察，促进机构的营销，并提升求美者对服务的满意度。美呗将业务重心放在深度的医美咨询服务上，整形外科手术对医生专业能力的要求高，而求美者的诉求相对具有综合性，决策周期长，美呗并非常规的O2O，它更倾向于为私人定制的高端服务品牌。

四 企业未来发展战略规划与举措

在后续的发展中，美呗将专注于内容升级、平台强化、人才充实、市场拓展与品牌传播五大方面。在内容升级方面，美呗将大力加强内容生产，通过PC、App、小程序、社交媒体等，以多渠道方式搭建立体式服务网络，促进平台引导用户树立正确的医美观念，提供专业的医美资讯，帮助用户探寻优质医院、优秀医生与优良项目，使用户能享受到优质的医美服务与体验。在平台强化方面，美呗将持续促进技术优化升级，提升平台反应速度，提高供应链效率，丰富平台功能，并与AI进行战略合作，引入人工智能技术促进咨询服务的升级，目前AI咨询服务正在初步尝试阶段。在人才充实方面，美呗计划大规模引进具有医疗背景的专业人员作为一线服务团队，促使平台为消费者带来更贴心、专业的服务体验。在市场拓展和品牌传播方面，美呗与日本、韩国等国家的医疗机构合作，拓展平台的国际市场。当前，美呗在韩国合作的相关医美机构数量已达100家，在日本已达80家，合作的医生数量已超过600名，并且美呗将大力推进品牌全面重塑。

ℝ.20
美国、韩国及中国台湾医美产业政策研究

王海蓉*

摘　要： 随着成都医美产业的快速发展，在关注产业升级的同时，也要看到国内医美行业的发展与其他国家或地区同行业存在的“时差”。海外市场起步早、成熟快、法制健全、行业规范、政府监管到位、专业技术成熟、机构模式多样，具有诸多成熟的产业生态圈和发展模式，能够不断吸引消费者。成都医美产业的发展要进一步借鉴其他国家或地区医疗美容产业发展的成功经验，引进先进技术、吸引人才，延伸关联产业，拓宽海外市场，着力构建医美产业生态圈，助力我国医美行业实现快速赶超。

关键词： 美国　韩国　中国台湾　欧美产业

一　美国医美产业政策

（一）政策发展概况

20世纪30年代起步，经过七个阶段、80多年的发展，美国成为医美行业

* 王海蓉，四川省社会科学院社会学研究所助理研究员。

起步最早、全球市场规模最大、美容整形医生总量最大、美容整形施行术例总数最多、行业发展成熟的国家。美国医疗美容市场成熟且发展稳定，整体保持较低年均复合增长率。根据 ISAPS 及兴业证券研究所的数据，2016 年，美国医疗美容行业增速为 4.3% 。美国医疗美容行业集中度高，多为连锁门店经营，在渠道和服务体系方面都非常成熟，微创整形（非手术医疗美容）占美国美容整形总量的 89.3% ，贡献了近年来医疗美容的几乎全部增量，手术医疗美容增长停滞甚至负增长。美国医疗美容技术先进，新方法、新技术、新材料首先在美国出现，技术的革新使原来需要“动刀”的医疗美容现在无须大动干戈，微创整形给医生和患者都带来了便利。①

随着技术的成熟、市场的膨胀，2004 ~2011 年是美国医美行业萎靡期。2004 ~2011 年，三项微整形技术问世，在促进行业快速增长的同时，操作技术的便捷化使医美行业进入壁垒显著降低。同时，美国对行业缺乏针对性的监管，导致了大量无资质人员涌入医美机构从业，行业迅速扩张并达到饱和。低壁垒行业特征导致竞争日益激烈，各家整形机构由于同质化、缺乏核心资源支撑，在存量市场中不断加大广告投入以争抢客源的行为愈演愈烈，也出现过整形机构利润快速下滑的情况。2011 年后，医美互联网平台的出现，使医美机构信息透明化，解决了机构与消费者之间的信息不对称问题。美国医美互联网平台 Realself 于 2006 年应运而生，为市场建立良好的导流机制提供了有效路径，加上美国经济开始走出低谷，居民收入增速改善，美国医美市场于 2011 年触底后出现恢复性上升趋势，并不断创出新高。②

（二）政策发展的经验与启示

第一，美国医美行业法制健全，发展完备。美国已经拥有了发展 60 年以上的成熟的、具有公信力的医美行业协会与专业行业杂志、基金会。从 1969 年起，美国整形外科被纳入普通外科，美国医美监管的总体思路也认

① 《2017 年医疗美容行业研究报告》。

② 《2017 年医疗美容行业研究报告》。

为医美属于普通外科的一部分，所以适用于包括医生多点执业在内的美国普适医疗政策、法规、制度，并且美国普适医疗具有非常严格的规定。①

第二，多部门共同维护医美行业的合规性。HHS 即美国卫生和公共服务部，负责法律执行并颁布部门条例；FDA 即食品药品监督管理局，负责监管医美行业相关药品、医疗器械、耗材，并具有严格的上市审批和上市后质检制度；州政府主要负责整形医院、医师的资格审查和许可证发放，未取得执照、许可证的医师、机构禁止执业、设立，为硬性监管；行业协会主要负责整形医院、医师的资质认证、机构评审，通过认证和评审的医师、机构意味着能够提供专业优质的服务，有利于吸引消费者，但未获得认证和评审并不影响医师和机构正常执业和设立，为软监管。②

总体而言，海外市场起步早、成熟快，政府监管到位、专业技术成熟、机构模式多样。国内外医美行业存在明显差距。我们要借鉴成熟模式、引进先进技术、引入优质人才，利用广阔的市场前景，助力我国医美行业快速实现赶超。

美国医疗美容产业发展政策对中国医美行业发展的启示如下。

第一，行业规范需要一个过程，加强监管有助于快速推动行业健康发展。回顾美国的医疗美容行业发展历程，经历了从混乱到相对规范的过程，在行业规范化的过程中，完善的政策环境、政府的强力监管、行业协会的促进、媒体的监督等均发挥了重要作用。在我国，政府强力监管的趋势已经越来越明显，医疗美容行业正在加速规范。

第二，健全人才培养体系。从专业选择到职业认证、执业就业等环节，医生培养体系较为成熟。相对而言，我国仅四个专业的医生被认定能够从事医疗美容外科相关工作，医生认证标准过严，同时行业人才培养体系不健全，导致医生缺乏，严重制约了行业的发展。

第三，美国在医美方面具有非常严格的规定，同时还有行业和州政府的双重监管，然而仍会出现各类乱象，为此，美国也出台了相关的法律法规，

---

① http：//www. 360doc. com/showweb/0/0/859238616. aspx.

② 《2017 年医疗美容行业研究报告》。

以求医美市场健康发展。但是法律法规也有漏洞，发现问题时认真对待、严肃处理、切实保护消费者的利益，跟随着时代的发展及时出台新条例填补漏洞，才有利于市场的规范化发展。①

二　韩国医美产业政策

（一）政策发展概况

1988 年汉城奥运会之后，韩国政府把医疗美容作为一种产业来运作，政府通过发布一系列政策和持续投入来不遗余力地推动医疗美容业的发展。韩国政府意识到，医疗观光是医疗市场具有最高附加值的产业，能够带动旅游业、购物业、住宿业、餐饮业、交通业等多个行业协同发展，于是在 2009 年，韩国政府正式承认医疗美容观光旅游的存在，并积极扶持和投资，力争将韩国打造成亚洲医疗观光的核心区。

韩国政府按照《2010 年医疗观光综合政策》，为推广健康体检、美容整形、皮肤美容、牙科、韩方等五个医疗观光代表品牌，在医疗机构的选定、医疗观光商品的持续开发及海外市场营销等方面给予大力支持。特别是针对医疗观光海外市场，韩国旅游发展局凭借着拥有的全球 27 个支社网点的优势进行主导式推进。发展至今，韩国医美行业针对海外获客市场的拓展效果良好，医疗旅游越来越受到外国游客的欢迎，人们赴韩旅行进行的医疗服务也不再限于一般的身体检查或是大规模的手术，越来越多的人选择赴韩进行医疗美容。

韩国保健福祉部与韩国保健产业振兴院的统计数据显示，到 2020 年，韩国政府计划吸引 100 万人次外国医疗游客、医疗观光收入达到 30 亿美元，行业外向性明显，已形成与其他行业的协同效应。②

韩国医美观光旅游的快速增长为韩国本土医美机构带来了大量的客源，

---

① 《2017 年医疗美容行业研究报告》。

② 清科：《2019 中国医疗美容行业发展白皮书》。

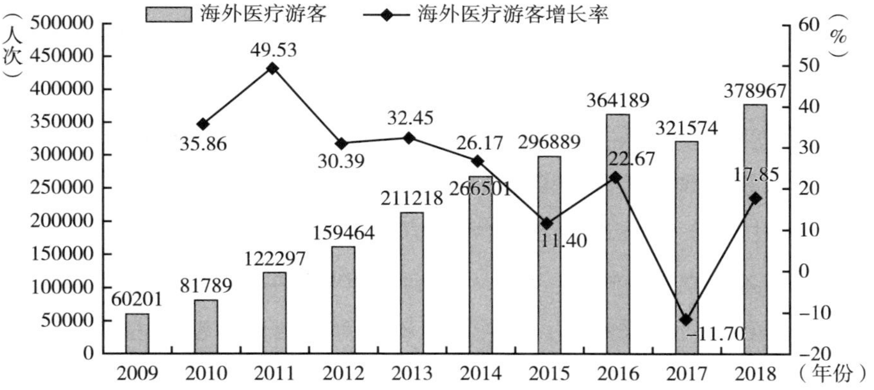

图 1　2009～2018 年韩国海外医疗游客数量

为保证医美服务质量，提供更优质的消费体验，从而挖掘更多的消费潜力，特别是吸引外来医美消费者，韩国政府在消费环境监管、人员培育、消费体验提升上发挥了重要作用。

在消费环境层面，针对医疗美容师的素质提升以及消费纠纷的避免和处理，韩国有着较为完善的行规法规。韩国医疗美容师的培训体系比较严格，需经过如表 1 所示的考核才能正式从业，严格的培训及考核体系大大提升了从业人员的素质，从而提高了服务质量。

表 1　韩国医疗美容医师从业培训体系

单位：年

主要内容	时间限制
医科专业学习	6
Inter 网络技术培训	1
专业技能学习	4

注：其间需通过 5 次重要考核，培养年限平均为 12～14 年。

资料来源：《2019 中国医疗美容行业发展白皮书》。

除此之外，韩国为减少甚至避免消费纠纷，设有专门的仲裁委员会，制定了专门的行业自律准则，监管全面涵盖就医前、就医中、就医后的环节。

不论本土居民还是外来游客，一旦在医美过程中出现消费纠纷，均可经过专业机构进行裁定。近年来，随着外来整形人数的增加，为及时加强安全质量管理，韩国政府强制要求由韩国保健产业振兴院（Korea Health Industry Development Institute，KHIDI）颁发《外国人医疗观光留置接待许可证》的机构才可服务外国消费者赴韩医疗旅游的相关事宜。

随着韩国医美市场的开放，医疗美容机构之间的竞争非常激烈，各大医院为了拉拢客源提升品牌效应，主要通过积累临床经验、研究新技术等整形技术硬实力和术前心理评估、术后跟踪辅导等消费体验软实力来提升竞争力。高水准的服务态度和服务意识带来消费体验的提升，为医院吸引顾客、树立品牌、提升盈利水平提供了有力支撑。

（二）行业规范措施

非正规渠道赴韩整形催生出大量非法赴韩整形中介机构，导致市场混乱，为了进一步规范医疗美容市场，韩国以提升消费透明度和提供专业保障的方式，维护消费者的合法权益，保障手术效果，解决术后服务问题。韩国医疗美容行业制定了以下措施。

措施一：韩国医生资质网络公示，杜绝假冒。目前有很多非法提供赴韩整形服务的中介，这些中介往往承诺由它们介绍医院和医生，消费者自行选择，然而这些医院和专家的资质证明则无法提供，也无法确保手术的成功率。当出现纠纷追究责任时，很多机构含糊其辞。此外，因为看不懂外语，消费者到了国外也很难考证国外整形医院的资质，医生的执业年限、水平等，只能听中介单方面的介绍，受了委屈也只能自认倒霉。韩国旅游发展局表示，将在韩国旅游发展局的官方网站上建立专题栏目，公示标准收费价格、韩国医院和医生的资质资料，并提供双语版本，方便国外消费者查询和考证。

措施二：提供韩国顶级医疗机构，确保专业。韩国为国外消费者提供了了解韩国顶级医疗机构的大好机会。为了确保医疗服务质量，经韩国旅游发展局挑选并授权的韩国医院共 70 多家，医生多达数百名，韩国旅游发展局将在官方网站上对这些医院和医生进行详细介绍，并公示其相应资质，供全球消费者审验。

措施三：在国外成立专业服务中心，降低风险。目前对韩国整形感兴趣的国外消费者往往依赖于非法中介公司，尤其是私人旅行社代办一切手续，除旅游所需的签字、机票、住宿、接送等一般手续外，还直接代办医疗专业手续，如联系医院和专家、手术方案及费用确认等。由于语言不同、医学专业度高，信息极度不对称，消费者缺乏最基本的知情权，手术安全无保障，手术效果只能靠碰运气。随着手术纠纷的增多，韩国整形业及医师的整体形象受到了极大的损害。为此，韩国旅游发展局携手韩国整形观光协会共同组织韩国整形观光项目，提供专业的医疗咨询人员及医生队伍，负责联系韩国正规医院及专家，通过视频与患者进行在线沟通，三方共同制定手术方案，并负责消费者术后归国的维护及管理工作。此举将大大提高赴韩整形消费的合法性和安全性，降低手术纠纷，保障国外消费者的合法权益。

三　中国台湾医美产业政策

（一）医美产业发展现状

中国台湾医疗美容行业处于成熟期，大部分医美诊所年营业收入稳定。台湾医美行业供给过大，而人口基数小，因此新技术推广较快。台湾医美消费人群集中在20～70岁年龄段，其中30～55岁年龄段人群较多。从消费人群性别来看，女性占大多数，但男性消费人群占比不断提高，主要得益于中年以上男性抗衰老美容需求的增加和以“90后”为主的年轻人群观念的改变。国信证券研究报告显示，台湾有3000多家医疗美容诊所，市场已经饱和。全台湾各类医疗诊所有2万家左右，其中涉及医疗美容业务的诊所达3000多家。这3000多家诊所中，有1000～1500家专门从事医疗美容业务，另外近2000家为其他专科诊所但涉及医疗美容业务。每年有大量新开诊所。

台湾医美诊所均是袖珍型诊所。与中国大陆美容医院动辄几千甚至上万平方米不同，台湾的医美诊所面积较小，通常为几百平方米，这与台湾地租昂贵且消费人群规模小有关，如在台北开设诊所，每个月租金成本 2 万 ~6 万元人民币不等，同时也与台湾医生可以自由执业，几个医生就可以建立合伙制的诊所有关。①

（二）政策支持及规范

台湾医美产业的快速发展受益于有效的政策支持及发展模式的创新。

第一，行政机构管制政策的放宽。医美产业的发展在台湾已有数十年的历史，不过，真正起步是在 20 世纪 70 年代。当时台湾由于经济起飞，人们变得富裕，开始追求美容。不仅城市人，连乡下的年轻人也都打扮入时，喜爱化妆。一些有钱的富太太或演艺界人士不仅常做美容护理，而且开始光顾整形医院，希望通过改善脸部或身体上某些天生缺陷，使自己看起来更年轻漂亮。当时，台湾美容界从欧美和日本引进了不少先进医学仪器和治疗设备，学习做一些整形外科手术，同时积极吸收海内外优秀的学术观点和信息以提高技术水平，再加上从业人员特有的细致认真和敬业精神，逐渐赢得消费者的信任，带动了美容整形行业的发展。从 2012 年 1 月 2 日起，台湾行政机构放宽多项大陆人士来台管制措施，包括开放大陆人士申请来台进行健康检查和医学美容，每次获得最多停留 15 天的观光医疗签注，为台湾医美产业的发展增添助益。据台湾旅游部门统计，2012 年赴台约 258 万人次大陆游客中，约有 5 万人次是专程做健康检查和医学美容的。他们为台湾医疗产业带来了 40 多亿新台币的收入，较前些年暴增 4 倍多。②

第二，从单店到连锁一条龙营运模式的发展。从当前台湾的医美发展情况来看，仅靠一个医师最多只能开 5 家店，以医师名号作为招揽客源的医美

---

① 吴国雄：《浅析台湾美容整形产业》，《海峡科技与产业》2013 年第 5 期。

② 吴国雄：《浅析台湾美容整形产业》，《海峡科技与产业》2013 年第 5 期。

诊所，每个诊所轮流驻诊一天，已经达到体力极限。因为商机、利润的能见度高，以往医美业者的单店经营模式发展成开设连锁店与上下游“一条龙”经营，是医美行业的新营运模式。目前台湾连锁规模较大、具有代表性的医美诊所有爱尔丽、采风、悠美等，这些品牌在岛内各地开设的连锁分店都在6家以上。台湾某医美产业集团则通过投资上游原料商科研公司与下游的医美产业合作，并且在两岸设有销售渠道，是岛内目前唯一采用“一条龙”经营模式的医美企业。医美诊所和上游的厂商原本是两个互不相干的行业，在彼此都想跨入他人领域分食市场时，意外成为合作伙伴。

第三，医美产业形成上中下游兼有的一体化运营模式。台湾医疗美容行业比较成熟的另一个标志是已经出现化妆品、医美器械代理、医美诊所上中下游兼有的医美一体化运营模式。这种整合是随着竞争加剧、行业内的企业为谋求成本降低和利润最大化，而主动进行的横向和纵向业务链条的延伸，其出现有其必然性，而这也有望成为未来中国内地医疗美容行业的发展方向之一。

第四，为规范医美市场，台湾行政机构大力整治医美广告乱象。针对台湾医美产业发展中的医疗纠纷事件，台湾行政机构对医疗机构的监管越来越严，要求所有台湾的医疗美容机构必须遵守《医疗法》，并在《医疗法》中规定：医疗机构不得通过广告进行宣传，违者罚款5万~25万新台币。这在一定程度上避免了广告对消费者的误导作用，同时使医院和医师依靠开发更先进的技术、提供更好的服务而提高竞争力，吸引消费者，扩大品牌效应。①

第五，杜绝艺人不正当方式宣传。为杜绝艺人代言医美的争议，2016年10月，台湾行政机构规定除非有亲身经历并展示充分信息，艺人才能够以“见证方式”进行经验分享，否则将视为“以其他不正当方式宣传”，违者依《医疗法》对业者处以5万~25万新台币罚款，并可处1个月、1年以下停业处分或废止开业执照，且吊扣负责医师的医师证书1年，进一步推

① 《2017年医疗美容行业研究报告》。

动行业的规范发展。①

综观美国、韩国及中国台湾等国家或地区的医美市场，健全的监管机制能够规范市场，给消费者提供法律保障，促进医美行业健康发展。加强对违规越界、非法行医的规范和打击有助于维持行业秩序。

① 《2017 年医疗美容行业研究报告》。

附　　录

Appendixes

ℝ.21
成都医疗美容行业发展大事记

1958 年　成都市第二人民医院建立全市首个市级医院整形外科、烧伤整形外科和烧伤整形美容科。

1963 年　四川华西医院成立烧伤整形外科。

1965 年　四川省人民医院建立整形外科，下设修复再造中心和医学美容中心。

1984 年　大华整形美容医院的前身大华集团成立。

1985 年　四川华西协和整形美容医院正式组建。

1985 年　成都中医药大学附属医院建立皮肤美容室。

1988 年　成都美容整形医院正式挂牌成立。

1990 年　西南美容学校在成都创办。

1991 年　荷芙蔓医学美容诊所成立，2006 年升级为汉密尔顿医学美容医院。

1992 年　《美容时装报》在成都创刊。

1993 年 成都中医药大学附属医院在皮肤美容室的基础上成立整形美容科，这是全国最早成立美容科室的公立医院之一。

1999 年 《中国美容时尚报》（原《美容时装报》）开始在全国公开发行。

2001 年 华美整形美容门诊部正式成立，标志着美莱集团诞生。“华美”后改名“华美紫馨”，是成都乃至全国民营整形医院的先锋。

2004 年 大华集团的中韩合作医院——中华园整形美容医院成立。

2005 年 西婵整形和米兰整形先后成立。

2006 年 北京玉之光医疗美容投资集团与韩国 YOUNSOO、Prime 等整形外科医院合作建立的成都玉之光医疗美容门诊部落户成都。

2008 年 6 月 20～23 日 第五届中国美容与整形医师大会在成都召开。

2010 年 美莱集团在成都的第二家医院四川美莱医学美容医院成立。

2010 年 四川悦好医学美容医院成立。同年，中国最早的轻医美机构——美瑞皮肤医疗美容成立。

2013 年 米兰整形升级为米兰柏羽医学美容医院。

2014 年 9 月 14 日 Yestar（艺星）医疗美容医院落户成都。

2015 年 铜雀台医美连锁美容医院进入成都。

2016 年 A 股上市公司朗姿以 5 亿元估值并购四川米兰柏羽和四川晶肤，这是中国医美资本化的里程碑事件。

2016 年 11 月 12 日 四川悦好医学美容医院经国际医疗卫生机构认证联合委员会（JCI）认证，成为大陆第一家通过 JCI 国际医院认证的医学美容医院。

2016 年 12 月 28 日 中国整形美容协会在 2016 年医疗美容机构评价工作总结会上评出第一批 5A 医疗整形美容机构，全国仅 5 家，成都抢占一席，开启成都医美“三甲”时代。

2017 年 8 月 23 日 成都市卫健委等 6 个部门联合制定《成都市严厉打击非法医疗美容专项行动方案》，严厉打击非法医疗美容。

2017 年 7～9 月 成都市卫生计生监督执法支队组织全市 22 个区（市）

县执法大队开展打击非法医疗美容专项行动。

2017 年 8 月 29 日 华美紫馨通过德国莱茵 TÜV-SQS 认证，成为高新区和西南地区首家服务理念与国际接轨的机构。

2018 年 2 月 22 日 成都市政府第 184 次常务会议审议通过《成都医疗美容产业发展规划（2018 ~ 2030 年）》，提出打造“医美之都”，到 2025 年成都医疗美容产业营业收入达到 1000 亿元，2030 年达到 2000 亿元。

2018 年 4 月 4 日 中国整形美容协会评选出国内第二批 A 等级医疗美容机构，四川华美紫馨医学美容医院成功获评 5A 级称号，成都赵善军博士整形美容门诊部获评 4A 等级医美机构，成都武侯暄妍医疗美容门诊部、成都武侯艾美薇医疗美容门诊部、成都玉颜医学美容诊所、成都武侯艾米丽医疗美容门诊部、成都青羊百龄博雅医疗美容门诊部获评 3A 等级医疗美容机构。

2018 年 4 月 28 日 《成都市加快医疗美容产业发展支持政策》出台，就支持医美人才加快聚集、医美企业创新发展、医美项目引进建设、医美企业发展壮大、医美产业环境优化等提出了 19 条具体措施。

2018 年 5 月 15 日 四川省美容整形协会评选出 2017 年度成都医美“十强医院”和“十强门诊部、诊所”。

2018 年 5 月 29 日 成都市医疗美容产业协会成立。

2018 年 6 月 5 日 成都市卫健委联合成都市公安局、工商局（现为成都市市场监管局）、食药监局（现为“成都市市场监管局”）、市城管委以及各区（县）打击非法行医办公室开展严厉打击非法医疗美容专项行动。

2018 年 6 月 8 日 成都市人民政府和中国整形美容协会联合举办第一届成都国际医美产业大会暨“医美之都”高峰论坛。会上，中国整形美容协会授予成都市“中国医美之都”称号，成功签约 20 个重大医美项目，协议总投资额 440.6 亿元。

2018 年 6 月 成都市第一家中外合资整形美容机构——成都圣丹福美容整形医院开业，正式加入成都“东进”区域医美产业发展版图。

2018 年 6 月 27 日 武侯区人民政府办公室发布《武侯区医疗美容产业发展规划（2018 ~ 2030 年）》。

2018 年 7 月 4 日　金牛区推出“一街一芯多点”医疗美容产业空间布局体系和国宾智慧健康城发展规划，拟通过政企联合共同打造“成都医美之芯”。

2018 年 9 月　著名医美上游企业艾尔建与成都市政府共同签署建设艾尔建中国创新中心投资协议，这是艾尔建在全球建立的首家创新中心。该中心于 2019 年 4 月 16 日正式启用，成为中国首个提供医美医生专业培训的教育基地。

2018 年 9 月 28 日至 10 月 4 日　旨在全面提升成都“医美之都”影响力的“首届成都医疗美容节”在环球中心举行。本届医美节由成都市经信局、高新区、武侯区指导，成都市医疗美容产业协会主办。

2018 年 10 月 13 日　中国医学科学院整形外科医院·西南中心下设的首家直属分院——成都八大处医疗美容医院开院。

2018 年 10 月 18 日　成都市召开全市医疗美容行业监管及行业自律工作会，通报医疗美容行业存在的问题，并就加强医美行业监管和行业自律提出了具体要求。

2018 年 11 月 23 ~25 日　第一届成都“医美之都”学术大会暨四川省医学会第十二次医学美学与美容学术会议召开。会议邀请了国内外近百位医疗美容领域顶级科学家、企业家和领军人物，围绕学术、科研、技术、产品、投资等进行了全方位的交流探讨。

2018 年 11 月 29 日　温江区发布《成都市温江区医疗美容产业发展规划（2018 ~2035 年）》。

2019 年 1 月 19 日　中国整形美容协会评选出第三批国内 A 等级医疗美容机构，汉密尔顿医学美容医院、成都大华韩艺整形美容医院、米兰柏羽医学美容医院和美莱医学美容医院获评 5A 级美容机构，成都锦江伊莎贝拉医疗美容门诊部获评 3A 等级医疗美容机构，四川省整形美容协会获得优秀工作单位称号。

2019 年 3 月 15 日　成都市医疗美容产业协会联合协会上下游会员企业共同发起“医美之都”消费者权益日医美行业“诚信宣言”活动。

2019 年 3 月 26 日　成都市人民政府办公厅印发《成都市人民政府办公厅关于进一步加强成都医疗美容行业监管服务工作的意见（试行）》。

2019年7月16日　“2019成都医疗美容月”正式启动。启动仪式上，成都市医疗美容产业协会发布了《依法执业公约》《联合抵制非法医疗美容公约》等系列行业公约，并成立“医美之都”正品联盟。

（张兴月整理）

R.22

医疗美容行业部分上游企业名录

表 1　成都整形外科材料、器械供应企业名录（部分）

企业名称	生产范围
成都东方人健康产业有限责任公司	Ⅰ类:6810－13－矫形外科(骨科)用其他器械,6864－4－肢体加压用品
四川旭康医疗电器有限公司	Ⅰ类:6810－13－矫形外科(骨科)用其他器械
四川蓉康世圣药业有限责任公司	Ⅰ类:6810－13－矫形外科(骨科)用其他器械,6864－1－防护用品,6864－3－敷料
成都美益达医疗科技有限公司	Ⅰ类:6810－13－矫形外科(骨科)用其他器械,6823－1－其他,6854－2－手术、诊疗用床(台),6858－1－冷敷材料与器具
四川恩德莱医疗器械有限公司	Ⅰ类:6810－13－矫形外科(骨科)用其他器械
成都华跃芳正科技有限公司	Ⅰ类:6810－13－矫形外科(骨科)用其他器械
成都迪康中科生物医学材料有限公司	Ⅱ类:6801－2－一次性使用无菌手术刀,6864－2－敷料、护创材料;Ⅲ类:6846－1－植入器材,6864－1－可吸收性止血、防粘连
四川大学生物材料工程研究中心	Ⅲ类:6846－1－植入器材,6846－2－植入性人工器官,6863－2－齿科植入材料,6863－3－根管充填材料
四川国纳科技有限公司	Ⅲ类:6846－1－植入器材
成都青山利康药业有限公司	Ⅱ类:6866－4－导管、引流管;Ⅲ类:6846－1－植入器材

表 2　成都齿科材料 & 器械供应企业名录（部分）

企业名称	生产范围
华西医科大学卫生部口腔种植科技中心	Ⅰ类:6806－8－牙科种植专用器械
成都口口齿科技术有限公司	Ⅰ类:6806－8－牙科种植专用器械
儒蓉(成都)医疗科技有限公司	Ⅰ类:6806－8－牙科种植专用器械
晓非齿科(成都)制造有限公司	Ⅱ类:6863－16－定制式义齿
成都市牙立方义齿技术有限公司	Ⅱ类:6863－16－定制式义齿
成都领翔义齿技术有限公司	Ⅱ类:6863－16－定制式义齿

续表

企业名称	生产范围
成都派瑞义齿科技发展有限公司	Ⅱ类:6863－16－定制式义齿
康和义齿制造成都有限公司	Ⅱ类:6863－16－定制式义齿
成都登特牙科技术开发有限公司	Ⅱ类:6863－16－定制式义齿
成都易美乐义齿有限公司	Ⅱ类:6863－16－定制式义齿
成都四维齿科技术开发有限公司	Ⅱ类:6863－17－定制式义齿
成都维登义齿科技有限公司	Ⅱ类:6863－16－定制式义齿
成都市宏盛义齿技术有限公司	Ⅱ类:6863－16－定制式义齿
成都茵帕蒂义齿制造有限公司	Ⅱ类:6863－16－定制式义齿
成都卓越义齿技术有限公司	Ⅱ类:6863－16－定制式义齿
腾博义齿制造成都有限公司	Ⅱ类:6863－16－定制式义齿
成都悦齿精工科技有限公司	Ⅱ类:6863－16－定制式义齿
成都市研美义齿技术有限公司	Ⅱ类:6863－16－定制式义齿
成都宜隆义齿有限公司	Ⅱ类:6863－16－定制式义齿
成都瑞达齿科技术有限公司	Ⅱ类:6863－16－定制式义齿
成都美尔美陶齿制品有限公司	Ⅱ类:6863－16－定制式义齿
成都口口齿科技术有限公司	Ⅱ类:6863－16－定制式义齿
成都易仁锡尔克堡义齿技术有限责任公司	Ⅱ类:6863－16－定制式义齿
成都顺雅医疗用品有限公司	Ⅱ类:6863－16－定制式义齿
成都齿研科技有限公司	Ⅱ类:6863－16－定制式义齿
成都新大阪齿科技术发展有限公司	Ⅱ类:6863－16－定制式义齿
成都市艺境义齿技术有限公司	Ⅱ类:6863－16－定制式义齿
成都皓峰齿科技术有限责任公司	Ⅱ类:6863－16－定制式义齿
四川北极光口腔医疗器械有限公司	Ⅱ类:6863－16－定制式义齿
成都市新鸿牙科技术开发有限公司	Ⅱ类:6863－16－定制式义齿
成都仁爱义齿技术有限公司	Ⅱ类:6863－16－定制式义齿
成都华容义齿技术有限公司	Ⅱ类:6863－16－定制式义齿
成都蜀冠医疗器械有限公司	Ⅱ类:6863－16－定制式义齿
四川易鸿达医疗器械有限公司	Ⅱ类:6863－16－定制式义齿
成都金典牙科技术开发有限公司	Ⅱ类:6863－16－定制式义齿
成都伟德思创医疗设备有限公司	Ⅱ类:6863－16－定制式义齿
爱美励合成都医疗器械有限公司	Ⅱ类:6863－16－定制式义齿
成都开创义齿技术有限责任公司	Ⅱ类:6863－16－定制式义齿
成都牙佳美医疗用品有限责任公司	Ⅱ类:6863－16－定制式义齿
成都亚非齿科技术有限公司	Ⅱ类:6863－16－定制式义齿
成都琢美义齿技术有限公司	Ⅱ类:6863－16－定制式义齿

续表

企业名称	生产范围
成都悦美义齿制造有限公司	Ⅱ类:6863－16－定制式义齿
成都盛泰齿科技术有限公司	Ⅱ类:6863－16－定制式义齿
成都贝施美生物科技有限公司	Ⅱ类:6863－7－金属、陶瓷类义齿材料
四川奇和贵金属有限公司	Ⅱ类:6863－7－金属、陶瓷类义齿材料
成都科宁达材料有限公司	Ⅱ类:6863－7－金属、陶瓷类义齿材料

表3　国内医美市场主要上游企业及产品目录（部分）

上游产品	类别	厂家	产品/品牌
耗材	玻尿酸	美国艾尔建公司	乔雅登
耗材	玻尿酸	法国 Galderma 公司	Emervel 系列
耗材	玻尿酸	奥地利 Croma-Pharma 公司	Princess
耗材	玻尿酸	韩国 Humedix 公司	艾莉薇
耗材	玻尿酸	韩国 LG 生命科学公司	伊婉
耗材	玻尿酸	华熙生物科技有限公司	润百颜
耗材	玻尿酸	华熙生物科技有限公司	德蔓
耗材	玻尿酸	北京爱美客科技发展有限公司	逸美
耗材	玻尿酸	北京爱美客科技发展有限公司	爱芙莱
耗材	玻尿酸	北京爱美客科技发展有限公司	宝尼达
耗材	玻尿酸	上海昊海生物科技股份有限公司	海薇
耗材	玻尿酸	上海昊海生物科技股份有限公司	姣兰
耗材	玻尿酸	台湾和康生物科技股份有限公司	芙媄登
耗材	玻尿酸	台湾科妍生物科技股份有限公司	法思丽
耗材	玻尿酸	北京蒙博润生物科技有限公司	舒颜
耗材	玻尿酸	杭州协合医疗用品有限公司	欣菲聆
耗材	玻尿酸	和康生物	肤美登
耗材	玻尿酸	瑞典 Q-Med AB	瑞蓝 2 号
耗材	胶原蛋白	双美生物科技股份有限公司	双美
耗材	胶原蛋白	荷兰汉福	爱贝芙
耗材	水光针剂	华熙生物科技有限公司	润百颜
耗材	水光针剂	华熙生物科技有限公司	润月雅
耗材	胸假体	美国强生曼托公司	傲诺拉（ALLURA）
耗材	胸假体	美国强生曼托公司	曼托（MENTOR）
耗材	胸假体	美国强生曼托公司	妙桃（MemoryGel）
耗材	胸假体	美国艾尔建公司	娜绮丽（Natrelle）

续表

上游产品	类别	厂家	产品/品牌
			麦格(McGhan)
		英国娜高公司	娜高(NAGOR)
		德国 POLYTECH 公司	宝俪(PolyTech)
		法国 Eurosilicone 公司	唯美
		广州市万和整形材料有限公司	罗兰
		上海威宁	浪漫情怀、丰韵佳人等
		上海康宁	泊欧峰
		上海东月	硅凝胶乳房植入体
		韩国韩士生科株式会社	蓓菈(BellaGel)
	鼻假体/下颌假体	美国 implantech 公司	菲思挺(FaceTeen)
			旭尔挺(SureTeen)
			英普朗特(Implantech)
		美国 Surgiform 公司	射极峰(Surgiform)
			倍优峰(Pureform)
		韩国韩士生科株式会社	韩士生科
		韩国 SUN Medical 株式会	太阳 Sun
		上海立秀医疗器械有限公司	立秀
		上海康宁医疗用品有限公司	康宁
		上海威宁整形制品有限公司	艳冠
		广州市万和整形材料有限公司	万和
		上海信晟医疗制品有限公司	信晟
		余姚市久盛医疗用品厂	魅挺
医疗器械	光电设备	美国 Cynosure(赛诺秀)	PicoSure 皮秒色素激光
			Medlite C6 色素纹身治疗工作站
			Accola Q 开关紫翠宝石激光
			Elite MPX 皮肤激光治疗仪
			Smartlipo MPX 智能激光精雕融脂
			Revlite SI 色素纹身治疗工作站
			Cynergy 双波长血管工作站
			蜂巢皮秒
		美国 Syneron(赛诺龙)	CO_2RE 多模式超脉冲二氧化碳点阵系统
			elōs Plus 极光治疗平台
			VelaShape 非手术塑身平台
			eMatrix 全能像素嫩肤
			Shine Lightening 面部美容高效平台
			eLase Motif 快速无痛脱毛

续表

上游产品	类别	厂家	产品/品牌
			VelaShape 脂肪团治疗及身体塑形
			超皮秒
			优立塑
		美国 Candela（坎德拉）	GentleLASE Pro-U 极雪脱毛激光系统
			GentleYAG Pro-U 雅歌超级平台
			Vbeam 铂金版 脉冲染料激光治疗系统
			Alex TriVantage 调 Q 三波长色素激光系统
			Gentle Max Pro 至尊美容平台
		以色列 Alma（飞顿）	Thermo Lift 热拉提聚焦射频紧肤系统
			Harmony 辉煌精准嫩肤系统
			SopranoICE 超级冰点半导体脱毛激光
			Accent 深蓝紧肤
			Femilift 菲蜜丽私密青春激光
			Legado 丽芙美妊娠纹治疗
			SINON 调 Q 红宝石皮肤色素激光
			PixelCO_2 尖峰二氧化碳超脉冲激光
			深蓝射频
			飞顿 2 号
		美国 Lumenis（科医人）	M22 王者之冠光子多功能智能平台
			LightsheerDuet 月光真空脱毛
			AcuPulse 微雕点阵王
			UltraPulse 超脉冲点阵王
		德国 Fotona 欧洲之星	QX Max 祛斑王
			Tightlase 无创减脂激光
			4D 极塑提拉系统
			双点阵超级平台
			飞梭点阵铒激光
			蕊丽无创私密激光
			红色先锋血管治疗激光
		美国 ZELTIQ	酷塑冷冻溶脂系统
		韩国 wontech 元泰	Pastelle 调 Q 激光
			Beladona 私密紧致激光
			PicoCare 皮秒激光
		中国奇致激光	安肌 baby 无针水光
			RubyStar 红 T 星红宝石激光系统
			IPL 皇后光子美容系列

续表

上游产品	类别	厂家	产品/品牌
			至尊高功率半导体激光脱毛系统
			Profile 超级平台多功能激光治疗系统
			Venus Freeze 多极磁雕美塑抗衰系统
			MedioStar 美多星双波脱毛
			二氧化碳激光治疗仪
			LED 光波治疗仪
		中国吉斯迪	PICONE 幻影皮秒激光治疗系统
			伊丽丝 810nm 光纤半导体激光脱毛系统
			Q 光调 Q 激光治疗系统
			焕彩超脉冲二氧化碳激光治疗系统
			乐丽思 1550nm 点阵激光治疗系统
			阿瑞斯 694nm 红宝石点阵激光治疗系统
			弗丽德多功能光子治疗系统
			易塑负压超声聚焦溶脂减肥系统
			炫彩高能窄谱红蓝光治疗系统
		中国科英激光	皮秒激光治疗机
			Q 开关 Nd:YAG 激光治疗机
			KL－600 型半导体激光治疗机
		索尔塔	MC-SYS-SR1500
			热玛吉
			热立塑
		深圳大族	Hans 系列
		意大利 Quanta 公司	探索皮秒
		Ulthera	美版超声刀
		韩国 Hironic	Doublo-m 超声刀
		丹麦 DDD 公司	ellipse 激光
		中国纳通生物	纳晶水光仪
		韩国德玛莎	德玛莎二代
		韩国恩盛(EunSung)公司	美立方水光仪
			超微小气泡
		上海皓欣医疗科技股份有限公司	LED 高能红蓝光
		以色列 VenusConcept 公司	维萨公爵
		英国 BTL Aesthetics	隔空溶脂
	PPDO 线	天津市东南恒生医用科技有限公司	恒生医用可吸收合成缝合线
		韩国 KJ MediTech 公司	美迪塑医用可吸收合成缝合线

续表

上游产品	类别	厂家	产品/品牌
护肤品	护肤品	美国 NeoStrata 公司	芯丝翠果酸
		法国欧莱雅集团	修丽可
		华熙生物科技有限公司	润百颜
		广州远想生物科技有限公司	伊肤泉
		广东科玮生物技术股份有限公司	华桑葆骊
		昆明贝泰妮生物科技有限公司	薇诺娜
		西安巨子生物基因技术股份	可丽金
			可复美
		深圳市蕙尔瑞生物科技有限公司	赛因诗婷
		成都肌本演绎美丽科技有限公司	肌本演绎
		绽妍生物科技有限公司	绽妍
		瑞士康俪美生物医药科技有限公司	康俪美
药品	肉毒毒素	美国艾尔建公司	保妥适 BOTOX
		兰州生物制品研究所有限责任公司	衡力

ℝ.23
后　记

经过10个多月的努力，《成都医疗美容产业发展报告（2019）》终于顺利出版。首先感谢成都市经济和信息化局、成都市卫生健康委员会、成都市市场监督管理局等相关部门以及成都市高新区、锦江区、武侯区、青羊区、金牛区、成华区、温江区等区县对本书的调研、基础资料的收集和写作给予了大力支持和帮助。四川大学华西口腔医学院教授、博士生导师、口腔颌面外科主任田卫东对本书给予了悉心指导，一并表示感谢。

本书对成都市医疗美容产业的发展现状、行业趋势、政策走向、消费动向等方面进行了深度分析和研判，完整呈现了成都医美生态圈现状，可为政府发展医美、业界投资医美、消费者了解医美提供参考。

本书采用问卷调查、查阅文献、深度访谈等多种方式收集基础资料。问卷调研包括对全市合法医美机构、医美消费者和普通市民的调研，这些调研有助于准确把握全市医美机构整体情况和消费市场情况。深度访谈的对象包括四川整形美容协会候任会长潘宁、中国整形美容协会采购与供应分会会长覃兴炯、中国整形美容协会创投部副主任杜文、华美紫馨总经理薛红、成都八大处经营院长李勇、米兰柏羽总经理朱杨柳、华熙生物医美市场总经理王璨、艾尔建中国执行总监文迪等业内资深专家，他们把这些年在行业内积攒的经验、思考毫无保留地给了我们，深化了我们对医美产业的认知，在此表示感谢。

本书由四川省社会科学院和成都市医美产业协会共同组织专家学者编写。主编黄进研究员制订了总体编写提纲和具体编写方案，对本书进行了审定，副主编王杭和刘宗英在编写文稿、制定调研方案、收集整理资料、采选案例和统稿修改过程中做了大量细致入微的工作。

本书的写作人员有黄进研究员，张兴月助理研究员，刘宗英助理研究员，睿意高攀文创集团董事长刘睿和《医美深见》联合创始人李勰，《美业观察》主编龚伟，医聘网成都分公司总经理刘澎涛，成都市第三人民医院医学美容部整形外科主任叶飞轮，王海蓉助理研究员，研究生钟子艺、程淑玲和裴书盈。

由于编写时间紧、任务重，书中难免出现错误，敬请各位读者、同仁批评指正。

本书编写组

2019 年 12 月

图书在版编目(CIP)数据

成都医疗美容产业发展报告．2019／黄进主编．--
北京：社会科学文献出版社，2020.5
ISBN 978-7-5201-6219-7

Ⅰ.①成… Ⅱ.①黄… Ⅲ.①美容-服务业-产业发
展-研究报告-成都-2019 Ⅳ.①F726.99

中国版本图书馆CIP数据核字（2020）第029225号

成都医疗美容产业发展报告（2019）

成都市医疗美容产业协会
主　　编／黄　进
副 主 编／王　杭　刘宗英

出 版 人／谢寿光
责任编辑／吴　敏

出　　版／社会科学文献出版社·皮书出版分社（010）59367127
地址：北京市北三环中路甲29号院华龙大厦　邮编：100029
网址：www.ssap.com.cn
发　　行／市场营销中心（010）59367081　59367083
印　　装／天津千鹤文化传播有限公司

规　　格／开　本：787mm×1092mm　1/16
印　张：20.25　字　数：309千字
版　　次／2020年5月第1版　2020年5月第1次印刷
书　　号／ISBN 978-7-5201-6219-7
定　　价／198.00元